培智学校课程的
四好评量表与侧面图

主　编：李宝珍　戴玉敏

参　编：周千勇　浦佳丽　梁　英　杨津晶

　　　　冯　莎　殷春容　钟秀兰　黄素平

　　　　袁支农　金　容　陈赛君　周文博

重庆大学出版社

图书在版编目（CIP）数据

培智学校课程的四好评量表与侧面图 / 李宝珍，戴
玉敏主编. -- 重庆：重庆大学出版社，2023.1

特殊儿童教育康复培训教材
ISBN 978-7-5689-3654-5

Ⅰ.①培… Ⅱ.①李…②戴… Ⅲ.①儿童教育—特

殊教育—教学研究 Ⅳ.①G764

中国国家版本馆CIP数据核字（2023）第006861号

培智学校课程的四好评量表与侧面图
主　编 李宝珍　戴玉敏
策划编辑：陈　曦

责任编辑：黄菊香　　　版式设计：陈　曦
责任校对：刘志刚　　　责任印制：张　策

*

重庆大学出版社出版发行
出版人：饶帮华
社址：重庆市沙坪坝区大学城西路21号
邮编：401331
电话：（023）88617190　88617185（中小学）
传真：（023）88617186　88617166
网址：http://www.cqup.com.cn
邮箱：fxk@cqup.com.cn（营销中心）
重庆市国丰印务有限责任公司印刷

*

开本：889mm×1194mm　1/16　印张：17.5　字数：412千
2023年1月第1版　2023年1月第1次印刷
ISBN 978-7-5689-3654-5　　定价：150.00元

推荐序 1

执行《培智学校义务教育课程标准（2016年版）》已成为培智学校的工作重点。课程标准依照国家课程设置方案的总结构，呈现关键核心目标，作为学科教育教学依据应用教材，由教师、学生付诸教育行动，从而促进学生的学习和成长。培智学校在认真研读、深入理解培智学校义务教育课程标准时，应梳理形成课程目标体系，并拟订核心目标、评量标准，依国家课程标准实施个别化教育，确保教育教学品质。

重庆市江津区向阳儿童发展中心组织编写的基于国家培智学校义务教育课程标准的评量表，反映了他们对教学问题的思考和行动。评量表的编写以生活为核心，以生活质量为导向，称为四好标准评量表（或简称"四好评量表"）。

这套标准的总目标是培养学生达到好照顾、好家人、好帮手或好公民层级，简称"四好标准"。四好标准的意义在于：

第一，表达了人适应目前的社会生活所处的层级。各层级均以"好"作为功能性的生活意义及品质的陈述，表达了积极含义。

第二，回答了"教育培养什么人？学生要成为什么人？"的问题。好公民是培智教育的追求，好比我们要脚踏实地、不断努力才能登上顶峰，好公民是顶峰，而好照顾、好家人、好帮手就是登上顶峰需要的阶梯。即使目前学生一时处于下面的某个层级，但学习向"好"的内容，依然可以进步，生活品质也可以有一定的保障。

四好标准的特点是：给人希望、给人目标；有明确的功能性和对品质的描述；按人的生活角色定位，突出生活中的教与学；强调自我成长为自尊、自立、自强的人；同时倡导支持系统的建立，以及多学科、跨专业团队的整合。

四好标准不仅能找到学生的学习起点，为设计个别化教育计划提供依据，还能累积学生的学习目标，并对学习成果进行分析。

拟订与运作四好标准的作用是使教师从课程的被动执行者变成主动使用者、整理者，使课程结构更完备、课程功能更完善，为培智学校义务教育课程标准校本、班本实施和个别化教育教学实施找到具体路径。

这里特别要说明的是，向阳儿童发展中心的教师团队针对培智学校义务教育课程标准设计的七门一般性学科，逐一按照四好标准进行了反复讨论、撰写、修订，又与来自全国各地培智学校的教师们（第二十三期培智教育咨询教师工作营的教师们）交换过意见，还经"受评山庄之友"QQ群的教师试用后再作修改，耗时近两年，才形成了可供培智教育参考与使用的四好标准评量表的定稿。此表凝聚了多所培智学校的教师们的辛勤与智慧，表达了培智教育工作者的主动选择，成就了个别化教育教学必需的途径与工具，践行了对培智学校教育教学负责任的行动。

　　在此，我们应该对向阳儿童发展中心及全国培智学校的教师们说一声谢谢，并祝培智教育课程改革一往无前！

重庆师范大学　张文京

2019 年 8 月

推荐序 2

向阳儿童发展中心的李宝珍老师依据《培智学校义务教育课程标准（2016年版）》，筹划并主持编写了四好标准评量表，目的在于让教师能够为培智学校的学生制订个别化教育计划，实施个别化教育教学。

四好标准评量表编写团队一直将自己的关注点放在培智教育课程建设和个别化教育上。该编写团队有二十余年从事培智教育的实践经验，先通过双溪课程将个别化教育的运作机制引入，再与重庆师范大学一起开发了十大领域的适应性功能课程、职业教育课程、环境生态课程、知动课程和美好生活大纲等，全程参与了培智学校义务教育课程标准的研制工作。特别是2016年底教育部颁布《培智学校义务教育课程标准（2016年版）》以来，该编写团队通过多期培智教育咨询教师工作营和"受评山庄之友"QQ群等途径，了解到培智学校一线教师在培智学校义务教育课程标准使用过程中的需求和遇到的各种问题，有针对性地编写了与《培智学校义务教育课程标准（2016年版）》配套的四好标准评量表。

四好标准评量表旨在解决"如何依据培智学校义务教育课程标准实现个别化教育"的核心问题。为什么有了国家的课程标准还需要一个与之配套的课程标准评量表呢？因为，课程标准体现了国家对培智学校教育总目标的要求，而面对有显著个体差异的学生，只有通过课程本位评估确定相应的长、短期教育目标，才能为每个学生制订适合个体需要的个别化教育计划，真正做到因材施教。

四好标准评量表的突出特色在于，以"好照顾、好家人、好帮手、好公民"的四好标准为课程本位评估的基本依据。四好标准有培智教育循证本位的实践基础。国内外的培智教育实证经验表明，智力与发展性障碍儿童教育是有其内在规律的，并形成了相应的发展阶段。该编写团队在中国的培智教育实践中提炼出了四好标准，客观地表达了培智教育中学生发展的四个阶段或四个功能性成果。因此，采用四好标准作为评量的等级，可以使每一个评分都体现出相应阶段的成效目标，使课程标准的教学目标与学生的实际生活功能联系在一起，体现了以生活质量为导向的先进教育理念，让每个学生不同阶段的目标都有相应的教育成果。通过课程本位评估记录每个学生的成长步伐，通过系列的个别化教育计划展示学生的成长轨迹，是学生、家长和教师都希望看到的东西。

使用四好标准评量表的过程，实际上是对国家课程标准与每个学生的教育需求之间的关系进行深度解读的过程。借助四好标准评量表对学生进行课程测评，实际上就是将课程标准与学生的教育需求联系起来的过程，在熟悉学生的过程中理解课程标准，将课程标准与学生的教育需求相匹配，形成适合学生的长、短期教育目标。课程本位评估将课程标准转化成个别化教育计划中的长、短期目标，是个别化教育计划的关键所在，由此为教学活动设计提供了有针对性的内容，为教育活动实施的策略与方法提供了科学依据。

四好标准评量表不仅呈现了对教育需求的评量，也客观地呈现了对教育成效的评估。首次评量得到的数据（前测）展示了教育教学之前学生的情况，教育教学之后的再评量得到的数据（后测），客观地表现了教育教学后学生的学习成效，也可以作为新的个别化教育计划的起点。

　　四好标准评量表的优势在于与《培智学校义务教育课程设置实验方案》保持了一致，解决了在国家培智课程标准的要求下如何为具有显著个别差异的培智学校学生进行课程测评、拟订个别化教育计划、实施个别化教育的基本问题。《培智学校义务教育课程标准（2016年版）》出台以后，许多培智学校提出了"国家课程校本化"的问题，而校本化问题的本质还是在于个别化。如果能为每个学生拟订适合的个别化教育计划，就从根本上解决了校本化和社区化等一系列问题。四好标准评量表为解决类似问题提供了值得借鉴的思路。

　　四好标准评量表建立起国家课程标准与学生实际的链接。建议培智学校的教师认真学习、理解并用好四好标准评量表，探讨如何在国家课程标准的框架下更好地实现个别化教育，让每个学生得到公平而有质量的教育。

北京联合大学　许家成

2019年9月

推荐序 3

教育部于 2007 年颁布了《培智学校义务教育课程设置实验方案》，2016 年正式印发了《培智学校义务教育课程标准（2016 年版）》，2017 年后发行了部分学科的国家统编教科书，我国的培智学校义务教育进入了一个快速发展的阶段。国家课程标准中指出，要以生活为核心，尊重学生的个体差异，实施个别化教育，促进每个学生不同程度的发展。

学生学什么、教师怎么教，一直是培智学校教学关注的焦点。国家课程标准的实施，其实就是个别化教育校本化、班本化、生本化的具体呈现。个别化教育的重要特征是以学生为前提的教学内容与教学过程的差异。在国家课程标准架构下，基于学生个体差异的教学，需要科学设计学校课程和优化课堂教学设计，在实施差异化教学前需对学生进行科学的评估。基于国家课程标准评量的结果则是拟订培智学校学生个别化教育计划和学科教学实施策略的主要依据。课程本位评估是一种表现性评估，将国家课程中的分科课程标准作为评估学生现有能力的参考依据，并根据学生外显表现的改变来说明在该课程中学生的能力及适应功能的变化和进步，其评估结果既可作为教学内容进行直接教学，又可以直接作为教学目标运用于课堂教学设计。而四好标准评量表正是重庆市江津区向阳儿童发展中心李宝珍老师带领下的编写团队，依据《培智学校义务教育课程标准（2016 年版）》，在分析国家课程标准的基本结构和内容之后，为使国家课程标准能够在学校、班级、学生层面落地实施而开发的课程目标体系，它完备了课程结构，完善了课程评估功能。

四好标准评量表依据人的社会生活角色与环境关系作正向表述，总目标是培养学生成为好公民，分步达到"好照顾、好家人、好帮手、好公民"四好标准，同时以常用的量化等级 0、1、2、3、4 为辅助增加对四好标准的理解和运用，对学生的生涯发展和长期教学目标进行了较好的规划。如：

"0 未达 1 分——好麻烦，不好照顾"

"1 分——好照顾，可接受、会关注、会选择（无意识），需全面支持，但照顾者不太费力"

"2 分——好家人，可生存、能自理，对基本需求有意识，是家中稳定的一分子"

"3 分——好帮手，是家庭（原住家庭或福利院、青年之家等生活环境）中的得力助手，达到常人日常生活标准"

"4 分——好公民，有一般人一样的生活模式，能就业、能创造"

同时，还有个体对应的认知发展阶段，如感觉运动阶段到符号操作、学习能力形成的阶段，以及补救级、起码级、标准级、充实级。四好标准有清晰而准确的功能性和对个人生活品质的描述，具有独立性、整合性，同时具备面向未来的前瞻性。

四好标准评量表的使用有助于一线教师深入评估学生当前能力在国家课程标准中的发展位阶，利用儿童发展规律及最近发展区理论，既能准确发掘学生在学科课程中的当前能力，又能明确清晰地知道每个学生的下一步发展目标，在进行班级学科教学时，通过整合班级学生的目标生成长期、短期的学科教学目标，以此辅助培智学科课程标准与教材在个别化教育教学中实施。

我有幸见证了培智学校课程四好标准评量表的开发、试用和推广过程，四好标准评量表凝聚了向阳儿童发展中心及全国部分培智学校教师们的辛勤劳动和专业智慧！我能得到李宝珍教师团队的信任，与自己的恩师张文京、许家成教授一起作序，这代表了老一辈培智课程专家对中青年一代培智课程实施者的殷切期望与勉励！祝这场在重庆生根、发芽的培智课程本地化的改革和实验，能在全国各地培智学校和教师的共同浇灌下开花、成长！

重庆市教科院研究员 沈剑娜

2019 年 9 月

目录

使用说明

一、自编培智学校教育课程四好评量表之构想

李宝珍

　　为因应《培智学校义务教育课程标准（2016 年版）》（以下简称《培智教育课程标准》）的施行，教师必须能自行试编课程评量表以便进行个别化的评量，并制订个别化教育计划。评量表的设计主要在于评量标准的取向，重庆市江津区向阳儿童发展中心（以下简称"向阳儿童发展中心"）资深教师团队大胆地尝试以生活质量的渐进程度为评量标准的主要依据，希望将培智学校教育课程的实施从原来的知识获得导向，转变为有利于生活质量提升的功能导向，将《培智教育课程标准》中的每一项能力，分成各具功能的四好等级，形成四好评量标准，方便学校依循评量结果，规划有功能的教育计划，逐年逐步提升学生的生活质量，以实现特殊教育的最终目标。其编制构想如下：

（一）评量目的

①可以累进学生的学习目标、学习成果。

②可以作为学生个别化教育计划（Individualized Educational Plan，IEP）的参考。

③可以解决从低年段往中年段、中年段往高年段升级不易的困扰。

（二）评量适用的范围

①可以作为培智学校学生个人评量。

②可以作为班级评量。

③可以作为实施个别化教学的课程模式应用，也可以作为"7+3"课程模式应用。

（三）评量标准的设定依据

①依据《培智教育课程标准》的课程总目标："养成自立自强、适应生活、服务社会的公民"，

每个评量等级皆指向一种生活功能，四个等级通向四种不同功能的生活情境。

②依据《培智教育课程标准》中"提升障碍学生生活质量"的新思路，提倡即便达不到课程标准的学生也能享有起码的生活质量的观点，保证每个学生都能在学校养成起码的生活能力。

③将"支持"的概念作为每位特殊教育教师（以下简称"特教教师"）必备的专业理念，为达到评量标准，教师需在每一个评量等级充分应用支持的概念与策略，以确保学生能获得该等级的必要能力，过上该等级通向的有质量的生活。

（四）评量标准的四个等级及各等级的设计构想

> 1. 评分等级

每个教学目标有四个等级，1分（补救级）、2分（起码级）、3分（标准级）、4分（充实级），兹说明如下：

补救级1分：如果学生有生理方面的限制，实在无法达到起码级，则学校应关注其生活、心理的健康与权益，提供必要的康复或其他补救措施。

起码级2分：如果学生经过教学/支持，仍达不到标准级，则至少需要使学生具有起码级的能力。

标准级3分：这是教师教学/支持的主要目标。

充实级4分：如果有的学生能力已超过标准级的要求，为了方便班级教学，提升学生该项技能的品质，则可以往充实级发展。

> 2. 各等级的意义

培智教育导向智障学生有品质的生活，由于个人特质和资源不同，学生的生活功能可能会不同，但都能符合"生活质量"的含义。生活质量的核心在于以下三点：

①独立性：能尽可能独立自主地生活，被尊重，有选择个人事物的权利，安全无虑。

②社会融合：居住于社区，使用社区中的设施，和社区中的人有自然的互动，正常消费，享有一般公民的权利。

③生产力：有足以维持生计的经济来源，能感觉到对他人有贡献、被需要。

> 3. 四种生活

基于上述构想，描述了智障学生学习本课程后能过上的四种生活：

（1）第一种　好公民

好公民有一般人一样的生活模式，其生活质量为：

独立性：可独立居住、自主生活，只需要重点支持。

社会融合：居住于社区，衣食住行和娱乐皆与一般人一样在社区解决；参与一般人的社区活动，被平等对待。

生产力：有自给自足的工作，能管理自己的财务。

如果学生在评量表中的评分大都能达到4分（充实级），应可达到此种生活模式。

（2）第二种　好帮手

好帮手是家庭中的得力助手，其生活质量为：

独立性：可与家人同住，能帮忙分担大部分家务，是家庭的好帮手；若独立居住，则需要有限的支持。

社会融合：在有限的支持下，可利用社区中的资源，解决日常生活所需，是一个受欢迎的邻居。

生产力：有例行的工作，并有成果以获得少许的报酬；能管理少量的财务，以满足成就感的需求。

如果学生在评量表中的评分大都能达到3分（标准级），则可通向好帮手的生活情境。

（3）第三种　好家人

好家人是家庭中稳定的一分子，其生活质量为：

独立性：和家人一同居住，情绪稳定，行为不过激，家人可放心短暂外出，不至于挨饿或有安全顾虑。

社会融合：能在广泛支持下使用大部分社区设施、能与人互动；独立使用少数特定的社区资源，和熟人自然互动，是社区中被接纳的一分子。

生产力：能完成大部分自理工作，以及应急的家务工作（如饥饿时会加热家人准备的食品充饥）；能完成一项别人交付的、固定的简单劳动，以得到奖励；能管理一次性购物的金钱。

如果学生在评量表中的评分只能达到2分，起码保障了好家人的功能。

（4）第四种　好照顾

好照顾需要全面支持，但照顾者不太费力，其个人也能保证一定的生活质量。

独立性：生活自理需要广泛的支持，但会尊重其选择；生理功能维持在最佳状态，会配合别人的协助，使协助较容易；可能需要全面住宿服务。

社会融合：在广泛支持下参与某些社区活动，身心稳定，是社区中被优待的一分子。

生产力：照顾者能为他创造生活的重心，使其对自己的生活有期待。

如果学生在评量表中的评分大多连起码级的 2 分都达不到，那至少应保障其生活有尊严、有质量。

由于四个等级代表四种不同的功能，因此就依此来设计每个目标的通过标准。一般要求通过标准级，但若到了要升年段时仍无法达到标准级，则只要通过起码级也可升年段，如此保证了同一年段的学生中不会有低年段通不过的目标被带到高年段，避免了一个班级中目标悬殊太大的困难。

（五）补充说明

以四好标准统合培智教育的各阶段课程，教师在进行课程评量时，牢牢掌握生活质量的四好功能，就能据以判断每个课程标准项目的四好分数，而不必囿于评量表上的文字描述。评量表引导学生走向四种有质量的生活前景，让培智教育的最高目标得以实现，它不是只满足于学生对知识技能的理解，而是更看重这种理解对生活所起的作用，是否能帮助学生从好照顾、好家人逐步提升至好帮手，甚至好公民的境地，享有各自应有的生活质量。编者认为，这应该是智力障碍学生学习任何课程（包括融合教育课程）的首要考虑！四好标准应该贯穿学生各阶段的学习生涯，从而达到好公民的最高境界！

本评量表的编制，得到了下述同行与单位的协助，在此致谢：许家成老师、张文京老师、李乐惠老师在评量表编写初稿时提供了意见并给予了肯定；向阳"受评山庄"培智教育咨询教师工作营第二十二期全体学员进行了低年段评量表的试编与试用；向阳"受评山庄"培智教育咨询教师工作营第二十三期全体学员进行了低、中、高年段全部评量表的试用；向阳"受评山庄"音乐治疗培训班与艺术治疗培训班部分学员的试用和回馈意见；"受评山庄之友"QQ 群的部分特教教师的试用和回馈意见；康复训练沟通交往模块由"受评山庄"第四期语言康复研习班学员分组合作完成初稿。

二、自编培智学校教育课程四好评量表之评量方法与拟订教育计划说明

本评量表既能作为课程本位评量的工具，其评量结果就能应用于确定学生的教育目标，或作为拟订个别化教育计划的重要依据，建议应用方法如下：

（一）评量目的与时机

①评量目的：本评量表为课程本位评量，评量结果可呈现学生对本课程内容的掌握情况，以及其掌握的能力对生活质量的影响，使学校可以比较客观地发现学生的教育需求，拟订学生在下一阶段的教育计划，可以说具备课程起点评量的功能。

②评量时机：建议根据各校个别化教育计划的期限（如每学期或每年），在拟订个别化教育计划之前进行评量。

（二）评量人员与方式

①建议由各年段各科老师依据学生平日上课的表现进行回顾式评量。

②平日观察不到的项目，可组织一个以评量为目的的教学主题活动，让活动聚焦需要评量的项目。

③哪个年段的学生，就评量该年段的各科项目，本评量表不建议降级评量，同班同学应采用同年段的培智课程标准，且到时间后一起升年段。

（三）给分与计分方法

①评量人员依据评量表四好分数的描述，回顾学生的现况与表现，综合判断给分。每个项目皆须有一个分数，并标示在各科评量结果侧面图上，最后可以汇总各科的分数，以便绘制课程评量结果的总图。

②在总图之下须登记每个学生该科获得 0—4 分的项目的数量，以便计算出学生该科得到的四种分数的百分比。

③各次评量可以累计，但须以不同颜色来标示，颜色最好由学校统一规定。例如，若是一学年评量一次，那每个年段就有三次三色（红蓝绿）的侧面图。

（四）评量标准与判断

评量人员需把握生活质量之四好标准的功能，一方面依据每个评量项目四好分数的文字描述给分，另一方面在给分难以取舍时，依据以下原则考虑给分：

（1）参照下表（四好评量标准参照表）的区分方式进行判断。

（2）如果仍不能取舍，就要借助评量人员心中对生活质量的理解，以及对学生生活质量的现况与期待来做判断了！

（3）一般鼓励就低不就高，宁选择给低分，这样就会给学生留下比较多的学习空间。

（4）可以参照同班同学的分数，若能与同学的分数一致当然很好（但也要就低不就高），可方便以后的教学！

四好评量标准参照表（戴玉敏制）

评量标准 参考准则	1分（好照顾）	2分（好家人）	3分（好帮手）	4分（好公民）
不同层级的 教育目标 （学习任务）	被动参与、被动配合，简单拿、放等动作，不排斥、不破坏	（听从单一指令任务） 简单、单一操作 少量、短距离、短时间	（同时完成两个以上任务） 标准（基本、一般操作） 中等数量、距离、时间	（同时完成多个任务） 复杂、细微、品质要求 大量、长距离、长时间
不同层级的 教材内容 （教学内容）	操作自己喜欢的事物	学习日常固定、特定的事物 实物操作（实物、图片）	一般常见事物 半具体操作（实物、图片、文字）	各种不常用的事物 抽象操作（文字）
不同层级的 增强物 （动机操作）	正在享受增强物之下配合	进行有兴趣的任务（喜欢的任务） 原级增强（具体的吃、玩等）	完成任务（一般不反感的任务） 次级增强（代币） （+原级增强）	为了履行责任完成任务（可能是不喜欢的任务） 社会性增强（成就感）
不同层级的 支持手段 （辅导方式）	需要身体或手势协助 （本体觉、触觉等）	利用示范、手势与碰触等提示教导到能独立操作、独立使用具象的辅助系统 （以本体觉、触觉、视觉等为主）	利用示范、演示、口头提示重点等支持，直到学生能独立操作、独立使用有记号的辅助系统 （视觉、听觉等）	教导能自己借助视听媒介与自然提示、示范而学习 （视觉、听觉等）
不同层级的 参与方式 （参与过程）	诱导 为自己的，随意配合选择	配合（被动） 小部分参与，选择自己喜欢的	主动 大部分参与选择的决定	积极、带动别人 全程参与，计划决策
不同层级的 反应方式 （反应内容）	注意、朝向	配对、选择、指认、仿说	分类、指认、选择、命名、表达	命名、自由表达、推理等
不同层级的 成果表现 （评量标准）	愿意做动作，可感觉体验	完成简单的任务 （单一操作）	达到基本标准的要求 （基本步骤、一般操作）	完成质量比基本标准更高 （复杂、细微、品质要求）

（五）评量结果的解释与应用

①评量结果的解释：评量结果不能解释为学生各科能力的高低，而是生活质量的功能。1分代表该项能力约能达到好照顾的功能；2分代表该项能力约能达到好家人的功能；3分代表该项能力约能达到好帮手的功能；4分代表该项能力约能达到好公民的功能。

②评量结果的应用：总图下登记的各科总分，代表该生各科能力已经达到的生活质量水平。例如：若该科4分的项目数量超过全部项目数量的三分之二，则可将目标确定为追求好公民的功能。若该科3分以上（含3分）的项目数量超过全部项目数量的三分之二，则可将目标确定为追求好帮手的功能；若该科3分以上（含3分）的项目数量超过全部项目数量的五分之四，则可将目标确定为追求好公民的功能。若该科2分以上（含2分）的项目数量超过全部项目数量的三分之二，则可将目标确定为追求好家人的功能；若该科2分以上（含2分）的项目数量超过全部项目数量的五分之四，则可将目标确定为追求好帮手的功能。若该科1分的项目数量超过全部项目数量的三分之二，则目标应确定为追求好照顾的功能；若该科1分的项目数量超过全部项目数量的五分之四，则可将目标确定为追求好家人的功能。最后综合考虑各项因素，拟订该生的个别化教育目标。

（六）个别化教育目标的选择原则

利用本课程评量结果拟订学生的个别化教育目标，形成个别化教育计划，建议综合考虑以下原则：

①平行原则：先考虑学生各科下学期要达到的生活质量水平，达到哪个能力层次，是追求好照顾、好家人的功能，还是追求好帮手、好公民的功能？（参考以上"评量结果的解释与应用"之"②评量结果的应用"）统一目标标准，未达到该水平的项目可以考虑确定为目标，已经超过该水平的项目可以先忽略。例如，学生要追求的是2分好家人的水平，那么未达到2分的项目可以考虑选择，已达到3分的项目就不选，以和其他项目平行发展。

②起码原则：各科未达到1分的项目应优先选择，确保各项目有起码级水平。

③符合教科书原则：已出版的部编教科书的科目有生活语文、生活数学、生活适应，对照教科书有编入的内容，其课程标准上的项目也应列为必选，这样可以更好地利用部编教科书。

④发展原则：若是同一分数的项目太多，不能全选，则可考虑从基本或较简单的项目选起，一般为从左到右原则，但有些课程的目标项目并不是越前面的越简单，因此教师要以发展的眼光判断应该先教的项目。

⑤重要原则：征询重要他人（含家人）的意见，优先选择在生活情境中比较重要或常用的项目。

⑥补救原则：征询康复人员的意见，是否有严重影响生活与学习的能力需要补救、需要列为康复目标？

⑦参考原则：参考同班同学的项目，如果很多同学都选择的项目，也符合该生要追求的四好水平，就可以和同学选择一样的项目。

⑧可行性原则：预估下学期教学时间与资源，选择有把握能教到并能教会的项目与项目数量。

⑨其他原则：各校可以依据本评量表的特色，自定义其他选择项目的原则，让老师在为学生制订目标时有更多依据。

特教教师依据以上原则为学生选择下学期需要发展的项目，形成个别化教育计划里的长期目标。然后各科教师依据长期目标的方向，自行制订各科的短期目标（教学目标），使各科教师对学生的长期目标达成共识，从而有利于各科教学目标与教材的统整。

如果有的学校不突出个别化教育，也可以据此形成班级共同目标，有利于班级集体教学，既满足学生的共性，又顾及学生的特殊性。

（七）教学建议

不管是否采取个别化教学模式，根据本评量结果拟订的教育计划，皆可选择以下教学设计：

①安排功课表：不管课程标准以及教育目标采用何种分类（7+3），当长、短期教育目标拟订好后，各教学单位可以依据其教育哲学或资源，安排适合的功课表和各施教科目，例如分学科的、分领域的、主题统整的……只要各科目能共同承担一些教育目标的教学即可。

②各科教材编选：各科教师对功课表上该班级一学期的教学目标进行归纳整理，组织分类，安排顺序，形成分布一学期的数个教学单元与教材内容。

③各科单元教学活动设计：依据教材分布与教学目标的分配，各科教师设计一个个的单元教学活动，以便在一学期内让学生学会教材内容，达成各自教育目标或班级共同目标。

④教学评鉴：每个教学单元和学期结束时，应进行教学评鉴。一是评鉴教学方法的有效性，二是评鉴学生教育目标的达成情况，并作为下一阶段新的教育计划拟订的依据。此时本课程评量表可以作为评估学生学习绩效的工具，既可借着两次评量之间的差距分析教学因素，又可作为新一轮课程起点的评量，以拟订新的教育计划！如此循环，直至学生升到下一个年段，换评下一个年段的课程内容！

详细的教学设计原则与方法，请另阅《培智学校课程的四好评量与教学设计》一书。

一、生活语文　四好评量表

周千勇　杨津晶

学生姓名：＿＿＿＿＿＿＿　性别：＿＿＿＿＿

出生日期：＿＿＿＿年＿＿月＿＿日

1分　好照顾：在动作操作阶段（感觉动作期），设想其能对感觉和情绪有区辨能力，能以个人的方式进行选择，来应付生存上的需求，能配合别人情绪明显的要求。

2分　好家人：在具体操作阶段（前运思期）（学前成就），设想他可以掌握一些与个人需求有关的沟通能力，在有需要时，能用尽办法（包括出示物品、图片等非语言方式）解决问题。家人也可以用具体物品或图画，作为提醒、交代、备忘、记录之用（做记号）。

3分　好帮手：在平面操作进入符号操作阶段（具体运思期前或后段）（学龄一二段），可以掌握处理日常家务有关的沟通能力，可以用自己能懂的图形、记号、文字等来沟通、查找、提醒、交代、备忘、记录等。

4分　好公民：在符号操作阶段（具体运思期后段或符号运思期前段）（学龄三段），可以掌握有利于人际交往的沟通能力，可以用阅读、思考或记笔记的方式解决生活中或学习中的问题。

低年段（1—3年级）	中年段（4—6年级）	高年段（7—9年级）
第一次评量	第一次评量	第一次评量
日期：＿＿＿＿＿总分：□	日期：＿＿＿＿＿总分：□	日期：＿＿＿＿＿总分：□
第二次评量	第二次评量	第二次评量
日期：＿＿＿＿＿总分：□	日期：＿＿＿＿＿总分：□	日期：＿＿＿＿＿总分：□
第三次评量	第三次评量	第三次评量
日期：＿＿＿＿＿总分：□	日期：＿＿＿＿＿总分：□	日期：＿＿＿＿＿总分：□
第四次评量	第四次评量	第四次评量
日期：＿＿＿＿＿总分：□	日期：＿＿＿＿＿总分：□	日期：＿＿＿＿＿总分：□
第五次评量	第五次评量	第五次评量
日期：＿＿＿＿＿总分：□	日期：＿＿＿＿＿总分：□	日期：＿＿＿＿＿总分：□
第六次评量	第六次评量	第六次评量
日期：＿＿＿＿＿总分：□	日期：＿＿＿＿＿总分：□	日期：＿＿＿＿＿总分：□

		低年段	中年段	高年段
1.1 倾听与说话	1.1.1 倾听	1.1.1.1 能在别人对自己讲话时注意倾听 ☐☐☐☐☐ 0 未达 1 分 1 能知道别人是在对自己讲话，不干扰、不排斥，或有转向说话人的行为（例如：转头、看说话人、走向说话人、停下动作等） 2 能在别人对自己讲话时，知道讲话是有信息的，会关注重要信息（例如：关注与自己有关的信息、关注明显的语调等） 3 能在别人对自己讲话时，注意倾听完整的信息 4 能在任何环境中专心倾听别人对自己讲话	1.1.1.1 能认真倾听他人讲话，不随意插话 ☐☐☐☐☐ 0 未达 1 分 1 能在别人讲话时有注意听的行为（例如：转头、朝向说话人、开始或停下手上的事情等） 2 能在别人讲话时，关注重要信息，不随意插话（例如：关注与自己有关的信息或别人强调的部分等） 3 能认真倾听他人讲话，关注完整的信息，不随意插话（例如：别人讲完才回应等） 4 能在任何环境中专心倾听别人讲话，不随意插话	1.1.1.1 能耐心、认真地倾听，并能理解别人所表达的意思 ☐☐☐☐☐ 0 未达 1 分 1 能在别人讲话时，整个过程有注意听的行为（例如：静坐、朝向说话人、开始或停下手上的事情等） 2 能在别人讲话时，倾听，并能理解与自己相关的信息或关键的信息 3 能在别人讲话时，耐心、认真地倾听，并能理解别人所表达的意思 4 能在任何环境中都耐心、认真地倾听，理解别人所表达的意思
		1.1.1.2 能听懂常用的词语，并做出适当的回应 ☐☐☐☐☐ 0 未达 1 分 1 听到声音或某些语调，能不排斥，并能做出本能的回应 2 听到特定的词语（例如：停、不行、拿好、等），能做出适当的回应 3 能听懂常用的词语，并做出适当的回应（例如：大多数具体事物和少量抽象的词语） 4 能听懂一般的词语及其变化，并做出应变的反应（一般两岁儿童能听懂200个左右的词语）	1.1.1.2 能听懂他人的问询，并做出适当的回应 ☐☐☐☐☐ 0 未达 1 分 1 能在别人问询时，不紧张、不排斥 2 能听懂少数特定的问询，并做出适当的回应（例如：每天都会经历的问题或是与自己生存有关的问题，如你叫什么名字？你要玩什么？你要吃什么？） 3 能听懂常用的问询，并做出适当的回应（例如：上课时的具体问题和只有少数抽象词语的问题） 4 能听懂一般的问询，并做出应变的反应	1.1.1.2 能听懂与生活相关的话题，并做出适当的反应 ☐☐☐☐☐ 0 未达 1 分 1 听到与生活相关的话题时，有反应 2 能听懂与自己相关的特定生活话题，做出适当的回应（例如：吃的话题、玩的话题、上课的内容等） 3 能听懂与生活相关的话题，并做出适当的回应（例如：购物、上课、请客等） 4 能听懂一般社区生活中的相关话题，并做出应变的反应（例如：小区中的表演、义务体检等）

续表

		低年段	中年段	高年段
1.1 倾听与说话	1.1.1 倾听	1.1.1.3 能听懂简单的句子，并做出适当的回应 ☐☐☐☐☐☐ 0 未达 1 分 1 听到简单的句子，能做出本能的回应（例如：转头、走向说话人、停下手上的事情） 2 能听懂特定的简单句，并做出适当的回应（例如：与自己有关的句子、与生存需求相关的句子、上课常规的要求等） 3 能听懂常用的简单句，并做出适当的回应（例如：课文的关键句子、只有少量抽象概念的句子） 4 能听懂简单的句子及其变化，并做出应变的反应进行交流	1.1.1.3 能听懂简单的故事 ☐☐☐☐☐☐ 0 未达 1 分 1 能有配合地听的行为（例如：安静、坐好） 2 能听懂特定的几个简单的故事（例如：小猫钓鱼） 3 能听懂简单叙述性的适合年龄的故事（例如：和课文有关的故事） 4 能听懂复杂描述的故事（例如：有形容词、副词修饰的，有定语、状语、补语说明的）	1.1.1.3 能听懂任务分工、操作步骤和要求 ☐☐☐☐☐☐ 0 未达 1 分 1 听到任务分工、操作步骤和要求，有反应 2 能听懂特定的任务分工、操作步骤和要求，或是听懂单一或几个步骤的任务和要求，并做出适当的回应 3 能听懂日常生活的任务分工、操作步骤和要求，并做出适当的回应 4 能在一般环境或工作环境中听懂任务分工、操作步骤和要求，并做出适当的回应
		1.1.1.4 能听懂生活中的常用语言 ☐☐☐☐☐☐ 0 未达 1 分 1 听到特定语言，有反应（例如：自己的名字、过来、拿着） 2 能听懂生活中的特定语言（例如：与自己生存有关的语言） 3 能听懂生活中的常用语言（例如：上课的常用语、家庭生活的常用语） 4 能运用生活中的常用语言及其变化进行交流	1.1.1.4 能从语气、语调中理解交际对象的情绪变化 ☐☐☐☐☐☐ 0 未达 1 分 1 听到特定语气、语调，有反应 2 能从少数几种语气、语调中理解社交对象的情绪变化，并做出反应（例如：生气的语气、开心的语气） 3 能从常用的语气、语调中理解社交对象的情绪变化（例如：喜、怒、哀、乐、惧等） 4 能依据社交对象的语气、语调变化，配合情境去理解他隐藏的情绪变化（例如：同一句话用不同语气暗示不同情绪与用意）	

续表

		低年段	中年段	高年段
1.1 倾听与说话	1.1.1 倾听	1.1.1.5 能听懂生活中常用的普通话 ☐☐☐☐☐☐ 0 未达 1 分 1 听到特定的普通话，做出回应（例如：自己的名字、过来、拿着） 2 能听懂生活中特定的简单普通话，做出简单回应（例如：与自己每天生活有关的普通话） 3 能听懂生活中常用的普通话，进行简单交流 4 能听懂生活中有变化的普通话，进行日常交流		
	1.1.2 说话	1.1.2.1 能模仿运用生活中的常用语言 ☐☐☐☐☐☐ 0 未达 1 分 1 模仿少量或特定的常用语言或特定的语音 2 能模仿少数常用语言（例如：名字、老师、妈妈、吃、玩具等） 3 能模仿运用生活中的常用语言（例如：表达要吃的、要喝的、要玩的等） 4 能运用生活中的常语言解决问题	1.1.2.1 能用一句话或几句话表达自己的基本需求 ☐☐☐☐☐☐ 0 未达 1 分 1 能用非口语或特定的词汇表达自己的基本需求（例如：肢体动作、表情、眼神等） 2 能用少量固定的句子表达自己的基本需求（例如：玩××，吃××；我要××等） 3 能用一句话或几句话表达自己的基本需求（例如：老师，我要××；老师，请帮忙拿××；我肚子饿了，想吃××；等等） 4 能用一句或几句话来达到自己的各种沟通目的（例如：我很高兴；今天老师表扬我了；我要××）	1.1.2.1 能用语言求助 ☐☐☐☐☐☐ 0 未达 1 分 1 使用特定的求助语（例如：要、妈妈），或是用非口语(例如：拉人、指物)表示求助，或是用特定的语音表示求助（例如：发出"啊啊"声） 2 能使用少数常用的求助语（例如：帮忙） 3 能使用语言求助（例如：老师，请帮忙） 4 能在任何环境中适当地用语言求助
		1.1.2.2 能用简短的语言表达个人的基本需求 ☐☐☐☐☐☐ 0 未达 1 分 1 用非口语表达个人的基本需求（例如：表情、眼神、肢体动作），或是用特定的语音表达个人的基本需求 2 能用少量语言、表情表达基本需求（例如：要、吃、玩某物等） 3 能用简短的语言表达个人的基本需求（例如：我要、玩××、吃××、拿××等） 4 能在不同情境灵活运用适当的语言表达个人的需求	1.1.2.2 能作自我介绍（例如：家庭住址、电话号码、兴趣爱好、亲戚朋友等） ☐☐☐☐☐☐ 0 未达 1 分 1 能配合自我介绍的活动（例如：按沟通辅具、在别人介绍时举着自己的介绍板等） 2 能介绍自己的一些特定信息（例如：姓名、年龄、班级、兴趣爱好、某个喜欢的亲朋好友等） 3 能做基本信息的自我介绍（例如：家庭住址、电话号码、兴趣爱好、亲戚朋友等） 4 能依据场合要求作自我介绍	1.1.2.2 能向他人介绍自己（例如：学习和身体情况、家庭情况、特长、愿望等） ☐☐☐☐☐☐ 0 未达 1 分 1 能参与自我介绍的活动（例如：按沟通辅具、在别人介绍时举着自己的介绍板，或是简单模仿介绍部分等） 2 能向他人介绍自己的一些特定信息（例如：姓名、班级、兴趣爱好、特长、愿望等） 3 能向他人介绍自己（例如：学习和身体情况、家庭情况、特长、愿望等） 4 能依据场合要求作自我推荐

		低年段	中年段	高年段
1.1 倾听与说话	1.1.2 说话	1.1.2.3 能使用人称代词（例如：你或你们、我或我们、他或他们） ☐☐☐☐☐ 0 未达 1 分 1 对特定人称代词有反应 2 能分辨不同的人称代词或是能使用某种人称代词 3 在日常情境中能使用人称代词 4 在任何情境中正确使用人称代词	1.1.2.3 能简单讲述生活中发生的事情 ☐☐☐☐☐ 0 未达 1 分 1 能在别人描述事件时，不干扰、不排斥；能回应别人对生活中刚发生事件的询问 2 能简单描述生活中每天发生的特定事件或印象深刻的某件事（例如：今天吃了××；今天玩了××；老师教了××；等等） 3 能简单描述生活中经常发生的与自己有关的事情（例如：我去快餐店吃了××；我去超市买了××；今天在学校上了语文、数学、生活主题课；等等） 4 能描述生活中发生的一般事情（例如：妈妈去买菜；爸爸开车去××；我生病去医院看病；等等），或能详细地描述生活中经常发生的与自己有的事情（例如：今天我生日，妈妈带我去饭店，我点了××，我很高兴，等等）	1.1.2.3 能简单转述别人说话的主要内容 ☐☐☐☐☐ 0 未达 1 分 1 能参与转述的活动（例如：听传话人讲的话、去找传话人、把东西给传话人等） 2 能转述内容的关键信息，或是能转述一两句话，或能对着指定的人转述内容，或在某特定情境下转述别人说话的内容 3 能简单转述别人说话的主要内容 4 在任何情境中都能转述别人说话的内容
		1.1.2.4 能作简单的自我介绍（例如：姓名、班级、主要家庭成员等） ☐☐☐☐☐ 0 未达 1 分 1 对自己的名字有反应 2 能表达一些应急的特定信息（例如：自己的姓名、电话、班级等特定信息） 3 能作简单的自我介绍（例如：介绍自己的姓名、班级、主要家庭成员等） 4 能根据场合要求作自我介绍	1.1.2.4 能简单转述一两句话 ☐☐☐☐☐ 0 未达 1 分 1 能参与传话的活动（例如：听传话人讲的话、去找传话的人、把东西给传话人等） 2 能转述关键词（例如：吃饭了、接电话等） 3 能简单转述一两句话（例如：某老师找你；老师要借红色的彩笔等） 4 能完整地转述别人交代的话（例如：今天的作业是××和××；明天要去××，要带××；等等）	1.1.2.4 会使用手机等通信工具与他人沟通 ☐☐☐☐☐ 0 未达 1 分 1 能接受别人用通信工具与自己沟通（例如：接听电话、进行视频通话等） 2 能在特定的通信工具上与他人沟通（例如：手机、QQ、微信等）单一的内容（例如：你好、什么时候上学、我要××等） 3 能使用手机等通信工具与他人沟通日常生活信息（例如：找人、讨论吃什么、年节问候、请假等） 4 能使用手机等通信工具与他人沟通一般信息（例如：在学校发生的事、兴趣爱好、八卦、解说事情等）

续表

		低年段	中年段	高年段
1.1 倾听与说话	1.1.2 说话	1.1.2.5 学说普通话 ☐☐☐☐☐☐ 0 未达 1 分 1 在听到普通话时会给予反应或注意 2 能学说特定的普通话（例如：自己的名字、老师、妈妈等） 3 能在日常生活中学说常用的普通话（例如：表达需要、上课常用语等） 4 能在不同情境中运用普通话对话	1.1.2.5 能进行简单的提问 ☐☐☐☐☐☐ 0 未达 1 分 1 对别人的提问不排斥，有时能表现出想提问的行为（例如：靠近人、拿东西示人、翻找物品等） 2 能用关键词语提一些特定的问题（例如：这个？可以吗？妈妈？） 3 能进行一般疑问句的提问（例如：这是不是杯子？你会不会游泳？） 4 能进行特殊疑问句的提问（例如：这是什么？你叫什么名字？）	
			1.1.2.6 能用普通话与他人交谈 ☐☐☐☐☐☐ 0 未达 1 分 1 在听到普通话时会给予反应或注意 2 能在某特定情境中，用特定的普通话与人交谈（例如：你好、谢谢等社交用语；我要等表达需求的用语） 3 能在日常生活、学习中，用普通话与人交谈（例如：日常生活中的对话、上课的对话等） 4 能在不同情境中运用普通话与人交谈	
	1.1.3 社交礼仪		1.1.3.1 能使用礼貌用语，文明地与人交流 ☐☐☐☐☐☐ 0 未达 1 分 1 能模仿使用少量的礼貌用语（例如：老师好、再见、谢谢等） 2 能使用少量礼貌用语，与人交流（例如：老师好、再见、谢谢） 3 能使用常用的礼貌用语，文明地与人交流（例如：请坐、请帮忙、请等一下、打扰一下等） 4 能使用敬语，与人交流（例如：请上坐、亲启等）	1.1.3.1 能依据所处情境使用恰当的语言 ☐☐☐☐☐☐ 0 未达 1 分 1 能对别人使用的礼貌用语有适当的回应（例如：你好） 2 在特定生活情境中使用恰当的用语（例如：吃饭、上课时） 3 能在日常生活情境中使用恰当的用语（例如：家里、学校的例行情境） 4 能在一般社会或工作的情境中使用恰当的语言

续表

		低年段	中年段	高年段
1.1 倾听与说话	1.1.3 社交礼仪			1.1.3.2 养成不懂就问的习惯 □□□□□□ 0 未达 1 分 1 能对不懂的问题有觉知 2 能在特定情境（例如：上课）或是特定的问题（例如：这是什么？）或对特定的某个人有不懂就问的习惯 3 能在日常生活中养成不懂就问的习惯 4 能在一般社会或工作情境中适当地使用不懂就问这个能力
				1.1.3.3 养成文明友善交流的习惯 □□□□□□ 0 未达 1 分 1 对别人文明友善的交流有反应 2 能在某特定的情境或是对特定的人，有文明友善交流的习惯 3 能在一般的公共场合有文明友善交流的习惯 4 能在各种场合对任何人都可以文明友善地交流
1.2 识字与写字	1.2.1 识字	1.2.1.1 能关注常用汉字，萌发识字的兴趣 □□□□□□ 0 未达 1 分 1 看到汉字，能做出反应（例如：转向文字、有盯着看的行为等） 2 能关注特定汉字（例如：自己的名字、自己的用品、老师的名字） 3 能关注常用汉字，萌发识字的兴趣（例如：教室粘贴的文字、生活中常用的视觉字） 4 能关注各种汉字，经常保持识字的兴趣	1.2.1.1 喜欢学习汉字，有主动识字的愿望 □□□□□□ 0 未达 1 分 1 看到汉字，不排斥，能做出反应（例如：注意看，用一些身体动作、声音等表示看到） 2 能关注特定的汉字，有主动识字的愿望（例如：自己的名字、老师的名字、喜欢的物品） 3 喜欢学习汉字，有主动识字的愿望（例如：教科书上的汉字） 4 有主动学习汉字的兴趣，会设法理解其字义	1.2.1.1 有主动学习汉字的兴趣 □□□□□□ 0 未达 1 分 1 看到汉字，能做出反应（例如：注意看，用一些身体动作、声音等表示看到） 2 能主动关注特定汉字（例如：自己的名字、老师的名字、看到自己喜欢的物品时会指出、会有声音反应，或是会念读） 3 有主动学习汉字的兴趣，会设法理解其字义 4 能自己应用工具正确理解汉字字义

续表

		低年段	中年段	高年段
1.2 识字与写字	**1.2.1 识字**	1.2.1.2 能区别一般图形与汉字 ☐☐☐☐☐☐ 0 未达 1 分 1 对图形与汉字不排斥、有反应（例如：不破坏字卡、拿着字卡看、用手指一些汉字） 2 能区别特定的图形与汉字 3 能区别一般图形与汉字 4 能区别相似的图形与汉字	1.2.1.2 初步认识常用的偏旁部首 ☐☐☐☐☐☐ 0 未达 1 分 1 对看到的偏旁部首不排斥或有反应（例如：不破坏字卡、拿着字卡看、用手指出一些部首） 2 能认识最简单常用的偏旁部首（例如：单人旁、提手旁、三点水），或是认识自己最常用字的偏旁部首（例如：自己的名字、老师的姓） 3 能初步认识常用的偏旁部首（例如：两画的、三画的、四画的偏旁部首） 4 能判断、指出一般的偏旁部首	1.2.1.2 能掌握常用的偏旁部首 ☐☐☐☐☐☐ 0 未达 1 分 1 对看到的偏旁部首不排斥或有反应或能认读特定的偏旁部首（例如：不破坏字卡、拿着字卡看、用手指出一些部首） 2 能认出或书写少量简单的偏旁部首（例如：单人旁、提手旁、三点水）或是自己生活中每天都会见到的偏旁部首（例如：自己的名字、老师的姓、喜欢的物品） 3 能掌握常用的偏旁部首（例如：认读、书写、仿写） 4 能认读和书写一般的偏旁部首
		1.2.1.3 能认读生活中的常用汉字 10～50 个 ☐☐☐☐☐☐ 0 未达 1 分 1 看到生活中的常用汉字有反应或不排斥认读汉字的活动 2 能指认生活中的特定汉字 10～30 个（例如：姓名、学校等），或认读的汉字可以解决日常生理需求（例如：吃、穿、玩） 3 能认读生活中的常用汉字 10～50 个（例如：姓名、校名等），以解决日常学校、家庭生活中的问题 4 能理解与运用生活中的常用汉字 10～100 个（例如：小区名、场所名、小区中设备上的字等），以便参与一些社区活动	1.2.1.3 累计认读常用汉字 50～300 个（例如：小区名、街道名、车站站牌等） ☐☐☐☐☐☐ 0 未达 1 分 1 看到生活中的常用汉字有反应或不排斥认识新的汉字或参与认读汉字的活动 2 能指认生活中的特定汉字 50 个以内（例如：学校名、班级名、自己的用品名等），以解决基本的生活和学习所需 3 能认读生活中的常用汉字 50～300 个（例如：小区名、街道名、车站站牌等），以解决日常生活中的问题（例如：上学、回家） 4 能理解与运用生活中的常用汉字 300 个以上，以便参与一般的社区活动（例如：购物、买文具、外出就餐等）	1.2.1.3 累计认读常用汉字 100～500 个（例如：超市、商场、医院、车站站牌等公共场所的常用汉字等） ☐☐☐☐☐☐ 0 未达 1 分 1 看到生活中的常用汉字有反应或不排斥认识新的汉字或参与认读汉字的活动 2 能指认生活中的特定汉字 100 个以内（例如：学校名、车站站牌等），以解决基本的生活和学习所需（例如：上学、回家、坐公交车等） 3 能认读生活中的常用汉字 100～500 个（例如：超市名、商场名、医院名、车站站牌名等），以解决日常生活中的问题（例如：去超市买东西、去菜市场、去买药等） 4 能理解与运用生活中的常用汉字 500 个以上，以便可以在社区中自由地出入、去常去的地方、参与一般的社区活动（例如：去健身房、逛公园等）

		低年段	中年段	高年段
1.2 识字与写字	1.2.1 识字	1.2.1.4 认识常用汉字的笔画 □□□□□□ 0 未达 1 分 1 对汉字笔画的呈现有反应或不排斥参与书写的活动或看别人写字 2 认识特定几个汉字的笔画（例如：自己的名字、喜欢的食物、玩具等） 3 认识常用汉字的笔画（例如：课堂上常见的字、生活中常见的字） 4 能用自己的方式猜测出生字的笔画		
	1.2.2 写字	1.2.2.1 能用铅笔描摹或抄写生活中的常用汉字 □□□□□□ 0 未达 1 分 1 能用铅笔随意涂画或不排斥拿笔的活动 2 能用铅笔描摹或抄写特定的笔画少的汉字（例如：自己名字的缩写、偏旁部首、表达需求的文字"可""不""一、二、三"等简单记号） 3 能用铅笔描摹或抄写生活中常用汉字（例如：上课时的生字、每天的课表、简单的食物名） 4 能用铅笔描摹或抄写生活中不常用的汉字	1.2.2.1 能书写（描摹或抄写）生活中的常用词语（例如：姓名、校名、家庭住址、小区名、街道名、所居住的城市名等） □□□□□□ 0 未达 1 分 1 对笔不排斥或能描摹、抄写某一两个字 2 能书写（描摹或抄写）特定的词语（例如：名字、常吃的、常玩的） 3 能书写（描摹或抄写）生活中的常用词语（例如：姓名、校名、家庭住址、小区名、街道名、所居住的城市名等） 4 能书写（描摹或抄写）一般词汇或常用的汉字	
			1.2.2.2 累计会写生活中的常用汉字 50 ~ 100 个 □□□□□□ 0 未达 1 分 1 能随意涂画或不排斥写字的活动 2 能写特定的笔画少的汉字或 50 个以内的汉字（例如：自己的名字、吃、穿、用、玩的），以应付生存需求 3 能写生活中的常用汉字或 50 ~ 100 个汉字（例如：课表、作业、生活事件），以应付日常生活和学习 4 能写生活中不常用的汉字，或是有助于参与常去的社区活动的汉字，或自己写 100 个以上的汉字	1.2.2.2 累计会写常用汉字 100 ~ 300 个 □□□□□□ 0 未达 1 分 1 能随意涂画或不排斥写字的活动 2 能写特定的汉字或 100 个以内的汉字（例如：自己的名字、喜好物、课表），以应付每天的学习和生活 3 能描写或抄写生活中的常用汉字或 100 ~ 200 个汉字（例如：生活事件、购物清单），以应付日常生活 4 能描写或抄写或自己写生活中不常用的汉字，或是有助于参与一般社区活动和工作的汉字，或自己写 300 个以上的汉字

续表

		低年段	中年段	高年段
1.2 识字 与 写字	**1.2.2 写字**		1.2.2.3 能修改自己所写的错字 ☐☐☐☐☐☐ 0 未达 1 分 1 会对自己或别人写的字有反应或对别人纠正自己的错字不排斥 2 能修改特定的错字（例如：自己的名字、每天都会写的字）或在别人纠正下修改 3 能对自己会写的字的正误有判断，并修改自己所写的错字 4 能对自己会写的字有正误的判断，并修改自己或是他人所写的错字	
	1.2.3 书写 的习 惯和 技巧	1.2.3.1 能按从左到右的格式书写 ☐☐☐☐☐☐ 0 未达 1 分 1 能在方格内书写或不排斥拿笔书写的活动 2 能按特定格式书写（例如：写在线上、写在大格子里） 3 能按从左到右的格式书写 4 能按不同格式要求书写	1.2.3.1 知道有不同的书写工具，愿意尝试使用不同的笔写写画画 ☐☐☐☐☐☐ 0 未达 1 分 1 不排斥拿笔的活动或用某种书写工具写写画画 2 能有自己喜欢的特定的一两种书写工具（例如：铅笔、圆珠笔、水彩笔、彩铅笔、毛笔等），或愿意尝试用其他的笔的行为 3 能知道有不同的书写工具，愿意尝试使用不同的笔写写画画 4 能因应不同材质，选择并操控不同的书写工具写写画画	1.2.3.1 能用硬笔书写(圆珠笔、中性笔、钢笔） ☐☐☐☐☐☐ 0 未达 1 分 1 对笔不排斥或愿意拿笔写写画画 2 能用一两种硬笔书写（例如：签字笔、中性笔、水彩笔、圆珠笔、铅笔等） 3 能用各种硬笔书写（例如：钢笔、签字笔、中性笔、圆珠笔等） 4 能熟练使用各种硬笔，保持书写流畅、整洁，并有自己爱用的笔
			1.2.3.2 养成良好的书写习惯，有正确的写字姿势 ☐☐☐☐☐☐ 0 未达 1 分 1 不排斥书写的活动，愿意书写 2 能有必须的书写习惯(例如：前三指握笔、坐时不东倒西歪），或是短时间有良好的书写姿势（例如：坚持几分钟） 3 能有良好的书写习惯和正确的写字姿势（例如：正确的坐姿、正确的握笔姿势、纸笔与眼睛的距离合适）并且可以维持到完成书写的作业 4 能在每次书写时都用正确的姿势写字，必要时能因应设备以各种姿势（例如：蹲姿、悬空等）完成写字活动	1.2.3.2 养成良好的书写习惯，字迹清楚端正 ☐☐☐☐☐☐ 0 未达 1 分 1 愿意书写某些特定的字，字迹清楚 2 养成良好的书写习惯，生活中常用字的字迹能被认出 3 养成良好的书写习惯，会写的字都能保证字迹清楚、端正 4 养成良好的书写习惯，会写的字都字迹清楚、端正而且美观，有一定的笔锋

续表

		低年段	中年段	高年段
1.3 阅读	1.3.1 阅读习惯	1.3.1.1 对书感兴趣，能模仿成人的样子看书 ☐☐☐☐☐☐ 0 未达 1 分 1 不排斥阅读，不破坏书 2 对书感兴趣，并能初步参与看书的活动 3 对书感兴趣，能模仿成人的样子看书 4 能自由选择喜欢的书阅读	1.3.1.1 初步养成每天阅读的习惯 ☐☐☐☐☐☐ 0 未达 1 分 1 不排斥阅读，愿意参与阅读的活动 2 有读物在面前就会拿来看一看，或保管好自己的书 3 初步养成每天阅读的习惯（例如：每天有固定的阅读时间） 4 能将阅读作为其休闲活动的选择之一	1.3.1.1 喜欢阅读，能和别人分享阅读心得，养成良好的阅读习惯 ☐☐☐☐☐☐ 0 未达 1 分 1 不排斥阅读，有时喜欢听别人阅读 2 每天有固定的阅读时间，并能和别人分享特定的内容（例如：题目、人物、重要行为等） 3 喜欢阅读，能和别人分享阅读心得，养成良好的阅读习惯 4 能将阅读作为其学习知识的渠道之一
		1.3.1.2 能以基本正确的姿势阅读 ☐☐☐☐☐☐ 0 未达 1 分 1 对正确的阅读姿势不排斥 2 能以自己觉得舒适又基本正确的姿势阅读 3 能以基本正确的姿势阅读，并且书不会拿反 4 能维持规范的姿势阅读		
		1.3.1.3 愿意阅读，能感受阅读的乐趣 ☐☐☐☐☐☐ 0 未达 1 分 1 不排斥阅读，不破坏书 2 愿意阅读，有一定的乐趣（例如：愿意翻读，被书中图画或文字或颜色或纸张等吸引），并能初步参与阅读的活动 3 愿意阅读，能感受阅读的乐趣 4 能自主选择阅读，体验阅读的乐趣		

续表

		低年段	中年段	高年段
1.3 阅读	**1.3.2 阅读理解**	1.3.2.1 能从图片中找出熟悉的人、物和生活情境 ☐☐☐☐☐☐ 0 未达 1 分 1 能不排斥阅读活动，不破坏书 2 能从图片中找出特定的人、物和生活情境 3 能从图片中找出熟悉的人、物和生活情境 4 能根据要求，从图片中找出人、物和生活情境	1.3.2.1 能阅读环境中的常用符号信息 ☐☐☐☐☐☐ 0 未达 1 分 1 能不破坏环境中的符号或能认得一两个与自己切身相关的符号 2 能阅读环境（例如：学校）中的特定符号信息而行事（例如：个人用品记号、危险警告标志、指示标志） 3 能阅读环境中的常用符号信息而行事 4 能阅读环境中的不常用符号信息而行事（例如：某些行业专用的符号、暗号等）	1.3.2.1 能使用目录、页码、题目寻找指定资料 ☐☐☐☐☐☐ 0 未达 1 分 1 能使用自己独特的方法找到一两份资料 2 能使用页码或题目寻找指定的简单资料 3 能使用目录、页码、题目寻找指定的简单资料 4 能使用目录、页码、题目或其他线索寻找所需的各种资料
		1.3.2.2 知道图片上的文字和画面是对应的，文字是用来表示画面意义的 ☐☐☐☐☐☐ 0 未达 1 分 1 能接受图片上有文字、有画面 2 能知道图片上的文字和画面是对应的 3 能知道图片上的文字是表示画面意义的 4 能用文字和画面互为描述说明	1.3.2.2 能阅读以图画为主、文字为辅的图书，了解大意 ☐☐☐☐☐☐ 0 未达 1 分 1 能翻阅以图画为主、文字为辅的图书，不排斥、不破坏 2 能阅读以图画为主、文字为辅的图书，指出书上某些内容（例如：书上的人、事、物） 3 能阅读常读的以图画为主、文字为辅的图书，了解大意（例如：简单的情节、角色的想法） 4 能阅读各种图书，了解大意	1.3.2.2 能借助关键词句，说出课文的主要内容 ☐☐☐☐☐☐ 0 未达 1 分 1 能以简单方式回应别人对课文内容的简单提问（例如：是不是？有没有？） 2 能借助关键词语说出课文的主要内容 3 能借助关键句子说出课文的主要内容 4 能用完整的语言说出课文的主要内容
		1.3.2.3 能阅读背景简单的图书，了解大意 ☐☐☐☐☐☐ 0 未达 1 分 1 能接受背景简单的图书，不排斥、不破坏 2 能阅读特定的背景简单的图书，了解大意 3 能阅读背景简单的图书，了解大意 4 能阅读背景稍复杂的图书，了解大意	1.3.2.3 能阅读图文并茂、内容贴近生活的图书，理解意思 ☐☐☐☐☐☐ 0 未达 1 分 1 能翻阅图文并茂、内容贴近生活的图书，不排斥、不破坏 2 能阅读图文并茂、内容贴近生活的图书，知道书上内容（例如：人、事、物） 3 能阅读常读的图文并茂、内容贴近生活的图书，以图和文理解其意思（例如：做事方法、因果关系） 4 能阅读各种图书，了解大意	1.3.2.3 能阅读叙事性短文，理解文章中重点词句的意思 ☐☐☐☐☐☐ 0 未达 1 分 1 能阅读叙事性短文，以简单方式回应别人对内容的简单提问（例如：是不是？有没有？） 2 能阅读特定的一两篇叙事性短文，理解文章中重点词句的意思 3 能阅读单一事件的叙事性短文，理解文章中重点词句的意思 4 能熟练阅读两三件事情的叙事性短文，理解文章中重点词句的意思

续表

		低年段	中年段	高年段
1.3 阅读	1.3.2 阅读理解	*1.3.2.4 能阅读情节简单的图画故事书，了解大意 ☐☐☐☐☐ 0 未达 1 分 1 能接受阅读情节简单的图画故事书，不排斥 2 能阅读少量情节简单的图画故事书，了解大意 3 能阅读情节简单的图画故事书，了解大意 4 能阅读情节稍复杂的图画故事书，了解其意 （* 为选择性目标，下同）	1.3.2.4 阅读时能注意把握事件发生、发展的顺序 ☐☐☐☐☐ 0 未达 1 分 1 不排斥阅读，愿意阅读 2 阅读时能注意把握特定事件（例如：自己印象深刻的一两件事）发生、发展的顺序 3 阅读时能注意把握书中所写简单事件发生、发展的顺序 4 阅读时能注意把握书中所写较复杂事件发生、发展的顺序	1.3.2.4 能阅读简单应用文（例如：通知、公告、说明书等），并理解主要信息 ☐☐☐☐☐ 0 未达 1 分 1 不排斥阅读简单应用文，愿意阅读 2 能阅读某种简单应用文（例如：通知），并理解主要信息（告知他人或行事） 3 能阅读简单应用文（例如：通知、说明书），并理解主要信息 4 能阅读一般应用文（例如：通告、公告、说明书等），并理解主要信息
		*1.3.2.5 能结合图片的内容，理解词句的意思 ☐☐☐☐☐ 0 未达 1 分 1 能接受结合图片的内容，理解词句的意思，不排斥 2 能结合图片内容，理解少量的词句的意思 3 能结合图片内容，理解熟悉的词句的意思 4 能结合图片内容，理解一般词句的意思	1.3.2.5 能知道一本书的组成部分 ☐☐☐☐☐ 0 未达 1 分 1 能翻阅或保管一本书，不破坏书的各组成部分 2 能知道一本书外观的重要组成部分（例如：能拿对、排好其上下正反） 3 能知道一本书的主要组成部分（封面、封底、标题、目录、页码、定价等） 4 能知道一本书的其他组成部分或其变化（例如：扉页、辅文、套书、刊物等）	1.3.2.5 能阅读非连续性文本（例如：时刻表、购物清单、存取款单等），并从中获取有价值的信息 ☐☐☐☐☐ 0 未达 1 分 1 会关注或保管非连续性文本 2 能阅读一两种非连续性文本（例如：购物清单、功课表），并从中获取有价值的信息 3 能阅读生活中常见的非连续性文本（例如：购物清单、时刻表、存取款单、收据等），并从中获取有价值的信息 4 能阅读一般的非连续性文本（例如：送货清单、时刻表、存取款单、收据等），并从中获取各种信息
		1.3.2.6 能认识句号、逗号、问号、感叹号 ☐☐☐☐☐ 0 未达 1 分 1 能对句号、逗号、问号、感叹号有反应 2 能分辨句号、逗号、问号、感叹号的不同，并辨认其中一种 3 能认识句号、逗号、问号、感叹号 4 能正确使用句号、逗号、问号、感叹号中的一种	1.3.2.6 能阅读图文结合的短文，了解大意 ☐☐☐☐☐ 0 未达 1 分 1 能关注或保管图文结合的短文，不破坏 2 能阅读特定的图文结合的短文，了解短文大意 3 能阅读熟悉的（例如：老师教的、生活中经历的、已有此印象的）图文结合的短文，了解短文大意 4 能阅读一般的图文结合的短文，了解短文大意	

续表

		低年段	中年段	高年段
1.3 阅读	**1.3.2 阅读理解**		1.3.2.7 能阅读一段话（例如：手机短信等），获取相关信息 □ □ □ □ □ 0 未达 1 分 1 能关注或保管好出现在身边的一段话（例如：手机短信、手写便条） 2 能阅读特定的一段话，获取相关信息 3 能阅读一段话（例如：手机短信、留言条等），获取相关信息 4 能熟练阅读一大段留言或数据，获取相关信息	
			1.3.2.8 能初步阅读叙事性短文，了解时间、地点、人物、事件 □ □ □ □ □ 0 未达 1 分 1 能关注或保管好出现在身边的叙事性短文，了解时间、地点、人物、事件 2 能初步阅读特定的叙事性短文，大致了解时间、地点、人物、事件 3 能初步阅读叙事性短文，了解时间、地点、人物、事件 4 能熟练阅读叙事性短文，正确了解时间、地点、人物、事件	
	1.3.3 朗读	1.3.3.1 能用普通话朗读简单句 □ □ □ □ □ 0 未达 1 分 1 对用普通话朗读简单句，不排斥 2 能用普通话朗读特定的简单句或跟着集体朗读 3 能用普通话朗读简单句 4 能用普通话朗读复杂句	1.3.3.1 能用普通话正确、连贯地朗读一段话 □ □ □ □ □ 0 未达 1 分 1 对用普通话朗读一段话的活动不排斥 2 用普通话朗读少数特定的一段话或跟着集体朗读 3 用普通话正确、连贯地朗读一段话 4 用普通话正确、连贯地朗读一篇短文，或有声调变化地朗读	1.3.3.1 能正确朗读课文 □ □ □ □ □ 0 未达 1 分 1 参与朗读课文活动，不排斥、不干扰 2 能尝试朗读特定的课文（例如：限定字数或凭记忆背出的或只念其中一部分） 3 能手、眼、口一致正确地朗读所学课文 4 能按要求（例如：分角色或有感情等）正确地朗读课文

		低年段	中年段	高年段
1.3 阅读	1.3.3 朗读	1.3.3.2 会诵读诗歌（例如：儿歌、古诗）5～10首 □□□□□□ 0 未达1分 1 对诗歌不排斥 2 会诵读诗歌（例如：儿歌、古诗）5首以内 3 会诵读诗歌（例如：儿歌、古诗）5～10首 4 会诵读诗歌（例如：儿歌、古诗）10首以上	1.3.3.2 累计背诵诗文（例如：儿歌、古诗、儿童诗等）10～20篇（段） □□□□□□ 0 未达1分 1 配合参加背诵诗文活动，不干扰 2 尝试背诵诗文10篇以内（例如：背部分或跟背） 3 累计背诵诗文10～20篇（段） 4 累计背诵诗文20篇（段）以上	1.3.3.2 累计背诵诗文18～50篇（段） □□□□□□ 0 未达1分 1 有兴趣参加背诵诗文活动，不干扰 2 尝试背诵诗文18篇以内（例如：背部分或跟背） 3 累计背诵诗文18～50篇（段） 4 累计背诵诗文50篇（段）以上
1.4 写话与习作	1.4.1 写作习惯		1.4.1.1 对写话有兴趣，愿意写话 □□□□□□ 0 未达1分 1 不排斥写话，愿意写话 2 知道写话是有意义的，有纸笔在面前就会拿来写一写，或保管好自己的写话工具 3 对写话有兴趣，愿意写话（例如：每天都有写话的时间） 4 能将写话作为其学习手段、沟通手段，或休闲活动的选择之一	1.4.1.1 乐于书面表达，愿意与他人分享习作的快乐 □□□□□□ 0 未达1分 1 能参与书面表达活动，愿意以个人方式与他人分享快乐 2 能进行简单特定的书面表达，愿意与他人分享习作的快乐（例如：愿意把写的字出示给人看） 3 乐于书面表达，愿意与他人分享习作的快乐（例如：用写的方式告诉别人信息） 4 能将书面表达作为一种与人分享习作快乐的方式
	1.4.2 写话		1.4.2.1 能用图文卡或词语组成一句话 □□□□□□ 0 未达1分 1 会关注或保管用图文卡或词语组成的一句话，不破坏 2 能用特定的图文卡或词语组成一句话 3 能用熟悉的图文卡或词语组成一句话（例如：课堂上老师所教的内容、生活中常用到的词语等） 4 能有变化地用图文卡或词语组成一句话	1.4.2.1 能仿写一段话 □□□□□□ 0 未达1分 1 能参与或配合仿写一段话，不排斥 2 能仿写在其生活中特别重要的一段话 3 能仿写熟悉的一段话（例如：老师教导的/布置的，生活中常用到的） 4 能仿写任何一段话

续表

		低年段	中年段	高年段
1.4写话与习作	1.4.2 写话		1.4.2.2 能仿写一句话 ☐☐☐☐☐☐ 0 未达 1 分 1 能配合仿写活动，不排斥 2 能仿写在其生活中特别重要的一句话 3 能仿写一句话（例如：老师教导的 / 布置的，生活中常用到的） 4 能仿写任何一两句话	1.4.2.2 能根据生活情境图片写几句话 ☐☐☐☐☐☐ 0 未达 1 分 1 能参与根据生活情境图片写几句话的活动 2 能根据特定的生活情境图片写几句话，或能根据一种生活情境图片写几句话 3 能根据简单的 / 熟悉的生活情境图片写几句话（例如：老师教的，生活中常常经历的），或能根据两种生活情境图片写几句话 4 能根据三种以上生活情境图片写几句话
	1.4.3 习作		1.4.3.1 能使用句号 ☐☐☐☐☐☐ 0 未达 1 分 1 能关注或配合使用句号的活动，不排斥 2 认识句号并理解句号的意义 3 能使用句号（例如：放在信息完整的一句话后） 4 能主动适当地使用句号、逗号、问号等	1.4.3.1 能配合留心观察生活情境，借助观察、想象写一段话 ☐☐☐☐☐☐ 0 未达 1 分 1 能配合留心观察生活情境，不排斥，或以个人方式表现出来 2 能留心观察特定的生活情境，借助观察、想象写（或选择）出特定的一段话 3 能留心观察日常生活情境，借助观察、想象写一段话 4 能留心观察各种生活情境，借助观察、想象写一段话
			1.4.3.2 能尝试从左到右的顺序写句子 ☐☐☐☐☐☐ 0 未达 1 分 1 能配合尝试从左到右的顺序写句子，不排斥 2 能尝试从左到右的顺序写特定的句子 3 能尝试从左到右的顺序写常用的句子 4 能尝试从左到右的顺序写两行以上各种句子	

		低年段	中年段	高年段
1.5 综合性学习	1.5.1 获取有关信息	1.5.1.1 熟悉班级环境，能与同伴一起交谈，获取有关信息（例如：同学姓名、任课教师、课程表、场馆名称等），从中体验语言交流的乐趣，具有初步的文明交往意识 □□□□□□ 0 未达 1 分 1 对熟悉环境、与同伴交谈不排斥 2 能通过交谈获取少量有关信息（例如：同学姓名、任课教师、课程表、场馆名称等） 3 熟悉班级环境，能与同伴一起交谈，获取有关信息（例如：同学姓名、任课教师、课程表、场馆名称等），从中体验语言交流的乐趣，具有初步的文明交往意识 4 利用班级环境，能乐于与他人文明交往，获取更多信息	1.5.1.1 对周围事物有好奇心，能就感兴趣的内容提出问题 □□□□□□ 0 未达 1 分 1 能关注周围事物，有好奇心，不排斥 2 对周围事物有好奇心，能就感兴趣的内容以自己的方式提出问题 3 对周围事物有好奇心，能就感兴趣的内容以简单的语言提出问题 4 对周围事物有好奇心，能就感兴趣的内容以完整的语言提出问题	1.5.1.1 参与社区生活，能运用图片、文字展示或语言表达社区生活的经验 □□□□□□ 0 未达 1 分 1 能配合、安全稳定地参与社区生活的活动 2 参与社区生活，能运用某种方式（例如：图片、文字展示或语言）表达社区生活的经验 3 参与社区生活，能运用两种方式（例如：图片、文字展示或语言）表达社区生活的经验 4 参与社区生活，能运用多种方式（例如：图片、文字展示或语言等）表达社区生活的经验
	1.5.2 参与语言活动	1.5.2.1 观察校园环境，能用自己的方式说出观察所得 □□□□□□ 0 未达 1 分 1 愿意进入校园 2 观察校园环境，能用自己的方式说出特定的观察所得（例如：印象深刻的场所的名称） 3 观察校园环境，能用自己的方式说出观察所得 4 能向他人介绍校园环境	1.5.2.1 能参与语言活动（例如：讲故事、课本剧表演、诗歌朗诵等） □□□□□□ 0 未达 1 分 1 能配合参与语言活动（例如：讲故事、课本剧表演、诗歌朗诵等），不干扰 2 能参与某种特定的语言活动（例如：接力背诗、接力讲故事、部分课本剧表演、诗歌朗诵等） 3 能参与几种语言活动（例如：讲故事、课本剧表演、诗歌朗诵等） 4 能参与多种语言活动（例如：讲故事、课本剧表演、诗歌朗诵等）	

续表

		低年段	中年段	高年段
1.5 综合性学习	1.5.3 参加班级、学校、社区活动	1.5.3.1 能参加班级、学校活动（例如：听故事、看动画片等），在活动中初步养成良好的语言行为习惯（例如：不大声喧哗、听从指令、有礼貌等） □□□□□□ 0 未达 1 分 1 不干扰班级、学校活动 2 能按照要求参加班级、学校活动（例如：听故事、看动画片等） 3 能参加班级、学校活动（例如：听故事、看动画片等），在活动中初步养成良好的语言行为习惯（例如：不大声喧哗、听从指令、有礼貌等） 4 能自主选择参加活动并体现良好的语言行为习惯	1.5.3.1 熟悉社区环境，认识社区中常见的文字标识 □□□□□□ 0 未达 1 分 1 熟悉社区环境，关注社区中常见的文字标识，不破坏 2 熟悉社区环境，认识社区中特定的文字标识 3 熟悉社区环境，认识社区中常见的文字标识 4 熟悉社区环境，认识社区中的各种文字标识	
	1.5.4 体验社区生活		1.5.4.1 体验社区生活，能就感兴趣的内容与他人交谈 □□□□□□ 0 未达 1 分 1 配合体验社区生活，参与他人交谈活动，不排斥 2 体验社区生活，能就感兴趣的某项内容与他人交谈 3 体验社区生活，能就感兴趣的几项内容与他人交谈 4 体验社区生活，能就感兴趣的各项内容与他人交谈	

二、生活数学 四好评量表

戴玉敏 冯莎

学生姓名：_____ 性别：_____

出生日期：_____年____月____日

1分 好照顾：在动作操作阶段（感觉动作期），能感知把玩物品，并对喜好之物的有无有反应，能以个人之方式表示选择。

2分 好家人：在具体操作阶段（前运思期）（学前成就），透过感知觉区分差异性特别明显的数学前概念，将自己能懂的简单的数学前概念应用在生活中，或用于生活支持辅助以达成生活功能，解决生活中必要的、特定的几种问题。

3分 好帮手：在平面操作进入符号操作阶段（具体运思期前或后段）（学龄一二段），具备基础的数学能力，将自己能懂的基础的数学概念应用在生活中，或用于生活支持辅助以达成生活功能，解决生活中的一般性问题。

4分 好公民：在符号操作阶段（具体运思期后段或符号运思期前段）（学龄三段），可以掌握课程目标要求的数学能力，可以用于解决生活中或学习中的问题。

低年段（1—3年级）	中年段（4—6年级）	高年段（7—9年级）
第一次评量	第一次评量	第一次评量
日期：_____ 总分：□	日期：_____ 总分：□	日期：_____ 总分：□
第二次评量	第二次评量	第二次评量
日期：_____ 总分：□	日期：_____ 总分：□	日期：_____ 总分：□
第三次评量	第三次评量	第三次评量
日期：_____ 总分：□	日期：_____ 总分：□	日期：_____ 总分：□
第四次评量	第四次评量	第四次评量
日期：_____ 总分：□	日期：_____ 总分：□	日期：_____ 总分：□
第五次评量	第五次评量	第五次评量
日期：_____ 总分：□	日期：_____ 总分：□	日期：_____ 总分：□
第六次评量	第六次评量	第六次评量
日期：_____ 总分：□	日期：_____ 总分：□	日期：_____ 总分：□

		低年段	中年段	高年段
2.1 常见的量	2.1.1 基本概念	2.1.1.1 感知物体的有无、多少、同样多，会区分 ☐☐☐☐☐ 0 未达 1 分 1 能感知物品，并对喜好之物的有无有反应（物体恒存） 2 能比较两个物体，区分差异性特别明显的有无、多少、同样多 3 能比较几个物体，区分差异性明显的有无、多少、同样多 4 能比较多个物体，区分差异性小的有无、多少、同样多	2.1.1.1 感知物体速度的快慢 ☐☐☐☐☐ 0 未达 1 分 1 能感知物品，并对喜好之物体的差异性特别明显的速度变化有反应 2 能区分差异性特别明显的物体速度的快与慢 3 能比较几个物体的速度，区分差异性明显的物体速度的快与慢 4 能比较多个物体的速度，区分差异性小的物体速度的快与慢	2.1.1.1 结合实例，认识克、千克，会进行简单的单位换算 ☐☐☐☐☐ 0 未达 1 分 1 能配合体验物品的轻重（重量）的活动，不排斥 2 能认识特定几种物体的重量（例如：自己的体重，菜、水果、鸡蛋的重量等） 3 能结合实例，认识常用物体的重量（克、千克），能进行简单的重量单位换算（克、千克） 4 能进行常用的重量单位换算（克、千克）
		2.1.1.2 感知物体的大小、长短、高矮等量的特点，会比较并排序 ☐☐☐☐☐ 0 未达 1 分 1 能感知物品，并对喜好之物差异性特别明显的大小、长短、高矮等量有反应 2 能比较两个物体，区分差异性特别明显的大小、长短、高矮 3 能比较几个物体，区分差异性明显的大小、长短、高矮，会比较并排序 4 能比较多个物体，区分差异性小的大小、长短、高矮，会比较并排序	2.1.1.2 会区分物体的远近 ☐☐☐☐☐ 0 未达 1 分 1 能感知近的物品，并对喜好之物差异性特别明显的远、近有反应 2 能比较两个物体，区分差异性特别明显的物体的远近 3 能比较几个物体，区分差异性明显的物体的远近 4 能比较多个物体，区分差异性小的物体的远近	2.1.1.2 在实践活动中，认识长度单位千米、米、分米、厘米 ☐☐☐☐☐ 0 未达 1 分 1 能配合体验物体的长度（测量）的活动，不排斥 2 能认识特定几种物体的长度（例如：身高，衣服、桌面的长度等） 3 能结合实例，认识常用物体的长度（千米、米、分米、厘米），能进行少量简单的长度单位换算（例米、厘米） 4 能进行常用的长度单位换算（千米、米、分米、厘米）
		2.1.1.3 感知物体的粗细、厚薄、轻重、宽窄等量的特点，会比较并排序 ☐☐☐☐☐ 0 未达 1 分 1 能感知物品，并对喜好之物差异性特别明显的粗细、厚薄、轻重、宽窄有反应 2 能比较两个物体，区分差异性特别明显的粗细、厚薄、轻重、宽窄 3 能比较几个物体，区分差异性明显的粗细、厚薄、轻重、宽窄等，会比较并排序 4 能比较多个物体，区分差异性小的粗细、厚薄、轻重、宽窄等，会比较并排序		2.1.1.3 结合实例，了解常用的面积单位（平方米） ☐☐☐☐☐ 0 未达 1 分 1 能配合体验物品的面积（测量）的活动，不排斥 2 能认识特定几种物体的面积（例如：桌子、地面等的面积） 3 能结合实例，认识常用物体的面积单位（平方米） 4 能认识了解一般物体的面积及面积单位（平方米）

续表

		低年段	中年段	高年段
2.1 常见的量	2.1.1 基本概念			2.1.1.4 结合实例，了解常用的容积单位（升和毫升） ☐☐☐☐☐ 0 未达 1 分 1 能配合体验物体的容积（测量）的活动，不排斥 2 能认识物特定几种物体的容积（例如：杯子、锅等） 3 能结合实例，认识常用物体的容积及容积单位（升和毫升） 4 能认识了解一般物体的容积单位（升和毫升）
				2.1.1.5 会选择恰当的长度单位，估测一些物体的长度 ☐☐☐☐☐ 0 未达 1 分 1 能配合体验物体的长度（测量）的活动，不排斥 2 能估测认识特定几种物体的长度（例如：身高，衣服、桌面的长度等） 3 能选择恰当的长度单位，估测常用物体的长度 4 能选择恰当的长度单位，估测各种物体的长度
	2.1.2 金钱概念	2.1.2.1 在现实情境中，认识元（1 元、5 元、10 元），会进行换算 ☐☐☐☐☐ 0 未达 1 分 1 能参与认识人民币的活动，不损坏钱 2 能在现实情境中，区分 1 元、5 元、10 元钱币面值 3 能在现实情境中，认识 1 元、5 元、10 元，会进行简单的换算 4 能在现实情境中，以元为单位，进行 1 元到 10 元钱币的任意换算	2.1.2.1 在现实情境中，认识角（1 角、5 角），了解元、角之间的关系 ☐☐☐☐☐ 0 未达 1 分 1 能配合认识人民币的活动，有保管钱的意识 2 能在现实情境中，区分 1 角、5 角、1 元、5 元、10 元钱币面值 3 能在现实情境中，认识角（1 角、5 角），了解元、角之间的关系，进行简单的换算 4 能在现实情境中，以元、角为单位，进行 1 角到 10 元钱币的任意换算	2.1.2.1 认识商品的标价 ☐☐☐☐☐ 0 未达 1 分 1 能配合商品认识、购买活动，有用钱交换的意识 2 能认识标价的意义，区分几种商品标价的不同（例如：牙膏的标价 5.00 元与毛巾的标价 9.50 元不同） 3 能认识商品的标价（如 ×× 元 ×× 角） 4 能比较商品之间标价的不同之处（例如：便宜、贵）

续表

		低年段	中年段	高年段
2.1 常见的量	2.1.2 金钱概念		2.1.2.2 在现实情境中，认识元（20元、50元、100元），会进行换算 ☐☐☐☐☐ 0 未达 1 分 1 能配合认识人民币的活动，有保管钱的意识 2 能在现实情境中，区分元（20元、50元、100元）的钱币面值 3 能在现实情境中，认识元（20元、50元、100元），会进行换算 4 能在现实情境中，以元、角为单位，进行 1 角到 100 元人民币的任意换算	2.1.2.2 能根据商品的价格进行 1 000 元以内的付款与找零计算 ☐☐☐☐☐ 0 未达 1 分 1 能配合商品认识、购买活动，有用钱交换的意识 2 能根据商品的价格，拿出对应的 200 元以内的钱币（例如：价格为 3.50 元拿出 5 元钱，价格为 18.00 元拿出 20 元钱，两箱牛奶拿出两张 100 元钱币） 3 能根据商品的价格进行 1 000 元以内的付款与找零计算 4 能根据多个商品的价格进行 1 000 元以内的付款与找零计算
			2.1.2.3 会根据商品的价格进行 100 元以内的付款与找零计算 ☐☐☐☐☐ 0 未达 1 分 1 能配合商品认识、购买活动，有保管钱的意识 2 能根据几种常买商品的价格，拿出对应的 100 元以内的钱币（例如：牙膏拿 10 元去买，一箱牛奶拿 100 元去买） 3 能根据商品的价格进行 100 元以内的付款与找零计算 4 能根据多个商品的价格进行 100 元以内的付款与找零计算	
	2.1.3 时间概念	2.1.3.1 在现实情境中，认识早晨、中午和晚上，认识上午、下午 ☐☐☐☐☐ 0 未达 1 分 1 能结合相对应的情境，感受早晨、上午、中午、下午、晚上时间段的变化 2 能在特定生活情境中，结合相对应的情境，区分出早晨、上午、中午、下午、晚上时间段 3 能在现实情境中，认识时间，区分早晨、中午、晚上、上午、下午 4 能在任何生活情境中，看时间进行相应作息	2.1.3.1 认识钟（表）面，会读、会写几时、几时半（例如：认识数字式钟/表，会读出上面的时刻） ☐☐☐☐☐ 0 未达 1 分 1 能配合认识钟、表等的教学活动，有保管钟表的意识 2 能认识跟自己有关的、几个重要的钟（表）面（例如：时针指到 7 表示 7 点起床，指到 12 表示 12 点放学） 3 能认识钟（表）面，会读、会写几时、几时半 4 能认识钟（表）面，进行时间推算（例如：还有多少小时就进行下一项活动等）	2.1.3.1 了解 24 时计时法，以"时""分"读出钟面上的时刻 ☐☐☐☐☐ 0 未达 1 分 1 能配合认识钟、表等教学活动，有保存钟、表等代表时间的物品的意识 2 能认识钟面跟自己有关的、几个重要的"时""分"（例如：食物烹饪从 1：30 开始，1：50 结束） 3 了解 24 时计时法，以"时""分"读出钟面上的时刻 4 能认识钟（表）面，进行时间推算（例如：某项活动花了几分钟，还有多少分钟就进行下一项活动等）

		低年段	中年段	高年段
2.1 常见的量	2.1.3 时间概念		2.1.3.2 通过年历表、月历表等工具，认识年、月、日，了解它们之间的关系 ☐☐☐☐☐☐ 0 未达 1 分 1 能配合认识年历表、月历表等工具的教学活动，有保管意识 2 能认识跟自己有关的、几个重要的月历（例如：生日、节日、开学日、旅游日、星期几去购物等） 3 能通过年历表、月历表等工具，认识年、月、日，了解它们之间的关系 4 能通过年历表、月历表等工具，进行时间推算（例如：还有几天就是我的生日、某项活动要进行多少天等）	2.1.3.2 结合自己的生活经验，体验时间的长短，了解"时"与"分"之间的关系 ☐☐☐☐☐☐ 0 未达 1 分 1 能在例行的生活情境中，配合时间作息要求（例如：几点起床、玩几分钟、运动多长时间等） 2 能结合自己的生活经验，体验区分时间的明显长与短（例如：做 1 朵花的时间比做 10 朵花的时间短） 3 能结合自己的生活经验，体验时间的长短，了解"时"与"分"之间的关系（例如：60 分钟为 1 小时） 4 能进行时间"时"与"分"的自由换算
2.2 数与运算	2.2.1 数的认识	2.2.1.1 在现实情境中，理解 10 以内数的含义，能数、认、读、写，强调手口一致地点数 10 以内的物品 ☐☐☐☐☐☐ 0 未达 1 分 1 能参与跟随唱数、点数活动，一次只拿或放一个物品，不排斥 2 能手口一致地点数 10 以内的物品，并会 X 项 Y 项一一对应 3 能在现实情境中，理解 10 以内数的含义（包括认、读、写），并能数 10 以内的物品 4 在现实情境中，灵活运用数、认、读、写等能力解决 10 以内数的生活中的问题	2.2.1.1 在现实情境中，理解 11～20 各数的含义，能数、认、读、写 11～20 各数 ☐☐☐☐☐☐ 0 未达 1 分 1 能参与跟随唱数、点数活动，一次只拿或放一个物品，不排斥 2 能手口一致地点数 20 以内的物品，并会 X 项 Y 项一一对应 3 能在现实情境中，理解 20 以内数的含义（包括认、读、写），并能数 20 以内的物品 4 在现实情境中，灵活运用数、认、读、写等能力解决 20 以内数的生活中的问题	2.2.1.1 在现实情境中，理解 1 000 以内数的含义，能数、认、读、写 1 000 以内的数 ☐☐☐☐☐☐ 0 未达 1 分 1 能参与唱数、点数活动，一次只拿或放一个物品，不排斥 2 能手口一致地点数 100 以内的物品，并会 X 项 Y 项一一对应 3 能在现实情境中，理解 1 000 以内数的含义（包括认、读、写），并能数 1 000 以内的物品 4 在现实情境中，灵活运用数、认、读、写等能力解决 1 000 以内数的生活中的问题

续表

		低年段	中年段	高年段
2.2 数与运算	2.2.1 数的认识	2.2.1.2 通过动手操作，了解10以内数的组成与分解 ☐☐☐☐☐ 0 未达 1 分 1 能参与跟随动手操作组合、分解等数学活动，不排斥 2 能通过动手操作，了解5以内数的组成和分解（例如：动手将4个物品分为两堆，了解4可以分成1和3） 3 能通过动手操作，了解10以内数的组成和分解（例如：动手将8个物品分为两堆，了解8可以分成5和3） 4 在现实情境中，灵活运用10以内数的组成和分解，解决生活中的问题	2.2.1.2 在现实情境中，理解百以内数的含义，能数、认、读、写100以内的数 ☐☐☐☐☐ 0 未达 1 分 1 能参与跟随唱数、点数、读数活动，不排斥 2 能手口一致地点数100以内的物品 3 能在现实情境中，理解100以内数的含义（包括认、读、写），并能数100以内的物品 4 在现实情境中，灵活运用数、认、读、写等能力，解决100以内数的生活中的问题	2.2.1.2 能说出1 000以内各数位的名称，理解各数位上数字表示的含义 ☐☐☐☐☐ 0 未达 1 分 1 能参与跟随唱数、点数、读数活动，不排斥 2 能说出几个与自己有关的或重要的1 000以内各数位的名称 3 能说出1 000以内各数位的名称，理解各数位上的数字的含义 4 在现实情境中，灵活运用千以内各数位，解决生活中的问题
		2.2.1.3 会比较10以内数的大小 ☐☐☐☐☐ 0 未达 1 分 1 能参与跟随数的比较活动，不排斥 2 能比较几组差异性大的、与自己有关的10以内数的大小（例如：10最大，10比1大等） 3 会比较10以内数的大小 4 在现实情境中，灵活运用10以内数的大小，解决生活中的问题	2.2.1.3 能说出100以内各数位的名称，理解各数位上的数字的含义 ☐☐☐☐☐ 0 未达 1 分 1 能参与跟随唱数、点数、读数活动，不排斥 2 能说出几个与自己有关的或重要的百以内各数位的名称 3 能说出百以内各数位的名称，理解各数位上的数字的含义 4 在现实情境中，灵活运用百以内各数位，解决生活中的问题	2.2.1.3 会比较1 000以内数的大小 ☐☐☐☐☐ 0 未达 1 分 1 能参与跟随数的比较活动，不排斥 2 能比较几组差异性大的、与自己有关的1 000以内数的大小（例如：1 000最大，500比100大等） 3 会比较1 000以内数的大小 4 在现实情境中，灵活运用1 000以内数的大小，解决生活中的问题
			2.2.1.4 理解符号"<""=" ">"的含义，会比较100以内数的大小 ☐☐☐☐☐ 0 未达 1 分 1 能参与跟随数的比较活动，不排斥 2 能比较几组差异性大的、与自己有关的100以内数的大小（例如：100最大，50比10大等） 3 理解符号"<""=" ">"的含义，会比较100以内数的大小 4 在现实情境中，灵活运用100以内数的大小，解决生活中的问题	2.2.1.4 在现实情境中，初步认识万以内的数，会认、读、写万以内的数 ☐☐☐☐☐ 0 未达 1 分 1 能参与跟随唱数、点数、读数活动，不排斥 2 能认、读几个与自己有关的或重要的万以内各数位的名称 3 能认、读、写万以内各数位的名称，理解各数位上的数字的含义 4 在现实情境中，灵活运用万以内各数位，解决生活中的问题

续表

			低年段	中年段	高年段
2.2 数与运算	2.2.1 数的认识			2.2.1.5 在生活情境中，理解基数和序数的含义，会用数表示物体的个数和事物的顺序与位置 □□□□□□ 0 未达 1 分 1 能参与跟随唱数、点数、读数、排序活动，不排斥 2 能在生活情境中，理解几种与自己有关的数字和事物的顺序与位置 3 在生活情境中，理解基数和序数的含义，会用数表示物品的个数和事物的顺序与位置 4 在现实情境中，灵活运用基数和序数，解决生活中的问题	2.2.1.5 结合具体情境，初步认识小数并了解小数的含义，会读、写小数 □□□□□□ 0 未达 1 分 1 能参与跟随唱数、点数、读数、排序活动，不排斥 2 能结合具体情境，初步认识几种与自己有关的小数（例如：会指、会说或者会写） 3 能结合具体情境，初步认识小数并了解小数的含义，会读、写小数 4 在现实情境中，灵活运用小数，解决生活中的问题
					2.2.1.6 结合具体情境，初步认识分数并了解分数的含义，会读分数 □□□□□□ 0 未达 1 分 1 能参与跟随唱数、点数、读数、排序活动，不排斥 2 能结合具体情境，初步认识几种与自己有关的分数（例如：会指、会说或者会写） 3 结合具体情境，初步认识分数并了解分数的含义，会读分数 4 在现实情境中，灵活运用分数，解决生活中的问题
					2.2.1.7 结合具体情境，初步认识百分数并了解百分数的含义，会读百分数 □□□□□□ 0 未达 1 分 1 能参与跟随唱数、点数、读数、排序活动，不排斥 2 能结合具体情境，初步认识几种与自己有关的百分数（例如：会指、会说或者会写自己大部分时间做什么休闲活动、吃的大部分食物等） 3 结合具体情境，初步认识百分数并了解百分数的含义，会读百分数 4 在现实情境中，灵活运用百分数，解决生活中的问题

续表

		低年段	中年段	高年段
2.2 数与运算	2.2.2 数的运算	2.2.2.1 借助实际情境和操作，理解"加"和"减"的实际意义 □□□□□□ 0 未达 1 分 1 能参与跟随实际情境和操作加、减的数学活动，不排斥 2 能依"加、减"的信号做相应的操作反应（例如：听到或看到加或 +1 个，就拿 1 个进来；听到或看到减或 –1 个，就拿 1 个出去） 3 能借助实际情境和操作，理解"加"和"减"的实际意义 4 能灵活运用"加"和"减"解决生活中的问题	2.2.2.1 能进行 20 以内的加法和减法的计算 □□□□□□ 0 未达 1 分 1 能参与跟随实际情境和操作加、减的数学活动，不排斥 2 能进行 10 以内的加法和减法的计算 3 能进行 20 以内的加法和减法的计算 4 能灵活运用口算和笔算进行 20 以内的加法和减法的计算，解决生活中的问题	2.2.2.1 能用计算器计算 1 000 以内的加法、减法及加减混合运算，并能解决简单的实际问题 □□□□□□ 0 未达 1 分 1 能参与跟随操作使用计算器的活动，不破坏 2 能认识计算器，掌握使用进行加减运算的操作步骤，并能进行 1 000 以内的加减计算 3 能用计算器计算 1 000 以内的加法、减法以及加减混合运算，并能解决简单的实际问题 4 能灵活运用计算器进行运算，解决生活中复杂的计算问题
		2.2.2.2 认识"+""–""="三种符号，知道加法、减法算式中各部分的名称 □□□□□□ 0 未达 1 分 1 能参与跟随实际情境和操作加、减的数学活动，不排斥 2 能依"+""–"的信号做相应的操作反应（例如：借助实物或图形，如 3+1，就 3 个和 1 个放在一起，说出最后数；3–1，就数出 3 个，再拿 1 个出去，说出最后数） 3 能认识"+""–""="三种符号，知道加法、减法算式中各部分的名称 4 能灵活运用"+""–""="及加法、减法算式，解决生活中的问题	2.2.2.2 能进行 20 以内的连加、连减和加减混合运算 □□□□□□ 0 未达 1 分 1 能参与跟随实际情境和操作加、减的数学活动，不排斥 2 能进行简单的 10 以内的连加、连减和加减混合运算（例如：用边看边按计算器的方式） 3 能进行 20 以内的连加、连减和加减混合运算 4 能灵活运用20 以内的连加、连减和加减混合运算，解决生活中的问题	2.2.2.2 在生活情境中，会进行简单的估算，体会估算在生活中的作用 □□□□□□ 0 未达 1 分 1 能参与跟随数学活动，选择、接受估算内容 2 在生活情境中，会对几件与自己有关的事件进行简单的估算（例如：今天有几人吃饭、要来几个人，买菜花多少钱等） 3 在生活情境中，会进行简单的估算，体会估算在生活中的作用 4 在生活情境中，会进行较精确的估算

续表

		低年段	中年段	高年段
2.2 数与运算	2.2.2 数的运算	2.2.2.3 能口算和笔算 10 以内的加法、减法和加减混合运算 □□□□□□ 0 未达 1 分 1 能参与跟随实际情境和操作加、减的数学活动，不排斥 2 能依 10 以内的加法、减法和加减混合的算式，做相应的操作反应（例如：借助实物或图形等） 3 能口算和笔算 10 以内的加法、减法和加减混合运算 4 能灵活运用口算和笔算 10 以内的加法、减法和加减混合运算，解决生活中的问题	2.2.2.3 能进行 100 以内的加法和减法的计算 □□□□□□ 0 未达 1 分 1 能参与跟随实际情境和操作加、减的数学活动，不排斥 2 能进行 20 以内的加法和减法的计算 3 能进行 100 以内的加法和减法的计算 4 能灵活运用 100 以内的加法和减法的计算，解决生活中的问题	2.2.2.3 理解乘法的意义，认识乘法符号"×"，会进行表内乘法计算 □□□□□□ 0 未达 1 分 1 能参与跟随数学活动（例如：背乘法口诀），不排斥 2 能依符号"×"的信号做相应的简单操作反应（例如：3×3，3 个为一堆，数 3 堆，再数出总数量） 3 理解乘法的意义，认识乘法符号"×"，知道乘法算式中各部分的名称。掌握表内乘法口诀，会进行表内乘法计算 4 能灵活运用乘法算式及乘法口诀，解决生活中的问题
			2.2.2.4 能进行 100 以内的连加、连减和加减混合运算 □□□□□□ 0 未达 1 分 1 能参与跟随实际情境和操作加、减的数学活动，不排斥 2 能进行简单的 20 以内的连加、连减和加减混合运算（例如：用一边看一边按计算器的方式） 3 能进行 100 以内的连加、连减和加减混合运算 4 能灵活运用 100 以内的连加、连减和加减混合运算，解决生活中的问题	2.2.2.4 理解除法的意义，认识除法符号"÷"，运用表内乘法口诀进行除法计算 □□□□□□ 0 未达 1 分 1 能参与跟随数学活动（例如：背除法口诀），不排斥 2 能依符号"÷"的信号做相应的简单操作反应（例如：9÷3，平均分成 3 堆，再数每堆的数量） 3 能理解除法的意义，认识除法符号"÷"，知道除法算式中各部分的名称。运用表内乘法口诀进行除法计算 4 能灵活运用除法算式及除法口诀，解决生活中的问题

续表

		低年段	中年段	高年段
2.2 数与运算	2.2.2 数的运算		2.2.2.5 掌握使用计算器进行加减运算的操作步骤，能进行100以内的加减计算 □□□□□ 0 未达1分 1 能参与跟随操作使用计算器的活动，不破坏 2 能认识并正确按计算器上的数字键及看显示的数字 3 认识计算器，掌握使用计算器进行加减运算的操作步骤，并能进行100以内的加减计算 4 能灵活运用计算器进行运算，解决生活中的问题	2.2.2.5 了解折扣的含义，会进行简单计算 □□□□□ 0 未达1分 1 能参与跟随数学活动，会选择打折的物品 2 能了解区分打1—9折，哪个折扣多（例如：从小到大为9折、8折……2折、1折） 3 了解折扣的含义，会进行简单计算 4 能灵活运用折扣计算，解决生活中的问题
				2.2.2.6 会正确选择乘除运算，解决生活中的实际问题 □□□□□ 0 未达1分 1 能参与跟随数学活动，选择自己要的数量 2 能正确选择乘除运算，解决生活中特定的几个实际问题（例如：每个人平均分几个苹果，除法；买菜每斤5元，3斤多少钱，乘法） 3 会正确选择乘除运算，解决生活中的实际问题 4 能灵活运用乘除运算，解决生活中复杂的计算问题
2.3 图形与几何	2.3.1 图形的认识	2.3.1.1 能通过实物和模型，初步认识生活中的球体 □□□□□ 0 未达1分 1 能感知球体的物体、模型，不排斥 2 能比较、区分明显的球体物体、模型（例如：配对、分类） 3 能通过实物和模型，初步认识生活中的球体（例如：指认、命名） 4 能将球体概念，应用在生活中（例如：制作球体、说出球体的定义等）	2.3.1.1 通过观察、触摸，初步认识梯形和半圆形等简单的平面图形 □□□□□ 0 未达1分 1 能感知平面图形，把图形放在指定位置，不排斥 2 能比较、区分明显的简单的平面图形（例如：对梯形和半圆形等进行配对、分类） 3 能通过观察、触摸，初步认识梯形和半圆形等简单的平面图形（例如：指认、命名） 4 能将梯形和半圆形等简单的平面图形概念，应用在生活中（例如：制作平面图形，说出图形原理等）	2.3.1.1 结合实例，了解线段和直线 □□□□□ 0 未达1分 1 能感知线段、直线（例如：拉直线、画线、沿直线走等），不排斥 2 能比较、区分明显的线段、直线（例如：与曲线、图形的比较）（例如：配对、分类） 3 能结合实例，了解线段和直线（例如：指认、命名） 4 能将线段和直线概念，应用在生活中（例如：制作、测量、说出定义等）

		低年段	中年段	高年段
2.3 图形与几何	2.3.1 图形的认识	2.3.1.2 能通过实物和模型，初步认识长方形、正方形、三角形、圆形等简单的平面图形 □□□□□□ 0 未达 1 分 1 能感知长方形、正方形、三角形、圆形的物体，不排斥 2 能比较、区分明显的长方形、正方形、三角形、圆形等简单的实物和模型 3 能认识长方形、正方形、三角形、圆形的物体（例如：指认、命名） 4 能将以上形状概念，应用在生活中（例如：创作形状、说出形状的定义等）	2.3.1.2 能直观辨认平面图形，并按照平面图形的形状、大小或其他特性进行分类 □□□□□□ 0 未达 1 分 1 能感知平面图形，把图形放在指定位置，不排斥 2 能比较、区分明显的平面图形，并按照平面图形的形状、大小或其他特性进行分类 3 能直观辨认平面图形，并按照平面图形的形状、大小或其他特性进行分类 4 能将以上平面图形概念及其他的形状概念，应用在生活中（例如：创作形状、说出形状的定义等）	2.3.1.2 认识生活中的长方体、正方体和圆柱体 □□□□□□ 0 未达 1 分 1 能感知长方体、正方体和圆柱体的物体，不排斥，并把物体放在指定位置 2 能比较、区分明显的长方体、正方体和圆柱体（例如：配对、分类） 3 能通过实物和模型，初步认识生活中的长方体、正方体和圆柱体（例如：指认、命名） 4 能将长方体、正方体和圆柱体概念，应用在生活中（例如：创作长方体、正方体和圆柱体，说出长方体、正方体和圆柱体的定义等）
		2.3.1.3 能直观辨认平面图形，并按照平面图形的形状、大小或其他特征进行分类 □□□□□□ 0 未达 1 分 1 能感知平面图形，不排斥 2 能比较、区分明显的平面图形（例如：长方形、正方形、三角形、圆形等简单的平面图形） 3 能直观辨认平面图形，并按照平面图形的形状、大小或其他特征进行分类 4 能将以上平面图形概念及其他的形状概念，应用在生活中（例如：创作形状、说出形状的定义等）		2.3.1.3 了解轴对称图形，并通过操作活动感受长方形、正方形、菱形、圆等轴对称图形的特征 □□□□□□ 0 未达 1 分 1 能感知轴对称图形，不排斥 2 能了解轴对称图形，并通过操作活动感受简单的轴对称图形的形成（例如：长方形、正方形、圆等） 3 能了解轴对称图形，并通过操作活动感受长方形、正方形、菱形、圆等轴对称图形的特征 4 能灵活应用轴对称图形的特征，解决生活、工作中的问题（例如：创作轴对称图形等）

续表

		低年段	中年段	高年段
2.3 图形与几何	**2.3.2 位置的认识**	2.3.2.1 知道上、下、前、后，以自身为参照，尝试确定周围物体的方位 □□□□□□ 0 未达 1 分 1 能参与感知位置变化的活动，会关注与自己有关的事物的位置变化并做出反应（例如：转身、走向、拿放等） 2 能以自身为参照，知道在上、下、前、后等方位的物体 3 能以指定物（自身或其他物）为参照，知道上、下、前、后周围物体的方位 4 能在生活中以他人或任何物体为参照，知道上、下、前、后方位，并自由转换参照物	2.3.2.1 知道左、右，尝试确定自己周围物体相应的方位 □□□□□□ 0 未达 1 分 1 能参与感知位置变化的活动，会关注与自己有关的事物的位置变化并做出反应（例如：转身、走向、拿放等） 2 能以自己左边或右边为标志，知道自己左、右的物体 3 知道左、右，尝试确定自己周围物体相应的方位 4 能在生活中以他人或任何物体为参照，知道左、右等方位，并自由转换参照物分辨方位	2.3.2.1 给定东、南、西、北四个方向中的一个方向，会辨认其余三个方向 □□□□□□ 0 未达 1 分 1 能参与感知位置变化的活动，会关注与自己有关的事物的位置变化并做出反应（例如：转身、走向、拿放等） 2 能以一个方向为标志，会辨认这个方向 3 给定东、南、西、北四个方向中的一个方向，会辨认其余三个方向 4 能在生活中以他人或任何物体为参照，知道东、南、西、北四个方向，并自由转换参照物分辨方位
2.4 统计	**2.4.1 分类统计**	2.4.1.1 根据给定的一个标准（颜色、大小、形状），能对事物做初步的分类 □□□□□□ 0 未达 1 分 1 能感知事物，把物品放在指定位置，不排斥 2 能根据一个样本标准（例如：颜色、大小、形状），进行配对分类 3 能根据给定的一个标准（例如：颜色、大小、形状），进行初步的分类 4 能在实际情境中，选择适当的标准（例如：颜色、大小、形状），对事物进行分类	2.4.1.1 根据给定的标准（如外观特征、功能、质料、类别等），能对生活中的事件或活动做初步的分类 □□□□□□ 0 未达 1 分 1 能感知事物，把物品放在指定位置，不排斥 2 能根据给定的一个明显的、示范的标准（例如：形状、颜色、大小等外观特征）对生活中的事件或活动做初步的分类 3 根据给定的标准，能对生活中的事件或活动做初步的分类（例如：颜色、大小、形状、功能、质料、类别等外观特征） 4 能在实际情境中，选择适当的标准（例如：颜色、大小、形状、功能、质料、类别）或用多个标准对事物进行分类	2.4.1.1 根据生活情境，能自选标准（如外观特征、功能、质料、类别等）进行简单的分类 □□□□□□ 0 未达 1 分 1 能感知事物，把物品放在指定位置，不排斥 2 根据给定的标准，能对生活中的事件或活动做初步的分类（例如：颜色、大小、形状、功能、质料、类别等） 3 根据生活情境，能自选标准进行简单的分类（例如：颜色、大小、形状、功能、质料、类别等） 4 能在实际情境中，选择适当的标准（例如：颜色、大小、形状、功能、质料、类别）或用多个标准对事物进行分类

续表

			低年段	中年段	高年段
2.4 统计	2.4.1 分类 统计			2.4.1.2 经历简单数据的收集和整理过程，会用一定的方式呈现整理结果 □□□□□□ 0 未达 1 分 1 能配合收集整理活动，将物体放在指定位置，不排斥 2 能简单地收集、记录与自己有关的事物（例如：工作任务、运动数量、行为记录等） 3 能完成简单数据的收集和整理，会用一定的方式呈现整理结果（例如：数字、做记号、画表格等） 4 能完成数据的收集和整理，并清晰呈现、分析整理结果，解决生活中的问题	2.4.1.2 了解简单的统计表、象形统计图 □□□□□□ 0 未达 1 分 1 能配合参与统计表记录活动（如做记号），不排斥 2 能了解几种与自己相关的统计图或表（例如：工作任务、运动量、行为记录等） 3 能了解简单的统计表、象形统计图 4 能对统计图或表进行分析，解决生活中的问题
					2.4.1.3 经历简单的收集、整理、描述和分析数据的过程，能用简单的统计表或图呈现数据整理后的结果 □□□□□□ 0 未达 1 分 1 能配合收集整理活动，将物体放在指定位置，不排斥 2 能完成简单数据的收集和整理，会用简单的方式呈现整理结果（例如：数字、做记号、画表格等） 3 能完成简单的收集、整理、描述和分析数据，能用简单的统计表或图直观地呈现整理结果（例如：统计表、象形统计图） 4 能完成数据的收集和整理，并清晰呈现、分析整理结果，解决生活中的问题

续表

		低年段	中年段	高年段
2.5 综合与实践	**2.5.1 金钱概念的运用**	2.5.1.1 运用所学知识，经历人民币购物过程，尝试付款 ☐☐☐☐☐ 0 未达 1 分 1 能在购物任务中，不影响他人，不损坏商品 2 能在购物任务中，有保管钱币、配合付款的行为 3 能运用所学知识，经历人民币购物过程，购买常见的商品并尝试付款 4 能在日常购物过程中，独立完成购买行为（例如：付款）	2.5.1.1 在实际情境中，完成购物任务 ☐☐☐☐☐ 0 未达 1 分 1 能在购物任务中，有保管钱币、商品等意识，不损坏 2 能在熟悉的购物环境中，购买几种商品 3 能在实际情境中，完成购物任务 4 能在各种购物环境中，依所需完成购物任务，解决生活中的问题	2.5.1.1 根据实际情况，进行购物预算 ☐☐☐☐☐ 0 未达 1 分 1 能在预算过程中，选择商品、保管钱币，不损坏商品 2 能对几种经常购买的商品，进行购物预算 3 能根据实际情况，进行购物预算 4 能依各种需求情况，进行较精确的购物预算，解决生活中的问题
				2.5.1.2 能看懂日常生活中的简单账单 ☐☐☐☐☐ 0 未达 1 分 1 能有保管账单的意识，不破坏商品 2 能看懂日常生活中经常购买的商品的简单账单 3 能看懂日常生活中的简单账单 4 能看懂日常生活中的各种账单，解决生活中的问题
	2.5.2 时间概念的运用	2.5.2.1 结合自己的生活经验，会判断早晨、中午和晚上，会判断上午、下午 ☐☐☐☐☐ 0 未达 1 分 1 能在规律生活作息中，情绪稳定 2 能在规律生活作息中，结合自己生活中的一两个例行事件，判断早晨、中午、晚上、上午、下午等（例如：晚上——睡觉；中午——外婆家吃饭；下午——放学回家等） 3 能结合生活经验，判断早晨、中午和晚上，或上午、下午 4 能在实际生活中，直接判断早晨、中午和晚上，或上午、下午	2.5.2.1 结合自己的生活经验，能执行一日作息时间表 ☐☐☐☐☐ 0 未达 1 分 1 能配合一日规律的作息时间表作息，情绪稳定 2 能结合自己生活中的几个例行的事件，执行一日作息时间表（例如：固定的课表、生活作息表等） 3 能结合自己的生活经验，执行一日作息时间表（例如：固定的作息及调整变化的作息等） 4 能计划并执行一日作息时间表（例如：自我规划、调整）	2.5.2.1 能看懂日常生活中常见的时刻表和作息时间表 ☐☐☐☐☐ 0 未达 1 分 1 能配合一日有规律、有变化的作息时间表，情绪稳定 2 能结合自己生活中的例行事件，看懂一日作息时间表（例如：固定的作息及调整变化的作息等） 3 能看懂日常生活中常见的时刻表和作息时间表 4 能看懂各种时刻表和作息时间表

		低年段	中年段	高年段
2.5 综合与实践	**2.5.2 时间概念的运用**			2.5.2.2 根据生活实际，会合理安排作息时间 □ □ □ □ □ □ 0 未达 1 分 1 能配合一日有规律、有变化的作息时间表，情绪稳定 2 能结合自己生活经验的例行事件，会安排几个作息时间（例如：几点起床、几点去买菜、几点洗衣服等） 3 能根据生活实际，会合理安排日常生活作息时间 4 能根据生活实际，会合理安排各种作息时间（例如：变化、调整）
	2.5.3 图形几何运算统计的运用	2.5.3.1 会用长方形、正方形、三角形和圆形进行简单的拼图 □ □ □ □ □ □ 0 未达 1 分 1 能参与拼图活动，不干扰、不破坏 2 能模仿用长方形、正方形、三角形和圆形进行简单的拼图 3 能用长方形、正方形、三角形和圆形进行简单的拼图 4 能用长方形、正方形、三角形和圆形进行创新性的拼图	2.5.3.1 会用多种图形进行简单的拼图 □ □ □ □ □ □ 0 未达 1 分 1 能参与拼图活动，配合把图形放在指定位置，不干扰、不破坏 2 能模仿用多种图形进行简单的拼图 3 能用多种图形进行简单的拼图 4 能用多种图形进行简单的拼图，进行复杂的、创新性的拼图	2.5.3.1 在实践活动中，会称出物体的重量，并做记录 □ □ □ □ □ □ 0 未达 1 分 1 能配合体验物体的轻重（重量）活动，不排斥 2 能在实践活动中，测量出特定几种物体的重量（例如：体重、菜的重量、水的重量等） 3 能在实践活动中，测量出常用物体的重量（例如：克、千克） 4 能运用多种方法测量出一般事物的重量（例如：克、千克）
		2.5.3.2 在生活情境中，辨别上、下、前、后 □ □ □ □ □ □ 0 未达 1 分 1 能配合完成不同方向的动作操作活动，不排斥 2 能在身体动作操作感知或视觉提示下，辨别上、下、前、后 3 能在生活情境中，辨别上、下、前、后 4 能以任何情景物为参照，准确辨别上、下、前、后（包括立体物和平面物的上、下、前、后）	2.5.3.2 在生活情境中，能根据给定的标准，对事件或活动做初步的分类与记录 □ □ □ □ □ □ 0 未达 1 分 1 能配合分类与记录活动，配合写、画、贴等操作活动，不排斥 2 能根据给定的标准，对几个与自己有关的例行事件或活动（例如：做对的题、运动项目、工作任务、行为记录等）做初步的记录（例如：画圈、写数字、盖章等） 3 在生活情境中，能根据给定的标准，对日常事件或活动做初步的分类与记录（例如：写数字、做记号、画表格等） 4 能根据给定的标准，同时对多个事件或活动做分类与记录	2.5.3.2 在实践活动中，会测量物体的长度，并做记录 □ □ □ □ □ □ 0 未达 1 分 1 能配合体验物体的长度（测量）的活动，不排斥 2 能在实践活动中，测量出特定几种物体的长度（例如：身高，衣服、桌面的长度等） 3 能在实践活动中，测量出常用物的长度（例如：千米、米、分米、厘米），并做记录 4 能运用多种方法测量一般物体的长度（例如：千米、米、分米、厘米）

续表

		低年段	中年段	高年段
2.5 综合与实践	2.5.3 图形几何运算统计的运用	2.5.3.3 在生活情境中，能根据给定的标准，对事物做初步的分类 ☐☐☐☐☐☐ 0 未达 1 分 1 能感知物品，把物品放在指定位置，不排斥 2 能在生活情境中，根据给定的明显的、示范的标准（例如：形状、颜色、大小等外观特征），对事物做初步的分类 3 能在生活情境中，根据给定的标准（例如：颜色、大小、形状、功能、质料、类别、功能、属性等外观特征），对事物做初步的分类 4 能在实际情境中，选择适当的标准（例如：颜色、大小、形状、功能、质料、类别）或用多个标准对事物进行分类	2.5.3.3 会正确选择加减运算，解决简单的实际问题 ☐☐☐☐☐☐ 0 未达 1 分 1 能参与跟随数学活动，选择自己要的数量 2 能正确选择数量（1 ~ 20 的数量），解决生活中特定的实际问题（例如：几个人、要发几个碗、倒几杯水等） 3 能正确选择加减运算，解决简单的实际问题 4 能灵活运用加减运算，解决生活中复杂的计算问题	2.5.3.3 在实践活动中，会测量物体的容积，并做记录 ☐☐☐☐☐☐ 0 未达 1 分 1 能配合体验物品的容积（测量）的活动，不排斥 2 能在实践活动中，测量出特定物体的容积（例如：杯子、锅等） 3 能在实践活动中，测量出常用物体的容积并选择正确的容积单位（例如：升和毫升），并做记录 4 能运用多种方法测量出一般物体的容积并选择正确的容积单位（例如：升和毫升）
				2.5.3.4 能整理生活中的数据，会用简单条形图的方式呈现，并做出简单的判断 ☐☐☐☐☐☐ 0 未达 1 分 1 能配合收集整理活动，将物品放在指定位置，不排斥 2 能整理生活中的数据，会用简单的方式呈现整理结果（例如：写数字、做记号、画表格等） 3 能整理生活中的数据，会用简单条形图的方式呈现，并做出简单的判断 4 能精确地整理生活中的数据，并清晰呈现、分析整理结果，解决生活中的问题

三、生活适应　四好评量表

戴玉敏　周千勇　冯莎

学生姓名：_____　性别：_____

出生日期：_____年____月____日

1 分　　好照顾：在动作操作阶段（感觉动作期），设想其能对感觉有区辨与选择的能力，以应付生存上的相关需求，可以在大人忙碌时，自己玩一会儿喜好之物，不干扰大人，大人为他劳动时，能配合一下。

2 分　　好家人：在具体操作阶段（前运思期）（学前成就），设想其可以在大人不在家时，为自己做几件生活必需之事（完成自理项目，让自己不挨饿、不挨冻、不脏乱），不能有危险，可以和大人一起参与部分家事。

3 分　　好帮手：在平面操作进入符号操作阶段（具体运思期前或后段）（学龄一二段），可以在家人委托下独自完成室内家务劳动，以及几项户外劳动，不会有危险，为了完成家务能使用小区资源。

4 分　　好公民：在符号操作阶段（具体运思期后段或符号运思期前段）（学龄三段），可自己安排生活中必需的活动，其活动范围与种类接近一般人（为了提高生活品位，能自己进修学习），也可能因掌握足够的生活技能而有质量地独立居住。

低年段（1—3 年级）	中年段（4—6 年级）	高年段（7—9 年级）
第一次评量 日期：_____总分：□	第一次评量 日期：_____总分：□	第一次评量 日期：_____总分：□
第二次评量 日期：_____总分：□	第二次评量 日期：_____总分：□	第二次评量 日期：_____总分：□
第三次评量 日期：_____总分：□	第三次评量 日期：_____总分：□	第三次评量 日期：_____总分：□
第四次评量 日期：_____总分：□	第四次评量 日期：_____总分：□	第四次评量 日期：_____总分：□
第五次评量 日期：_____总分：□	第五次评量 日期：_____总分：□	第五次评量 日期：_____总分：□
第六次评量 日期：_____总分：□	第六次评量 日期：_____总分：□	第六次评量 日期：_____总分：□

		低年段	中年段	高年段
3.1 个人生活	3.1.1 饮食习惯	3.1.1.1 认识常见的食物 □□□□□□ 0 未达 1 分 1 能接受常见的食物，不排斥 2 能选择自己要吃的食物 3 能选择家人要吃的常见食物 4 能认识生活中出现的各种常见食物	3.1.1.1 了解饮食安全常识 □□□□□□ 0 未达 1 分 1 能配合饮食安全常识的活动，在指导下配合吃安全的食物（例如：不吃不安全食物） 2 了解一两种饮食安全常识（例如：分辨能吃不能吃／能喝不能喝的食物、掉地上食物不能吃、腐烂食物不能吃、有危险标志的食物不能吃、过安全日期的食物不能吃、油炸食物少吃、辛辣食物少吃、多吃水果蔬菜等） 3 了解基本饮食安全常识，并注意饮食安全 4 了解各种饮食安全常识	3.1.1.1 了解进餐礼仪，做到礼貌就餐 □□□□□□ 0 未达 1 分 1 能自己进餐，不影响他人，不给他人造成干扰 2 能在与熟悉的家人或小团体用餐时有简单的进餐礼仪，做到礼貌就餐（例如：等待、分享、注意、卫生等） 3 能了解基本的进餐礼仪，做到礼貌就餐 4 能在各种场合与任何人进餐时有进餐礼仪，做到礼貌就餐
		3.1.1.2 认识常见的餐具，并能整理 □□□□□□ 0 未达 1 分 1 不排斥认识常见的餐具，也不破坏餐具 2 能认识并选择自己要用的餐具，并能整理 3 能认识几种常见的餐具，并能整理 4 能认识各种常见的餐具，并能整理	3.1.1.2 养成健康的饮食习惯 □□□□□□ 0 未达 1 分 1 能在指导下配合健康的饮食习惯，不排斥 2 养成一两种健康的饮食习惯（例如：定时饮食、适量饮食、荤素搭配、吃动平衡、少盐、少油、少糖，符合个人体质的饮食习惯等） 3 养成 3～5 种健康的饮食习惯 4 养成各种健康的饮食习惯	3.1.1.2 了解常见食物的营养价值 □□□□□□ 0 未达 1 分 1 能配合了解常见食物的营养价值的活动 2 能自己吃时依照食物的营养价值搭配膳食 3 能和家人吃时依照食物的营养价值搭配膳食 4 能依据自己的身体状况选择营养的食物，并能给别人提出适当的食物建议
		3.1.1.3 初步养成良好的进餐习惯 □□□□□□ 0 未达 1 分 1 能配合、接受简单的进餐习惯要求，不排斥 2 在自己进餐时有基本的进餐习惯，或养成个人能接受的良好的进餐习惯 3 与家人进餐时有良好的进餐习惯，或养成家人能接受的良好的进餐习惯 4 与任何人进餐时有良好的进餐习惯，或养成任何人能接受的良好的进餐习惯		

		低年段	中年段	高年段
3.1 个人生活	3.1.2 个人卫生	3.1.2.1 能洗手、洗脸、刷牙 □□□□□ 0 未达 1 分 1 能配合洗手、洗脸、刷牙，不排斥 2 能主动洗手、洗脸、刷牙，或能按简单的步骤洗漱 3 能洗手、洗脸、刷牙，或能按正确的步骤洗漱 4 能有品质地洗手、洗脸、刷牙	3.1.2.1 掌握梳头、洗头、洗澡、剪指甲等基本技能 □□□□□ 0 未达 1 分 1 能配合梳头、洗头、洗澡、剪指甲等活动，不排斥 2 能按简单的步骤完成以上一两种基本技能（例如：梳头、洗头、洗澡、剪指甲等） 3 掌握梳头、洗头、洗澡、剪指甲等基本技能 4 正确掌握四种以上基本技能	3.1.2.1 学习处理青春期相关事宜 □□□□□ 0 未达 1 分 1 能接受有关处理青春期相关事宜的学习活动，配合处理好自己的青春期相关事宜 2 能简单处理自己的青春期相关事宜（例如：生理卫生、保护隐私、与异性相处等） 3 能处理个人青春期相关事宜 4 能纯熟地处理青春期相关事宜，并能为他人提供咨询
		3.1.2.2 及时表达大小便意愿，正确处理如厕事项 □□□□□ 0 未达 1 分 1 能配合处理如厕事项，不排斥，或大小便有规律 2 能表达大小便意愿，或主动去厕所大小便（例如：不能尿湿等或随地大小便） 3 能及时表达大小便意愿，或能正确处理如厕事项 4 能有品质地处理如厕事项		
	3.1.3 个人着装	3.1.3.1 认识常见的衣物 □□□□□ 0 未达 1 分 1 能接受、认识常见的衣物，不排斥 2 能认识个人的或特定的几种衣物 3 能认识常见的衣物 4 能认识属于自己或他人的各种常见衣物	3.1.3.1 能穿、脱较复杂的衣服和鞋袜 □□□□□ 0 未达 1 分 1 能配合穿、脱较复杂的衣服和鞋袜 2 能穿、脱一两种较复杂的衣服和鞋袜 3 能穿、脱常见（例如：常穿的）的较复杂的衣服和鞋袜 4 能穿、脱各种较复杂的衣服和鞋袜	3.1.3.1 能根据季节、场合合理着装 □□□□□ 0 未达 1 分 1 能根据季节、场合接受他人为其选择的着装 2 能根据季节、场合选择搭配几种着装 3 能根据季节、场合合理着装 4 能根据各种季节、场合合理着装，并做出评价

续表

		低年段	中年段	高年段
3.1 个人生活	**3.1.3 个人着装**	3.1.3.2 能戴帽子、手套 ☐☐☐☐☐☐ 0 未达 1 分 1 能配合戴帽子、手套，不排斥 2 能戴上帽子、手套 3 能戴好帽子、手套（例如：戴得正反、位置等适当美观） 4 能戴帽子、手套，搭配合适（例如：配合衣服颜色搭配等） 3.1.3.3 能穿脱简便的衣服和鞋袜 ☐☐☐☐☐ 0 未达 1 分 1 能配合穿脱简便的衣服和鞋袜，不排斥 2 能穿脱简便的衣服和鞋袜 3 能穿好、脱好常见的简便的衣服和鞋袜（例如：穿与脱、正反、位置、衣服整理等适当美观） 4 能整齐地穿脱简便的衣服和鞋袜，搭配合适	3.1.3.2 保持衣服干净 ☐☐☐☐☐ 0 未达 1 分 1 能配合别人帮他清理衣服上的脏物 2 能保持衣服干净，不弄脏 3 能保持衣服干净，脏了会擦洗 4 能经常注意保持衣服干净整齐	
	3.1.4 疾病预防	3.1.4.1 能表达身体不适 ☐☐☐☐☐☐ 0 未达 1 分 1 能在身体不适时接受别人询问，不排斥，或能在身体不适时靠近别人，试着表达 2 在身体不适时，能接受别人询问并回答（表达）身体不适 3 能表达身体不适的部位或身体不适的感受 4 能自己去特定诊所看病、拿药（例如：家人给的药方）、自己服药等	3.1.4.1 了解常见疾病的简单知识 ☐☐☐☐☐☐ 0 未达 1 分 1 能配合参与了解常见疾病的简单知识的活动，或生病时配合就医，不排斥 2 能了解一两种常见的儿童疾病的简单知识 3 能了解几种常见的儿童疾病的简单知识 4 能了解常见疾病的简单知识	3.1.4.1 了解就医的程序，能遵医嘱用药和休养 ☐☐☐☐☐☐ 0 未达 1 分 1 能配合遵医嘱用药和休养，不排斥 2 能自行遵医嘱用药和休养（例如：何时吃药、卧床、多喝水等） 3 能了解就医的程序，并遵医嘱用药和休养 4 能依照就医的程序去看病、拿药，能遵医嘱用药和休养，必要时会陪同并协助家人就医和用药

		低年段	中年段	高年段
3.1 个人 生活	3.1.4 疾病 预防	3.1.4.2 能向家长或老师寻求帮助 ☐☐☐☐☐☐ 0 未达 1 分 1 在他人提供帮助时，能接受，不排斥 2 能用特定的方式向家长或老师寻求帮助 3 能主动用恰当的方式向家长或老师寻求帮助 4 能在各种环境下向他人寻求帮助	3.1.4.2 学习预防常见疾病的简单措施 ☐☐☐☐☐☐ 0 未达 1 分 1 能参与配合预防常见疾病的简单措施的活动，不排斥 2 能掌握一两种预防常见疾病的简单措施 3 能掌握常用的预防常见疾病的简单措施 4 能掌握多种预防常见疾病的简单措施	3.1.4.2 学习简单的急救常识 ☐☐☐☐☐☐ 0 未达 1 分 1 能配合学习简单的急救常识的活动，或能接受他人提供的急救措施 2 能掌握一两种简单的急救常识 3 能掌握常用的简单的急救常识 4 能掌握多种简单的急救常识
	3.1.5 自我 认识	3.1.5.1 认识身体各部位名称 ☐☐☐☐☐☐ 0 未达 1 分 1 能接受认识身体各部位的互动活动，或在生活中应用身体部位时，能配合做出相应的身体部位的动作，不排斥（例如：配合伸手穿外套、抬脚穿鞋） 2 能认识与自己生活或学习有关的重要的身体部位（如吃饭用嘴，写字用手，眼睛看等） 3 能认识身体各部位及功能 4 能与他人谈论身体各部位及身体形象	3.1.5.1 了解自己的民族、籍贯等个人身份信息 ☐☐☐☐☐☐ 0 未达 1 分 1 能参与配合了解自己的民族、籍贯等个人身份信息的活动，不排斥 2 能指认自己的民族、籍贯等个人的重要的身份信息 3 能了解自己的民族、籍贯等个人身份信息 4 能了解其他人的民族、籍贯等身份信息	3.1.5.1 了解青春期保健常识 ☐☐☐☐☐☐ 0 未达 1 分 1 能配合学习了解青春期保健常识的活动，或能接受配合针对自己的、必要的青春期保健活动的要求 2 能做一两件针对自己的、必要的青春期保健活动 3 能了解简单的青春期保健常识并基本做到 4 能了解各种青春期保健常识，并影响他人
		3.1.5.2 认识自己的体貌特征 ☐☐☐☐☐☐ 0 未达 1 分 1 能接受认识自己的体貌特征的互动活动，或找出有自己形象照片，不排斥 2 能认识自己重要的体貌特征 3 能认识自己的体貌特征 4 能用适当的方式与他人谈论或评论体貌特征	3.1.5.2 了解自己的兴趣和爱好 ☐☐☐☐☐☐ 0 未达 1 分 1 有自己的兴趣和爱好，让自己心情愉快（例如：紧张、焦虑、无聊时有安抚自己的兴趣和爱好） 2 能了解自己的兴趣和爱好的特点及功能 3 能了解自己的兴趣和爱好的特点、功能、规则等 4 能将自己的兴趣和爱好作为休闲活动	3.1.5.2 了解自己的优缺点，尝试制订个人进步和发展的计划 ☐☐☐☐☐☐ 0 未达 1 分 1 能配合了解自己的优缺点的活动，配合他人为其规划的个人进步和发展的行为要求 2 能了解自己的优缺点，主动遵守为其规划的个人进步和发展的几个简单行动方案（例如：话多—闭嘴，胖—少吃） 3 了解自己的优缺点，尝试制订个人进步和发展的计划 4 了解自己的优缺点，制订个人进步和发展的计划并能执行

续表

		低年段	中年段	高年段
3.1 个人 生活	3.1.5 自我 认识	3.1.5.3知道自己的姓名、性别、年龄等基本信息 ☐☐☐☐☐ 0 未达 1 分 1 能对自己的名字有反应 2 能知道一两项自己的基本信息(例如:姓名、性别、年龄) 3 能知道 3~5 项自己的基本信息(例如:姓名、性别、年龄、年级) 4 能知道自己的各种基本信息(例如:穿衣穿鞋尺码、生日、生肖)	3.1.5.3了解青春期的身体变化 ☐☐☐☐☐ 0 未达 1 分 1 能接受青春期的身体变化,在协助下能保持情绪稳定 2 能接受青春期的身体变化,情绪稳定,并能了解简单的青春期身体变化的特点 3 能了解简单的青春期的身体变化,做好基本应对 4 能了解各种青春期的身体变化,能适当应变	
	3.1.6 心理 卫生	3.1.6.1 能对身边的事物感兴趣 ☐☐☐☐☐ 0 未达 1 分 1 能依自己的喜好对身边的事物感兴趣,不排斥 2 能依自己的需求主动对身边的事物感兴趣 3 能对身边的事物感兴趣 4 能依需求对身边以外的事物保持兴趣	3.1.6.1 学习表达自己的情绪情感 ☐☐☐☐☐ 0 未达 1 分 1 能在喜欢的日常生活与学习活动中,情绪稳定或不造成干扰 2 能在日常熟悉的生活与学习活动中,简单表达自己的情绪情感(例如:在家里、在学校时,表达开心、不好玩、喜欢、生气等),情绪稳定 3 能学习表达自己的情绪情感 4 即使在非常情况,也能适当表达自己的情绪情感,与人相处能控制好情绪,互动良好	3.1.6.1 正确接纳他人的评价,调控自己的情绪 ☐☐☐☐☐ 0 未达 1 分 1 能接受他人的评价,情绪容易安抚,不出现过激的行为 2 能正确接纳某人的评价,配合调控自己好的情绪 3 能正确接纳家人、熟人的评价,主动调控自己的情绪 4 能尊重他人的评价,同理他人的评论,调控自己的情绪,改变行为,以获得正向的、更好的评价
		3.1.6.2 学习表达自己的需求 ☐☐☐☐☐ 0 未达 1 分 1 能依自己的喜好选择(表达)自己的特定需求 2 能依自己当下的需要简单表达自己的需求 3 能表达自己的一般需求 4 能依事物的变化而产生的需要,表达各种需求,可为他人表达需求	3.1.6.2 学习分享与合作 ☐☐☐☐☐ 0 未达 1 分 1 能配合参与分享与合作的活动,不破坏 2 能在几种熟悉的环境中,主动与人分享与合作(例如:家里、班级、点心课、休闲课、劳动时) 3 能在熟悉的环境中与人分享与合作 4 能在各种环境中与他人分享与合作	3.1.6.2 勇于面对困难,解决问题 ☐☐☐☐☐ 0 未达 1 分 1 能在面对困难时,情绪稳定地配合他人解决问题,不破坏,不出现过激的行为 2 能勇于面对困难,解决与自己有关的简单的一两个问题(例如:没米——去买,不会做——找老师等) 3 能勇于面对困难,解决常见的一般问题 4 能勇于面对困难,解决各种一般问题

		低年段	中年段	高年段
3.1 个人 生活	3.1.6 心理 卫生	3.1.6.3 有交往的意愿 □□□□□□ 0 未达 1 分 1 能在他人进行交往的活动中，有配合的意愿，不排斥 2 能与几位熟人有交往意愿（例如：家人、同学、老师、邻居等） 3 能在社交场合或活动中，有交往的意愿 4 能选择适当的朋友来交往	3.1.6.3 懂得感恩，学会宽容和尊重他人 □□□□□□ 0 未达 1 分 1 能配合他人的指令及意愿或行动，不破坏，不出现过激的行为 2 能对满足自己需求的他人，有感恩、宽容和尊重的行为（例如：感谢、倒茶、让座、分享等行为） 3 能在日常生活中，懂得感恩，能宽容和尊重他人 4 能感恩、宽容和尊重对自己或社会有恩之人	
3.2 家庭 生活	3.2.1 家庭 关系	3.2.1.1 会正确称呼家庭主要成员 □□□□□□ 0 未达 1 分 1 能与自己相关的重要家庭成员亲近、互动（例如：照顾者），不排斥 2 能认识家庭主要成员 3 能正确称呼家庭主要成员 4 能厘清家庭及家族主要成员的相互关系	3.2.1.1 了解家庭主要成员的职业、工作单位等信息 □□□□□□ 0 未达 1 分 1 能与自己相关的重要家庭成员亲近、互动（例如：照顾者），不排斥 2 能了解家庭主要成员的某项信息（例如：职业、工作单位、学历、职务、工资、电话等） 3 能了解家庭主要成员的职业、工作单位等信息 4 能了解各个家庭成员的职业、工作单位、工作内容等信息	3.2.1.1 乐于参加家庭活动 □□□□□□ 0 未达 1 分 1 能在配合参加家庭活动时情绪稳定 2 能在配合参加家庭活动时感到愉悦 3 能乐于参加家庭活动，举止适当（例如：主动参与） 4 能为举办家庭活动出谋划策
		3.2.1.2 知道家庭主要成员的姓名、性别等信息 □□□□□□ 0 未达 1 分 1 能对与自己相关的重要家庭成员的姓名有反应（例如：照顾者） 2 能知道家庭主要成员的某项信息（例如：姓名、性别、年龄、身高等） 3 能知道家庭主要成员的姓名、性别等信息 4 能知道家庭各个成员的详细信息（例如：身份证号、工作单位、电话等）	3.2.1.2 了解自己与家庭主要亲属的关系 □□□□□□ 0 未达 1 分 1 能在与家庭主要亲属相处时情绪稳定，不排斥 2 能了解自己与一两个家庭主要亲属的关系 3 能了解自己与家庭主要亲属的关系 4 能了解家庭主要亲属相互之间的关系	3.2.1.2 孝顺父母，尊重、关心家庭主要成员 □□□□□□ 0 未达 1 分 1 能配合做出孝顺父母，尊重、关心家庭主要成员的行为（例如：让座、端水、捶背、帮忙传递物品等） 2 能掌握几种简单的孝顺父母，尊重、关心家庭主要成员的技能 3 能用适当的方式孝顺父母，尊重、关心家庭主要成员 4 能孝顺父母，尊重、关心家庭主要成员，并调解家庭成员间的关系

续表

		低年段	中年段	高年段
3.2 家庭生活	3.2.1 家庭关系	3.2.1.3 知道自己与家庭主要成员的关系 ☐☐☐☐☐☐ 0 未达 1 分 1 能接受自己与家庭主要成员的关系及互动方式，不排斥 2 能知道与自己相关的重要家庭成员的关系 3 知道自己与家庭主要成员的关系 4 知道自己与全部家庭成员的关系	3.2.1.3 会与亲友进行沟通交流 ☐☐☐☐☐☐ 0 未达 1 分 1 能配合与亲友进行沟通的交流活动（例如：坐一旁、被动地参与简单的互动），不排斥 2 能与亲友进行简单的、特定的沟通交流 3 能与亲友进行日常的沟通交流 4 能与亲友进行复杂的沟通交流	3.2.1.3 学会恰当表达不同的意见 ☐☐☐☐☐☐ 0 未达 1 分 1 能在他人征求意见时，依自己的喜好选择表达意见 2 能在熟悉的情境中，在他人征求意见时，恰当表达一两个不同的意见 3 能在日常生活与学习中，恰当地表达不同的意见 4 能在各种情境中，恰当地表达不同的意见
		3.2.1.4 听从父母和长辈的教导 ☐☐☐☐☐☐ 0 未达 1 分 1 能接受父母或某长辈的教导，不排斥，没有过激行为出现 2 能接受父母或某长辈的教导，表现出改变的行动 3 能听从父母和家中长辈的教导，并主动做出行为改变，达到教导要求 4 能将父母的教导记在心中，随时调整自己的行为举止，达到教导要求		
	3.2.2 家庭责任	3.2.2.1 爱惜家具等物品 ☐☐☐☐☐☐ 0 未达 1 分 1 能配合爱惜家具等物品的行为，不破坏 2 能表现出几种爱惜与自己相关的家具等物品的整洁、完好的简单行为 3 能有意识地爱惜家具等物品，并能掌握简单的方式爱惜家具和物品（例如：为爱惜的家具等物品套上保护罩、正确使用等） 4 能用专业的方式进行家具等物品的保养（例如：修缮或翻新家具等物品）	3.2.2.1 知道自己在家庭中的角色，承担家务劳动、接待客人等相应的义务 ☐☐☐☐☐☐ 0 未达 1 分 1 能在家中安全稳定地生活，是好照顾的角色 2 能知道自己在家庭中的角色，配合承担与个人相关的简单的家务劳动、接待客人等相应的义务 3 能知道自己在家庭中的角色，承担大部分家务劳动、接待客人等相应的义务 4 能知道自己在家庭中的角色，承担各种家务劳动、接待客人等相应的义务	3.2.2.1 能合理安排自己在家一日生活 ☐☐☐☐☐☐ 0 未达 1 分 1 能配合他人为自己安排好的一日生活，情绪稳定，或对自己在家一日生活的安排做出选择 2 能简单安排自己在家一日生活的重要活动（例如：吃饭、做家务、休闲方式等） 3 能合理地安排自己在家一日生活 4 能既合理又有创意地安排自己在家一日生活

续表

		低年段	中年段	高年段
3.2 家庭生活	3.2.2 家庭责任	3.2.2.2 爱护居家环境，保持干净 ☐☐☐☐☐☐ 0 未达 1 分 1 能不破坏居家环境，不排斥，保持干净 2 能爱护个人所居的小环境，保持干净 3 能爱护全家环境，保持干净 4 能爱护家周围的环境，保持干净	3.2.2.2 保持居家环境的整洁 ☐☐☐☐☐☐ 0 未达 1 分 1 能配合保持居家环境的整洁 2 能保持个人所居小环境的整洁 3 能保持居家环境的整洁 4 能有创意、有品位地保持居家环境的整洁	3.2.2.2 会合理支配自己的零用钱，初步养成积蓄财富的意识 ☐☐☐☐☐☐ 0 未达 1 分 1 能配合支配自己的零用钱，有用钱换取所需之物的初步意识 2 能支配自己的零用钱购买自己的部分所需，有保存钱的意识 3 能合理支配自己的零用钱购买自己所需，初步养成积蓄财富的意识 4 能合理规划并善用自己的零用钱，初步养成积蓄财富的意识
		3.2.2.3 愿意分担力所能及的家务劳动 ☐☐☐☐☐☐ 0 未达 1 分 1 能在别人做家务劳动时，不排斥、不干扰 2 愿意分担一两项力所能及的家务劳动（例如：倒垃圾、擦桌子、扫地、拖地、洗碗等） 3 愿意分担力所能及的日常家务劳动 4 能主动承担各种家务劳动	3.2.2.3 了解家庭日常支出 ☐☐☐☐☐☐ 0 未达 1 分 1 能接受家人对其日常支出的行为要求，情绪稳定（例如：买衣服、食品，没钱时不能买等） 2 能配合家人对家庭日常支出的行为要求（例如：没钱，不买棒棒糖；节约，买日用品） 3 能了解家庭的日常支出，并表现出适当的支出行为（例如：交电费、买日用品等） 4 能了解家庭的各种支出，并能精打细算	3.2.2.3 体谅父母生活、工作的艰辛，力所能及地分担家庭责任 ☐☐☐☐☐☐ 0 未达 1 分 1 能配合家人做家务劳动，使家人做事更轻松 2 能体谅父母生活、工作的艰辛，力所能及地承担个人的生活责任 3 能体谅父母生活、工作的艰辛，力所能及地分担大部分家庭责任 4 能体谅父母生活、工作的艰辛，力所能及地分担各种家庭责任
		3.2.2.4 认识人民币，建立初步的健康消费意识 ☐☐☐☐☐☐ 0 未达 1 分 1 能不破坏人民币，建立初步的消费意识 2 能认识人民币，建立钱与物的交换意识 3 能认识人民币，使用相应钱币购买物品，建立初步的健康消费意识 4 认识人民币，能有计划地使用钱币，建立初步的健康消费意识	3.2.2.4 体谅父母及长辈对家庭的付出，不攀比 ☐☐☐☐☐☐ 0 未达 1 分 1 能配合做出体谅父母的行为（例如：吃父母及长辈做的饭、帮着提物等） 2 能主动表现出体谅父母及长辈对自己付出的简单行为（例如：吃父母及长辈做的饭、帮着提物、少索取等） 3 能体谅父母及长辈对家庭的日常付出，不攀比 4 能体谅父母及长辈对家庭的各种付出，并做出相应的行为回报	

续表

		低年段	中年段	高年段
3.2 家庭 生活	3.2.3 居家 安全	3.2.3.1 知道自己的居家地址、电话及周边环境 ☐☐☐☐☐☐ 0 未达 1 分 1 能跟随大人，在自己的居家及周边环境活动，无破坏行为 2 能知道自己的居家地址、电话及周边环境的几个重要信息 3 能知道自己的居家地址、电话及周边环境的信息 4 能知道自己的居家地址、电话及周边环境的信息，以解决生活中的问题	3.2.3.1 知道居家生活的安全常识 ☐☐☐☐☐☐ 0 未达 1 分 1 能接受、配合居家生活的安全常识的简单的行为要求（例如：关门、不乱按电源开关等） 2 能知道并执行一两项居家生活的安全常识（例如：离家切断电源、煤气安全使用、烟蒂和打火机不乱扔、电线插座隐蔽好、地面防滑等） 3 能知道居家生活的安全常识并能执行 4 能自觉遵守居家生活的安全常识，并做出安全防范	3.2.3.1 掌握独自在家的安全知识 ☐☐☐☐☐☐ 0 未达 1 分 1 能配合执行独自在家的安全要求的行为 2 能掌握并执行独自在家的一两种安全知识（例如：不给陌生人开门、不玩危险品、不乱摸电器、不做危险动作、不玩火等） 3 能掌握并执行独自在家的一般安全知识 4 能掌握并执行独自在家的安全知识，并能应用在各种场所中
		3.2.3.2 知道家庭居室的名称及功能 ☐☐☐☐☐☐ 0 未达 1 分 1 能在使用家庭居室的物品时，不破坏 2 能知道与自己有关的家庭居室的名称及简单的功能 3 能知道家庭居室的名称及功能 4 能知道各种家庭居室的名称及功能	3.2.3.2 保管好家中财物，不随意送人 ☐☐☐☐☐☐ 0 未达 1 分 1 能配合保管好家中财物，不破坏 2 能保管好与自己有关的家中财物，不随意送人 3 能保管好大部分家中财物，不随意送人 4 能以各种方式适当保管好各种家中财物	3.2.3.2 保守大部分个人和家庭隐私，不随意泄露个人和家庭信息 ☐☐☐☐☐☐ 0 未达 1 分 1 能够配合保守个人和家庭隐私的简单的行为要求 2 能够区分哪些重要信息可以让谁知道及不能让谁知道，不随意泄露隐私 3 能够保守大部分个人和家庭隐私，不随意泄露个人和家庭信息 4 能够正确使用个人和家庭信息，并保护隐私权
		3.2.3.3 会安全使用家庭居所内的基本设施 ☐☐☐☐☐☐ 0 未达 1 分 1 能利用家庭居所内的基本设施活动，不破坏 2 能掌握简单、安全地使用家庭居所内的几个基本设施的技能 3 能安全使用家庭居所内的基本设施 4 能安全使用家庭居所内的各种基本设施		

		低年段	中年段	高年段
3.2 家庭生活	**3.2.3 居家安全**	3.2.3.4 遇到困难或意外时能向家人、邻里求助 □□□□□ 0 未达 1 分 1 遇到困难或意外时能发出求助信息并让人感觉到 2 遇到困难或意外时能用特定的方式向家人、邻里求助或遇到小困难或意外时能个人想办法解决 3 遇到困难或意外时能主动且及时向家人、邻里求助 4 能在各种环境下向他人寻求帮助，遇到困难或意外时能向他人求助		
		3.2.3.5 知道并远离家中的安全隐患 □□□□□ 0 未达 1 分 1 能在陪同下知道家中的安全隐患，并配合远离安全隐患，没有过激行为 2 能知道家中有可能存在的几种安全隐患（例如：火灾、煤气中毒等），会远离安全隐患 3 能知道并远离家中的安全隐患 4 能知道并远离家中或其他环境中的安全隐患		
3.3 学校生活	**3.3.1 人际交往**	3.3.1.1 认识班主任、任课教师、学校工作人员 □□□□□ 0 未达 1 分 1 能对较熟悉的学校人员（例如：班主任、任课教师、学校工作人员）不排斥（例如：靠近、陪伴等） 2 能认识与自己有关的、重要的几位学校人员（例如：班主任、任课教师、学校工作人员等） 3 能认识班主任、任课教师、学校工作人员 4 能认识学校里各班级的班主任、任课教师、学校工作人员及其职务责任等	3.3.1.1 尊敬、信任老师，与老师建立良好关系 □□□□□ 0 未达 1 分 1 能配合较熟悉的老师（例如：靠近、陪伴、跟随、顺从等）的教导，情绪稳定，不排斥、不干扰 2 能在日常学习情境中听从老师的指令，有比较信任的、关系良好的一两位老师（例如：亲近老师、接受老师的指导与指正、有困难时能靠近等） 3 能尊敬、信任自己的各科老师，与老师建立良好的关系 4 能尊敬、信任学校的老师，并对老师的职业有好感	3.3.1.1 学会与同学分工合作 □□□□□ 0 未达 1 分 1 能配合参与同学分工合作的事情，不排斥，不干扰 2 能在与同学的分工合作中，承担几项简单的任务（例如：完成某个步骤、做其中几件事） 3 会与同学分工合作（例如：一起计划、分工、互相监督等） 4 能在与同学分工合作时充当带动者或组织者

续表

		低年段	中年段	高年段
3.3 学校生活	3.3.1 人际交往	3.3.1.2 认识班级同学，记住名字，能分辨同学性别 □□□□□□ 0 未达 1 分 1 能对班级较熟悉的同学不排斥（例如：靠近、陪伴等） 2 能认识与自己有关的、重要的几位班级同学，记住他们的名字并分辨同学性别（例如：同桌、班长、玩伴等） 3 能认识班级同学，记住名字，分辨同学性别 4 能认识其他班级的同学，记住名字，分辨同学性别、喜好等	3.3.1.2 友爱同学，与同学平等相处、互相帮助 □□□□□□ 0 未达 1 分 1 能配合与较熟悉的同学相处或提供帮助（例如：手拉手、拿东西、坐在一起等），不排斥 2 能在日常学习情境中，做简单的友爱同学、与同学平等相处、互相帮助的事情（例如：传递物品给同学、帮同学拿书、请同学吃零食、和同学一起扫卫生） 3 能友爱同学，与同学平等相处、互相帮助 4 能积极友爱同学，与同学平等融洽相处，主动帮助同学，可长期维持良好的关系	3.3.1.2 能与人恰当交往 □□□□□□ 0 未达 1 分 1 能配合参与与自己有关的简单的人际交往活动（例如：握手、回应、坐等），不排斥 2 会几种简单的交往方式，应对简单的人际交往活动（例如：见面握手、礼貌问候用语、交谈用语、分享食物等） 3 能与人恰当交往 4 能结合实际情况灵活地与人交往（例如：符合时宜、符合规矩、能随机应变等）
		3.3.1.3 愿意和老师、同学交往，能使用礼貌用语 □□□□□□ 0 未达 1 分 1 能在较熟悉的交往情境中，对老师、同学不逃离，不排斥 2 愿意和自己有关的、重要的几位老师、同学交往，使用礼貌用语（例如：老师、同学找他互动时能配合；同学说"早上好"，能回应"早上好"） 3 愿意和老师、同学交往，使用礼貌用语 4 能结合生活实际主动地和老师、同学交往，使用礼貌用语（例如：突然得知同学过生日没有准备生日礼物也能说一声"生日快乐"；同学送礼物给他，能回赠礼物等）	3.3.1.3 会欣赏他人的优点 □□□□□□ 0 未达 1 分 1 能配合对他人的优点的赞美活动，不排斥 2 能关注欣赏他人的几种优点，并用几种简单的方法欣赏他人的优点（例如：衣服漂亮、写字好看、唱歌好听、人漂亮） 3 能学会欣赏他人的优点 4 能主动地欣赏、发现、学习他人的优点	

		低年段	中年段	高年段
3.3 学校生活	3.3.1 人际交往	3.3.1.4 知道老师工作的辛苦，听从老师的教导 ☐☐☐☐☐☐ 0 未达 1 分 1 能在老师工作时做自己喜欢的事情，不干扰、不破坏 2 能在日常学习活动中配合老师的要求，认真听老师的教导（例如：老师讲课、工作时保持安静；老师教导时仔细听） 3 能知道老师工作的辛苦，听从老师的教导 4 能体谅老师工作的辛苦，自发地用老师的教导要求自己，并起到模范作用	3.3.1.4 尊重工作人员的劳动 ☐☐☐☐☐☐ 0 未达 1 分 1 能对工作人员的劳动及劳动成果，不干扰、不破坏 2 能表现几种行为来尊重与自己相关的工作人员的劳动及劳动成果（例如：别人做的饭要吃、干净的地面要爱护、作品要赞美等） 3 能尊重工作人员的劳动并表示感谢 4 能主动尊重工作人员的劳动，并配合与协助工作人员的劳动	
	3.3.2 校园安全	3.3.2.1 认识自己的教室及与自己相关的场所，了解其功能 ☐☐☐☐☐☐ 0 未达 1 分 1 能待在自己喜欢的教室及与自己相关的场所活动，情绪稳定，不破坏 2 能在自己的教室及与自己相关的场所做与之对应的事情（例如：教室——上课、厕所——大小便、操场——做操、音乐教室——唱歌、餐厅——吃饭、宿舍——睡觉等） 3 能认识自己的教室及与自己相关的场所，了解其功能（例如：自己来往、使用该场所） 4 能熟悉学校的各个教室及场所，知道其功能	3.3.2.1 会安全使用校园的设备和设施 ☐☐☐☐☐☐ 0 未达 1 分 1 能配合使用校园的设备和设施，不排斥、不破坏 2 能安全使用与自己相关的一两种校园设备和设施（例如：自己必用的一两种游乐器材如秋千、摇船、乒乓球台、计算机；健身器材如甩腿器、踩脚踏车；学校的设备如楼梯、电灯、饮水机等） 3 能安全使用校园的设备和设施 4 能安全熟练地操作和使用校园的各种设备和设施，并预防危险	3.3.2.1 了解应对突发事件的必需常识，在老师指导下学会正确处理突发事件 ☐☐☐☐☐☐ 0 未达 1 分 1 能配合处理突发事件的要求，愿意跟随、听从，不反抗、不排斥 2 能了解应对突发事件的几种必需常识，在老师指导下学习相应的正确处理突发事件的方法（例如：晚上停电了要找手电筒；地震了要跑、躲；火灾时要用湿毛巾捂住口鼻；有困难要找老师等） 3 能了解应对突发事件的必需常识，在老师指导下学会正确处理突发事件的方法（例如：失火时的应对步骤，受伤时的应对步骤等） 4 能熟练掌握应对突发事件的必需常识，并懂得如何正确地处理突发事件

续表

		低年段	中年段	高年段
3.3 学校生活	3.3.2 校园安全	3.3.2.2 知道学校的地址、校长姓名、班主任姓名和电话等 □□□□□□ 0 未达 1 分 1 能接受自己身上保存联系方式的标识（例如：学习地址、校长姓名、班主任姓名和电话等），不抗拒、不排斥 2 能了解学校的几个重要信息（例如：学校地址、校长姓名、班主任姓名和电话） 3 能知道学校的地址、校长姓名、班主任姓名和电话等 4 能熟悉学校的基本信息、学校相关工作人员的姓名和学校周围的环境等信息	3.3.2.2 遵守学校的安全规则，遇到危险时能求救 □□□□□□ 0 未达 1 分 1 能配合学校的安全规则要求、服从遇到危险请别人施救时的要求，不排斥 2 能遵守学校的几条安全规则，避免危险（例如：不可打架斗殴，不能玩水、火、电，不独自游泳，不跟随陌生人离校等） 3 能遵守学校的安全规则，遇到危险时能求救 4 能遵守并熟悉学校的安全规则，并能引导别人遵守，遇到别人有危险时能施救	
		3.3.2.3 认识校园内主要的安全标识，形成安全意识 □□□□□□ 0 未达 1 分 1 能对校园内的主要安全标识不排斥、不破坏 2 能认识几个校园安全标识，了解安全意识（例如：禁止攀爬、禁止游泳、有电勿触） 3 能认识校园内的主要安全标识，形成安全意识 4 能辨认学校内的所有安全标识，形成安全意识，并主动避免危险	3.3.2.3 发生突发事件时能够听从老师指挥 □□□□□□ 0 未达 1 分 1 能在发生突发事件时，服从老师的指挥，以确保安全，不排斥，虽有过激行为也在老师可控制的程度 2 能在发生突发事件时，配合老师的简单要求（例如：蹲、跑、捂嘴等），以确保安全 3 能在发生突发事件时，听从老师指挥 4 能在发生突发事件时，积极听从老师指挥，并协助其他同学听从指挥或想出处理方法，为老师出谋划策等	

		低年段	中年段	高年段
3.3 学校生活	3.3.2 校园安全	3.3.2.4 爱护校园公共设施，保持校园环境整洁 □□□□□□ 0 未达 1 分 1 能在要求下表现出使用公共设施、保持校园环境整洁的简单行为（例如：垃圾放在垃圾桶，坐在椅子上而不推倒椅子等） 2 能表现出几种爱护校园公共设施、保持校园环境整洁的简单行为（例如：不乱丢垃圾，椅子倒了扶起来等） 3 能爱护校园公共设施，保持校园环境整洁 4 能主动维护校园公共设施、爱护校园环境整洁，并能起到示范作用（例如：在校园公共设施坏掉时进行通报，在校园环境脏乱时主动清理或告知相关人员处理）		
	3.3.3 学习活动	3.3.3.1 了解学校一日安排，愿意参与学校活动 □□□□□□ 0 未达 1 分 1 愿意参加学校一日安排中至少一种活动，不排斥，对其他活动不干扰 2 能有上学意识，愿意参与学校一日安排中的几种日常例行活动（例如：音乐活动、体育活动、点心活动、语文活动、课间活动、音乐活动、游戏活动等） 3 能了解学校一日安排，愿意参与学校活动（例如：知道有什么活动安排等） 4 能掌握学校一日安排的规律，知道什么时候做什么，积极参加学校的活动	3.3.3.1 积极参与学习活动，养成良好的学习习惯 □□□□□□ 0 未达 1 分 1 能积极参与学校的至少一种学习活动，并配合其他学习活动，不排斥、不干扰 2 能习惯学校生活，积极参与几种学校日常例行活动，有主动学习的行为（例如：音乐活动、体育活动、点心活动、语文活动、课间活动、音乐活动、游戏活动等） 3 能积极参与学习活动，养成良好的学习习惯 4 能积极参与学习活动，并能制订自我学习计划、创新学习活动等，形成良好的学习品质	3.3.3.1 积极参加集体活动，具有团队意识，了解并遵守各项规则 □□□□□□ 0 未达 1 分 1 能积极参加学校的至少一种集体活动，并配合其他集体活动，不排斥 2 能积极参与几种学校集体活动，有主动遵守集体活动各项规则的行为（例如：知道和谁是一个团队，知道同一团队要互相帮助等） 3 能积极参加集体活动，具有团队意识，了解并遵守各项规则 4 能积极参加并主导集体活动做出成果，具有团队精神，熟悉并遵守各项规则

续表

		低年段	中年段	高年段
3.3 学校生活	**3.3.3 学习活动**	3.3.3.2 认识和爱护自己的学习用品 ☐☐☐☐☐☐ 0 未达 1 分 1 能不破坏、不丢弃自己的学习用品 2 能认识和爱护自己常用的几种学习用品（例如：铅笔、橡皮擦、文具盒） 3 能认识和爱护自己的学习用品 4 能在使用完各种学习用品后收拾整理，并在用完后及时换新	3.3.3.2 遵守学校作息时间 ☐☐☐☐☐☐ 0 未达 1 分 1 能被动配合学校的作息时间，不排斥 2 能习惯学校生活，配合遵守学校的作息时间（例如：老师说下课才下课） 3 能理解并遵守学校作息时间（例如：听到不同时段的铃声知道要做什么活动） 4 能积极遵守学校的作息时间，并能顺应临时变化、提前规划、预测等	3.3.3.2 初步了解共青团相关知识，积极争取加入团组织 ☐☐☐☐☐☐ 0 未达 1 分 1 能对学习共青团的相关知识的活动不排斥 2 能初步了解共青团特定的相关知识，有想要加入团组织的意愿 3 能初步了解共青团的相关知识，积极争取加入团组织 4 能主动了解共青团的相关知识，积极争取加入团组织，主动遵守团组织的相关规定并能向同学推荐
		3.3.3.3 遵守纪律，养成基本的学习习惯 ☐☐☐☐☐☐ 0 未达 1 分 1 能配合学习活动要求，不捣乱、不破坏（例如：上课不乱跑） 2 能遵守几种纪律要求，有基本的学习习惯（例如：上课注意教学活动、完成作业、不逃课等） 3 能遵守纪律，养成基本的学习习惯 4 能主动遵守纪律，主动养成良好的学习习惯（例如：课前预习）	3.3.3.3 了解并遵守学生守则 ☐☐☐☐☐☐ 0 未达 1 分 1 能了解学生守则，无破坏性行为（例如：无攻击行为等） 2 能了解并遵守几条特定的学生守则（例如：不迟到、不早退、不旷课） 3 能了解并遵守学生守则 4 能熟悉并遵守学生守则，并起到带动作用	3.3.3.3 学习合理计划自己的假期生活 ☐☐☐☐☐☐ 0 未达 1 分 1 能参与选择自己的假期生活中自己喜欢的活动 2 能学习计划自己的假期生活中几个重要的例行活动 3 能学习合理计划自己的假期生活 4 能合理计划自己的假期生活，并结合实际情况适时调整
		3.3.3.4 了解少先队相关知识，积极参加少先队活动 ☐☐☐☐☐☐ 0 未达 1 分 1 能在少先队活动中，不干扰、不排斥 2 能理解少先队部分相关知识，配合参加少先队活动（例如：佩戴红领巾、少先队员敬礼手势等） 3 能了解少先队相关知识，积极参加少先队活动 4 能主动学习少先队相关知识，并能积极参加和组织少先队活动	3.3.3.4 关心集体，能承担一定责任 ☐☐☐☐☐☐ 0 未达 1 分 1 能在集体活动中不逃离，配合部分活动，不排斥 2 能配合参与和关心与自己有关的几项集体活动，能承担特定的责任 3 能关心集体，能承担一定责任 4 能主动关心集体，知道集体需要什么，且能主动承担与集体相关的责任，起到带动作用	

续表

		低年段	中年段	高年段
3.4 社区生活	3.4.1 认识社区	3.4.1.1 认识邻居，能向邻居问好 □□□□□□ 0 未达 1 分 1 能接受邻居互动、问好，不排斥 2 能认识与自己相关的、几个熟悉的邻居，并向其问好（例如：对门爷爷、楼下小朋友等） 3 能认识邻居，主动、适当地向邻居问好 4 能结合生活实际，主动、适当地与邻居问好互动	3.4.1.1 认识社区中的相关人员，了解他们的工作，尊重他们的劳动 □□□□□□ 0 未达 1 分 1 能接受社区中的相关人员的互动活动，不排斥、不破坏 2 能认识社区中几个熟悉的相关人员，了解他们的工作，有尊重他们的劳动的意识（例如：保洁员、超市收银员、园林工人等） 3 能认识社区中的相关人员，了解他们的工作，尊重他们的劳动，适时表达谢意 4 能熟悉社区中的相关人员，知道他们的工作内容，尊重他们的劳动，并能向别人介绍	3.4.1.1 了解派出所、物业、居委会（村委会）等服务机构、人员及设施 □□□□□□ 0 未达 1 分 1 能接受派出所、物业、居委会（村委会）等服务机构、人员的互动活动，不排斥 2 能了解与自己相关的派出所、物业、居委会（村委会）等服务机构、人员及设施的所在地 3 能了解派出所、物业、居委会（村委会）等服务机构、人员及设施 4 能熟悉并介绍派出所、物业、居委会（村委会）等服务机构、人员、设施及作用等
		3.4.1.2 知道社区周边的重要标志物 □□□□□□ 0 未达 1 分 1 能不破坏社区的重要标志物 2 能知道社区周边与自己相关的几个重要标志物（例如：小区门口的雕塑） 3 能知道社区周边的重要标志物 4 能运用社区周边的重要标志物（例如：看到小区门口的雕塑知道是自己家所在的小区）	3.4.1.2 知道自己住家位置所在的行政区 □□□□□□ 0 未达 1 分 1 能在自己住家位置较近的地方（例如：家门口）走进自己家门 2 能在自己住家位置附近找到自己的家（例如：找到住家的小区） 3 能知道自己住家位置所在的行政区（例如：在路上选路牌时能选对，在自己所在行政区里可以找固定的路线回家） 4 能熟悉自己及相关亲友的住家位置所在的行政区，或是知道城市里的几个行政区，能自如地往返	3.4.1.2 了解社区中为残疾人提供服务的机构、人员及设施 □□□□□□ 0 未达 1 分 1 能接受社区中为残疾人提供服务的机构、人员的互动活动，不排斥、不破坏 2 能了解社区中为残疾人提供服务的机构与自己有关的几个重要人员及相关设施（例如：机构大致位置、机构负责人等） 3 能了解社区中为残疾人提供服务的机构、人员及设施 4 能熟悉并介绍社区中为残疾人提供服务的机构、人员及设施（例如：知道他们的服务内容、负责人是谁、有哪些设备）

续表

		低年段	中年段	高年段
3.4 社区生活	3.4.1 认识社区	3.4.1.3 知道自己家所属的社区 ☐☐☐☐☐☐ 0 未达 1 分 1 能跟随大人在自己家所属的小区行走、活动，不排斥、不破坏 2 能知道自己家所属的社区的几个重要信息（例如：社区名、家居小区名等），能从家附近走回家 3 能知道自己家所属的社区（例如：知道自己家所属社区的名字、街道、位置、门牌号等），能从小区附近走到小区门口 4 能熟悉自己家所属的社区（例如：社区中包括几栋楼、设施、绿化等）及邻近的小区	3.4.1.3 认识社区中的超市、医院、车站等场所及设施 ☐☐☐☐☐☐ 0 未达 1 分 1 能在社区中的超市、医院、车站等场所及设施活动中有配合行为，不排斥 2 能认识社区中与自己相关的几个场所（例如：超市、医院、车站等）及设施 3 能认识社区中的超市、医院、车站等场所及设施 4 能熟悉社区中的超市、医院、车站等场所及设施（例如：知道它们的位置、功能）	
	3.4.2 利用社区	3.4.2.1 不乱扔垃圾，保护社区环境 ☐☐☐☐☐☐ 0 未达 1 分 1 能配合将垃圾放在指定位置，不破坏社区环境 2 能简单地处理垃圾，保护社区环境（例如：垃圾放入垃圾桶、垃圾袋、清扫垃圾、不乱扔垃圾等） 3 能不乱扔垃圾，保护社区环境 4 能主动不乱扔垃圾，倡导垃圾分类，保护并维护社区环境	3.4.2.1 能使用社区中的休闲设施 ☐☐☐☐☐☐ 0 未达 1 分 1 能在使用社区中的休闲设施的活动中，不排斥、无破坏行为 2 会使用社区中的两三种休闲设施（例如：秋千、单杠等） 3 会使用社区中的休闲设施 4 能熟练使用社区中的休闲设施，并能指导别人使用	3.4.2.1 能利用社区中的资源，解决生活中的问题 ☐☐☐☐☐☐ 0 未达 1 分 1 能被告知自己生活所需的来源，使对生活和小区有安全感、归属感 2 会利用社区中的资源，解决自己生活中的几个重要问题（例如：买菜、药、报警、看电影等） 3 会利用社区中的资源，解决生活中的问题 4 能掌握社区中的资源，并能创新地解决生活中的复杂问题或给他人提供建议和协助

续表

		低年段	中年段	高年段
3.4 社区生活	3.4.2 利用社区	3.4.2.2 学习安全使用电梯、公共卫生间等公共设施 □□□□□□ 0 未达 1 分 1 能在陪同下使用公共设施（例如：电梯、公共卫生间），不破坏、不排斥 2 能使用熟悉的环境中的几个公共设施（例如：电梯、公共卫生间、垃圾桶、游乐设施） 3 能安全使用电梯、公共卫生间等公共设施 4 能安全使用电梯、公共卫生间等公共设施，并在遇到特殊情况时想办法解决（例如：电梯坏了能想办法联系相关人员等）	3.4.2.2 爱护社区公共设施，遵守公共秩序 □□□□□□ 0 未达 1 分 1 能在陪同下爱护社区公共设施，被动配合公共秩序，不破坏、不排斥 2 能表现出爱护社区公共设施、遵守公共秩序的几种简单行为（例如：轻拿轻放、注意清洁、排队、物归原处等） 3 能爱护社区公共设施，遵守公共秩序 4 能主动做到并倡导大家爱护社区公共设施，遵守公共秩序等	3.4.2.2 遇到困难时能到居委会（村委会）、物业等相关服务机构寻求帮助 □□□□□□ 0 未达 1 分 1 能接受参与居委会（村委会）、物业等相关服务机构与自己有关的帮助性活动，不排斥 2 遇到某类困难时能找一个以上的服务机构寻求帮助（例如：居委会、物业、警察等） 3 遇到困难时能到居委会（村委会）、物业等相关服务机构寻求帮助，解决几个简单的问题（例如：开不了家门、迷路、电话不通、没网、没钱、没水找物管或村委会，没电找物管或村委会，家人失联找物管或村委会等） 4 遇到困难时能结合实际情况到相关服务机构寻求帮助（例如：居委会、物业、干洗店、药店等），也可为他人做咨询与转介等
	3.4.3 参与社区活动	3.4.3.1 知道自己是社区中的一员，与社区人员友好相处 □□□□□□ 0 未达 1 分 1 能接受自己作为社区的一员参与相关的活动，不排斥社区人员的靠近等 2 能了解自己是社区中的一员，与几个熟悉的、重要的社区人员友好相处（例如：医护人员、超市收银员、门卫、邻居等） 3 能知道自己是社区中的一员，与社区人员友好相处 4 能熟悉社区人员并与其友好相处，互帮互助	3.4.3.1 尊重他人，懂得礼让 □□□□□□ 0 未达 1 分 1 能在陪同下，与他人和平共处，配合礼让行为，不攻击他人，不排斥 2 能在熟悉的环境中，有几种尊重他人、礼让他人的行为表现（例如：分享、尊重他人的选择、轮流等待等） 3 能尊重他人，懂得礼让 4 能积极尊重、礼让他人，并影响别人一起尊重、礼让他人	3.4.3.1 学习参与社区休闲活动 □□□□□□ 0 未达 1 分 1 能配合参与社区休闲活动，不排斥、不干扰 2 能学习参与几种社区休闲活动（例如：社区健身活动、棋牌活动、端午节包粽子、社区联欢会等） 3 能学习参与社区休闲活动 4 能积极参与社区休闲活动，并在部分活动中发挥重要作用（例如：教别人跳广场舞、提供休闲物资等）

续表

		低年段	中年段	高年段
3.4 社区生活	**3.4.3 参与社区**	3.4.3.2 愿意参加社区活动 ☐☐☐☐☐ 0 未达 1 分 1 能被动参与社区活动，不逃离、不排斥 2 愿意配合参加几种社区活动（例如：撕小广告、植树节种树、社区大扫除等） 3 愿意参加社区活动 4 能积极参加社区活动，主持或倡议大家参加社区活动	3.4.3.2 能与人分享 ☐☐☐☐☐ 0 未达 1 分 1 能配合与人分享的活动（例如：配合接受他人的分享，或配合把物品分享给他人），不排斥 2 能在熟悉的环境中有与人分享的行为表现（例如：分享食物、玩具等） 3 能适当地与人分享 4 能结合实际（例如：尊重他人喜好与需求），积极、主动地与人分享（例如：野炊时发现别人忘带食物，主动和别人分享自己的食物等）	3.4.3.2 帮助社区做力所能及的工作 ☐☐☐☐☐ 0 未达 1 分 1 能配合参与帮助社区的工作，不逃离、不排斥 2 能帮助社区做几项力所能及的简单工作（例如：扫巷道、捡垃圾、发传单、搬东西、给各家送端午节粽子等） 3 能帮助社区做力所能及的工作 4 能积极帮助社区做力所能及的工作，且能带动别人一起做
			3.4.3.3 愿意帮助有困难的人 ☐☐☐☐☐ 0 未达 1 分 1 能在陪同下愿意被动配合帮助别人的行为（例如：捡起地上的物品、把物品递给他人等），不排斥 2 能在熟悉的环境中，有几种愿意帮助有困难的人的行为表现（例如：给腿脚不便的人让座位、帮东西特别多的人拎东西等） 3 愿意帮助有困难的人 4 能及时发现他人的困难，并积极帮助有困难的人，不求回报	
	3.4.4 社区安全	3.4.4.1 了解社区环境中的安全隐患 ☐☐☐☐☐ 0 未达 1 分 1 能在陪同下，不靠近社区环境中的安全隐患 2 能了解社区环境中几个与自己有关的安全隐患（例如：排水井井盖缺失、水管漏水、电梯失灵、施工勿近、悬崖等） 3 能了解社区环境中的安全隐患 4 能知道社区环境中的各种安全隐患（例如：电线暴露、墙体倾斜等），并采取相应的措施或通知相关人员处理	3.4.4.1 认识社区中常见的安全标识 ☐☐☐☐☐ 0 未达 1 分 1 能在陪同下，在社区中安全行动，对安全标识不排斥、不破坏 2 能认识社区中几个与自己有关的常见的安全标识（例如：禁止游泳、有电危险、小心车辆等） 3 能认识社区中常见的安全标识 4 能熟悉社区中各种安全标识，并理解其意义，必要时自己会画安全标识提醒别人	3.4.4.1 了解意外伤害常识 ☐☐☐☐☐ 0 未达 1 分 1 能在意外伤害时配合照顾、治疗等 2 能了解与自己相关的、重要的意外伤害常识（例如：手烫伤后用冷水冲洗 5 分钟并告诉老师等） 3 能了解意外伤害常识 4 能熟悉并结合实际情况，灵活运用意外伤害常识（例如：手严重烫伤后用冷水冲洗 5 分钟后无明显效果应立即就医等）

		低年段	中年段	高年段
3.4 社区生活	3.4.4 社区安全	3.4.4.2 不伤害他人 □□□□□□ 0 未达 1 分 1 能在陪同下，与人共处时不伤害他人；或者有情绪性行为时，通过他人提醒或制止，情绪容易安抚，不伤害他人 2 能在熟悉的环境中与熟悉的人和平共处，不伤害他人；或者有情绪性行为时，有不伤害他人的发泄方式 3 能不伤害他人 4 能在各种情况下不伤害他人，并能克制自己，调节情绪	3.4.4.2 了解交通安全常识，遵守交通规则 □□□□□□ 0 未达 1 分 1 能在陪同下配合遵守交通安全规则，不排斥 2 能了解简单的安全常识，遵守几种与自己相关的、必要的交通规则（例如：过马路走斑马线，红灯停、绿灯行，走路靠右行等） 3 能了解交通安全常识，遵守交通规则 4 能熟悉交通安全常识，遵守交通规则，并带动别人一起遵守	3.4.4.2 掌握一些自护自救的方法和技能 □□□□□□ 0 未达 1 分 1 能接受、配合他人救护的方法和技能，无影响救助的过激行为 2 能掌握几个自护自救的简单方法和技能（例如：失火时应使用湿毛巾捂住口鼻弯腰离开，生病时找人表达等） 3 能掌握一些自护自救的方法和技能 4 能熟练掌握并结合实际情况运用各种自护自救的方法和技能
		3.4.4.3 遇到危险物、危险环境的时候能躲避 □□□□□□ 0 未达 1 分 1 能在陪同下，不靠近危险物、危险环境 2 能在遇到与自己相关的几种危险物、危险环境时知道躲避（例如：躲避水、火，电；躲避悬崖；躲避动物；躲避深水池等） 3 能在遇到危险物、危险环境时躲避 4 能在遇到危险物、危险环境时采取相应的对策	3.4.4.3 知道与陌生人交往时的安全常识 □□□□□□ 0 未达 1 分 1 能在陪同下，与陌生人共处时配合安全要求（例如：不吃陌生人的食物、不拿陌生人的东西等） 2 能知道并表现出几种与陌生人交往时的安全行为（例如：保持距离不靠近；不跟陌生人走；不随便吃陌生人给的食物） 3 能知道与陌生人交往时的安全常识 4 能熟悉与陌生人交往时的安全常识，并结合实际情况运用	3.4.4.3 增强网络自我保护意识 □□□□□□ 0 未达 1 分 1 能在他人保护网络安全的情况下，使用或体验网络、计算机的功能 2 能有简单的网络自我保护意识（例如：只浏览指定的安全网络，不点击网络广告，不随意点击下载，不向陌生人转钱；不告诉陌生人自己的家庭住址、银行卡密码等） 3 能增强网络自我保护意识 4 能具备网络自我保护能力并为他人提供建议
			3.4.4.4 了解网络交往安全常识 □□□□□□ 0 未达 1 分 1 能在他人保护网络安全的情况下，使用网络、计算机 2 能了解简单的网络交往安全常识（例如：不能单独约见网友；不能告诉网友自己的具体位置等） 3 能了解网络交往安全常识 4 能熟悉网络交往安全常识，在实际生活中运用得当，并能劝诫他人	

续表

		低年段	中年段	高年段
3.5 国家与世界	3.5.1 国家与民族	3.5.1.1 知道自己是中国人，知道我国的国名与首都 ☐☐☐☐☐ 0 未达 1 分 1 能配合了解自己是中国人、认识国名和首都的活动（例如：指出、仿说，拿出介绍资料等），不排斥 2 能选择判断回应自己是中国人、我国的国名与首都（例如：别人说自己是中国人时能知晓自己是中国人等） 3 能知道自己是中国人，知道我国的国名与首都（例如：填写信息写国籍一栏时知道自己是中国人，应写"中国"等） 4 能知道什么样的人是中国人，知道国名与首都的含义	3.5.1.1 了解一些家乡的发展情况 ☐☐☐☐☐ 0 未达 1 分 1 能配合适应家乡环境发展变化给自己生活带来的改变，不破坏、不排斥（例如：原来的路线改变，原来的游乐器材消失，增加了进小区打卡的设施等） 2 能了解与自己相关的、家乡的发展情况（例如：新建了学校、增添了健身器材等） 3 能了解一些家乡的发展情况 4 能了解家乡的发展更具体的、更细致的来龙去脉等，并能向别人简单介绍	3.5.1.1 知道社会主义制度是中华人民共和国的根本制度、中国共产党领导是中国特色社会主义最本质的特征，知道国家主要领导人 ☐☐☐☐☐ 0 未达 1 分 1 能配合参与了解社会主义制度是中华人民共和国的根本制度、中国共产党领导是中国特色社会主义最本质的特征及国家主要领导人的认知活动（例如：指出、仿说、拿出介绍资料等），不排斥 2 能以简单回应方式，了解社会主义制度是中华人民共和国的根本制度、中国共产党领导是中国特色社会主义最本质的特征，了解特定几个国家主要领导人（例如：国家主席、副主席等） 3 能知道社会主义制度是中华人民共和国的根本制度、中国共产党领导是中国特色社会主义最本质的特征，知道国家主要领导人 4 能知道社会主义制度是中华人民共和国的根本制度、中国共产党领导是中国特色社会主义最本质的特征的含义，且知道国家主要领导人的职务等

		低年段	中年段	高年段
3.5 国家与世界	3.5.1 国家与民族	3.5.1.2 认识并尊敬国旗，为自己是中国人感到自豪 ☐☐☐☐☐☐ 0 未达 1 分 1 能接受、配合爱国系列活动的简单要求（例如：原地站好、举一下手等），不逃离、不排斥 2 能表现几种爱国系列活动的行为（例如：注视国旗、唱国歌、遵守升旗仪式的礼仪规范，为自己是中国人感到自豪） 3 能认识并尊敬国旗，学唱国歌，遵守升旗仪式的礼仪规范，为自己是中国人感到自豪 4 能知道爱国的内涵，主动参与爱国系列活动，将爱国行为落实到生活中的方方面面（例如：尊敬国旗、能唱国歌、遵守升旗仪式的礼仪规范，为自己是中国人感到骄傲和自豪）	3.5.1.2 了解一些英雄模范人物、优秀共产党员等（含女英雄、残疾人、先进人物）的事迹，并向他们学习 ☐☐☐☐☐☐ 0 未达 1 分 1 能接受、配合对一些英雄模范人物、优秀共产党员等的事迹的宣传活动的行为要求（例如：静坐等待、配合模仿英雄模范做的行为等），不排斥 2 能了解几个与自己相关的、影响自己行为改变的英雄模范人物、优秀共产党员等(例如：女英雄、残疾人、先进人物）事迹，并有向他们学习的意识（例如：爱清洁、有礼貌、分享、吃苦耐劳、孝顺等） 3 能了解一些英雄模范人物、优秀共产党员等（例如：女英雄、残疾人、先进人物）的事迹，并向他们学习 4 能熟悉英雄模范人物、优秀共产党员等（例如：女英雄、残疾人、先进人物）的事迹，激励自己并带动别人向他们学习	3.5.1.2 了解一些民族的传统风尚、节日习俗、传统礼仪，尊重不同民族的习惯 ☐☐☐☐☐☐ 0 未达 1 分 1 能配合参与了解一些民族的传统风尚、节日习俗、传统礼仪的活动，配合表现适当的行为，不排斥 2 能了解几种与自己相关的民族的传统风尚、节日习俗、传统礼仪，尊重不同民族的习惯（例如：春节、端午节、清明节、傣族泼水节等） 3 能了解一些民族的传统风尚、节日习俗、传统礼仪，尊重不同民族的习惯 4 能熟悉不同民族的传统风尚、节日习俗、传统礼仪，在实际生活中做到尊重不同民族的习惯
		3.5.1.3 知道自己的家乡和生活区域 ☐☐☐☐☐☐ 0 未达 1 分 1 能适应自己的家乡和生活区域，配合日常活动，不逃离、不排斥 2 能认识自己家乡的重要特色、生活区域（例如：认识自己家乡的特产、景观等） 3 能知道自己的家乡和生活区域 4 能知道自己的家乡和生活区域更多的、系统的功能及特点，并能向别人推荐，或解决日常生活中的问题	3.5.1.3 知道我国由 56 个民族组成，知道自己及与自己相关人员的民族 ☐☐☐☐☐☐ 0 未达 1 分 1 能配合了解自己的民族或其他民族认识活动的要求（例如：配合指出、仿说、拿出介绍资料；或配合装扮等），不排斥 2 能了解我国由 56 个民族组成，知道自己的民族 3 能知道我国由 56 个民族组成，知道自己及与自己相关人员的民族 4 能知道我国 56 个民族的名称及相应的民族特点	3.5.1.3 学习利用书报、电视、网络等媒体获取时事信息 ☐☐☐☐☐☐ 0 未达 1 分 1 能配合参与学习利用书报、电视、网络等媒体获取时事信息活动的简单要求(例如：指出、拿出、看、仿说等)，不排斥 2 能利用至少一种媒体方式获取时事信息（例如：书报、电视、网络等） 3 能学习利用书报、电视、网络等媒体获取时事信息 4 能运用各种媒体多方位地获取时事信息（例如：书报、电视、网络等）

续表

		低年段	中年段	高年段
3.5 国家与世界	3.5.2 地理与历史		3.5.2.1 初步认识区域地图和中国地图 ☐☐☐☐☐☐ 0 未达 1 分 1 能配合了解认识区域地图和中国地图的活动要求（例如：指出、拿出、看、仿说等），不排斥 2 能初步认识与自己相关的区域地图和中国地图（例如：自己所处地区的地图、自己所处地区在中国地图上的位置等） 3 能初步认识区域地图和中国地图 4 能熟悉区域地图和中国地图	3.5.2.1 知道我国的领土、领海和领空，维护国家主权、统一和领土完整 ☐☐☐☐☐☐ 0 未达 1 分 1 能配合参与认识我国的领土、领海和领空，维护国家主权、统一和领土完整活动的简单要求（例如：指出、拿出、看、仿说等），不排斥 2 能知道我国重要的领土、领海和领空（例如：自己所处的省份、首都等），了解维护国家主权、统一和领土完整是包括港澳同胞和台湾同胞在内的全中国人民的共同义务 3 能知道我国的领土、领海和领空，维护国家主权、统一和领土完整 4 能熟悉我国的领土、领海和领空，并与他人讲解交流
			3.5.2.2 知道自己生活区域的省市、地区名称和位置 ☐☐☐☐☐☐ 0 未达 1 分 1 能配合了解自己生活区域的省市、地区名称和位置活动的简单要求（例如：指出、拿出、看、仿说等），不排斥 2 能知道自己生活区域的省市、地区的几个重要名称和位置 3 能知道自己生活区域的省市、地区名称和位置 4 能熟悉自己生活区域的省市、地区名称和位置，并能向别人介绍	3.5.2.2 初步了解自己生活区域及祖国的一些地理、气候特征和物产资源 ☐☐☐☐☐☐ 0 未达 1 分 1 能配合参与了解自己生活区域及祖国的一些地理、气候特征和物产资源活动的简单要求（例如：指出、拿出、看、仿说等），不排斥 2 能初步了解自己生活区域及祖国的几个地理、气候特征和物产资源（例如：生活在平原、空气干燥、盛产苹果等） 3 能初步了解自己生活区域及祖国的一些地理、气候特征和物产资源 4 能熟悉自己生活区域及祖国的地理、气候特征和物产资源

		低年段	中年段	高年段
3.5 国家与世界	3.5.2 地理与历史		3.5.2.3 参与观光游览活动，了解一些风景名胜和文物古迹 □ □ □ □ □ □ 0 未达 1 分 1 能配合参与观光游览活动的简单要求（例如：跟随、休息、安静、玩耍等），不排斥、不破坏 2 能配合参与观光游览活动的要求，了解几处风景名胜和文物古迹（例如：省内景区、有关大熊猫的风景区等） 3 能参与观光游览活动，了解一些风景名胜和文物古迹 4 能积极参加观光游览活动，熟悉风景名胜和文物古迹，必要时能为熟人导览	3.5.2.3 初步了解四大发明等我国重要的文化遗产 □ □ □ □ □ □ 0 未达 1 分 1 能配合参与了解四大发明等我国重要的文化遗产活动的简单要求（例如：指出、拿出、看、仿说等），不排斥 2 能了解几种我国重要的文化遗产的简单信息（例如：四大发明的名称、四大名著的名称等） 3 能初步了解四大发明等我国重要的文化遗产 4 能熟悉我国重要的文化遗产（例如：知道发明朝代、发明人、作用、在生活中的运用情况等）
			3.5.2.4 初步了解中华民族传统美德故事，激发民族自豪感 □ □ □ □ □ □ 0 未达 1 分 1 能配合参与中华民族传统美德故事活动的简单要求（例如：指出、拿出、看、仿说、模仿行为等），不排斥、不破坏 2 能了解几个与自己相关的、影响自己行为改变的中华民族传统美德故事（例如：孔融让梨、司马光砸缸、卧冰求鲤等），有民族自豪感 3 能初步了解中华民族传统美德故事，激发民族自豪感 4 能熟悉中华民族传统美德故事，且富有民族自豪感	3.5.2.4 初步了解一些我国近现代史上发生的重大历史事件 □ □ □ □ □ □ 0 未达 1 分 1 能配合参与了解一些我国近现代史上发生的重大历史事件活动的简单要求（例如：指出、拿出、看、仿说等），不排斥 2 能初步了解我国近现代史上发生的几个重大历史事件的简单信息（例如：抗日战争、新中国成立等） 3 能初步了解一些我国近现代史上发生的重大历史事件 4 能熟悉我国近现代史上发生的重大历史事件（例如：抗日战争起因、解放战争、红军长征等）

续表

		低年段	中年段	高年段
3.5 国家与世界	3.5.3 节日与文化	3.5.3.1 了解我国传统节日、民间活动与习俗 ☐☐☐☐☐☐ 0 未达 1 分 1 能接受并配合传统节日、民间活动与习俗的活动要求，不排斥 2 能了解我国传统节日、民间活动与习俗的简单内容（例如：春节要守岁、吃饺子、拜年） 3 能了解我国传统节日、民间活动与习俗 4 能较系统地了解我国传统节日、民间活动、习俗及其意义	3.5.3.1 初步了解一些我国的传统民间艺术 ☐☐☐☐☐☐ 0 未达 1 分 1 能配合参与了解一些我国的传统民间艺术活动的简单要求（例如：指出、拿出、看、仿说、模仿行为等），不排斥、不破坏 2 能初步了解几种我国的传统民间艺术的简单内容（例如：窗花、糖人、泥塑等） 3 能初步了解一些我国的传统民间艺术 4 能较系统地了解我国的某些传统民间艺术	3.5.3.1 初步了解一些我国著名的文艺作品 ☐☐☐☐☐☐ 0 未达 1 分 1 能配合参与了解一些我国著名的文艺作品活动的简单要求（例如：指出、拿出、看、仿说、模仿行为等），不排斥、不破坏 2 能初步了解几种我国著名的文艺作品的简单内容（例如：《论语》《三字经》《西游记》等文学作品；音乐、戏剧作品） 3 能初步了解一些我国著名的文艺作品 4 能较系统地了解我国著名的文艺作品，明白其表达的意义等
		3.5.3.2 知道建党日、建军节和国庆节等纪念日 ☐☐☐☐☐☐ 0 未达 1 分 1 能接受并配合建党日、建军节和国庆节等纪念日活动的简单要求，不排斥 2 能知道建党日、建军节和国庆节等纪念日的简单内容（例如：成立日期、名称，纪念周年等） 3 能知道建党日、建军节和国庆节等纪念日 4 能较系统地知道我国的一般纪念日与特殊纪念日（例如：知道来历、相关人员、地点、意义等）	3.5.3.2 喜欢参与文化生活，体验风土人情 ☐☐☐☐☐☐ 0 未达 1 分 1 能配合参与文化生活，体验风土人情活动的简单要求（例如：指出、拿出、看、仿说、模仿行为等），不排斥、不破坏 2 能喜欢参与至少一种文化生活，愿意体验风土人情（例如：春节写春联；正月十五猜灯谜等） 3 能喜欢参与文化生活，体验风土人情 4 能积极参与文化生活，到不同的地方能主动适应不同的风土人情	3.5.3.2 了解一些重大庆典活动的内容和程序，在成人指导下完成活动任务 ☐☐☐☐☐☐ 0 未达 1 分 1 能配合参与一些重大庆典活动，不排斥 2 能了解一些重大庆典活动的简单内容和程序（例如：致辞后就要正式开始了；宣布结束后才能离席），在成人指导下完成特定的活动任务，不排斥（例如：递送物品、上台给指定人献花等） 3 能了解一些重大庆典活动的内容和程序，在成人指导下完成活动任务 4 能熟悉一些重大庆典活动的内容和程序，主动完成活动任务

续表

		低年段	中年段	高年段
3.5 国家与世界	3.5.3 节日与文化	3.5.3.3 知道妇女节、劳动节、儿童节和教师节等节日 □□□□□□ 0 未达 1 分 1 能配合妇女节、劳动节、儿童节和教师节等节日活动的简单要求，不排斥 2 能知道几个节日（例如：元旦节、儿童节、教师节等）的简单内容（例如：成立日期、名称、谁的节日等） 3 能知道妇女节、劳动节、儿童节和教师节等节日 4 能较系统地知道一般节日与特殊节日并知道其含义（例如：儿妇女节、劳动节、儿童节和教师节等）		
	3.5.4 法律与维权		3.5.4.1 不做违反法纪的事情，知道违反法纪的后果 □□□□□□ 0 未达 1 分 1 能在陪同下，不做违反法纪的事情，即使有情绪性行为，也比较容易安抚，达不到违反法纪的程度 2 能听从指令要求，不做违反法纪的事情 3 能不做违反法纪的事情，知道一般违反法纪的后果 4 能主动遵纪守法，不做违反法纪的事情，知道一般违反法纪的后果，能学习查找法纪知识	3.5.4.1 初步了解一些契约和法律的基本知识 □□□□□□ 0 未达 1 分 1 能配合遵守自己选择的、与自己行为和结果有关的简单约定（例如：做完 ×× 后吃饭等），不排斥 2 能初步了解几个与自己相关的契约和法律的基本知识（例如：工作任务契约、行为契约、买卖交换契约；违约的后果等） 3 能初步了解一些契约和法律的基本知识 4 能熟悉契约和法律的基本知识，并在生活中适当运用（例如：不随便签字、按手印；签字、按手印则代表本人同意；双方签字、按手印则代表双方同意等）

续表

			低年段	中年段	高年段
3.5 国家与世界	3.5.4 法律与维权			3.5.4.2 初步了解公民的基本权利与义务 ☐☐☐☐☐☐ 0 未达 1 分 1 能有公民的基本权利与义务的保障，或在陪同下行使力所能及的公民的基本权利并履行相应的义务 2 能初步了解与自己相关的公民基本权利与义务的简单内容（例如：自由权；经济权；受教育权；妇女、老人、儿童的权益；遵守宪法和法律的义务；爱护公共财产的义务；遵守劳动纪律的义务；遵守公共秩序的义务；尊重社会公德的义务等） 3 能初步了解公民的基本权利与义务 4 能掌握公民的基本权利与义务，并有积极成为好公民的期望和努力	3.5.4.2 在成人帮助和指导下，运用法律维护自身合法权益 ☐☐☐☐☐☐ 0 未达 1 分 1 能有成人或单位机构关注、保障、维护合法权益不受侵犯 2 能接受、配合在成人帮助和指导下，运用法律维护自身合法权益 3 能在成人帮助和指导下，运用法律维护自身合法权益 4 能结合实际情况，运用专业的法律知识维护自身合法权益
				3.5.4.3 初步了解一些保护残疾人权益的法律法规 ☐☐☐☐☐☐ 0 未达 1 分 1 能有成人或单位机构依残疾人权益的法律法规，随时关注、保障、维护残疾人的权益 2 能初步了解几个与自己相关的保护残疾人权益的法律法规（例如：国家能帮助有残疾的公民劳动、生活和教育） 3 能初步了解一些保护残疾人权益的法律法规 4 能熟悉一般的保护残疾人权益的法律法规，并能持续关注相关新信息	

续表

		低年段	中年段	高年段
3.5 国家与世界	3.5.5 环境与保护	3.5.5.1 认识大自然，知道爱护环境 ☐☐☐☐☐☐ 0 未达 1 分 1 能接受、配合认识大自然和周边环境的简单活动，不排斥 2 能了解大自然，知道并表现出几种爱护环境的行为（例如：不随地扔垃圾、校园有垃圾能捡起来扔到垃圾桶等） 3 能认识大自然，知道爱护环境 4 能较系统了解大自然、爱护环境的知识与技能，倡导、传播爱护环境等	3.5.5.1 学习垃圾分类的方法 ☐☐☐☐☐☐ 0 未达 1 分 1 能接受、配合垃圾分类的简单行为要求（例如：垃圾放入垃圾桶） 2 能配合简单的垃圾分类方法进行分类（例如：在提示下，把纸板、塑料瓶、生活用纸、玻璃等分类放置） 3 能进行垃圾分类 4 能推广各种垃圾分类的方法，主动在不同生活情境中进垃圾分类（例如：果皮放一起、生活用纸放一起、可降解垃圾放一起、不可降解垃圾放一起）	3.5.5.1 了解保护生态环境的基本知识和方法 ☐☐☐☐☐☐ 0 未达 1 分 1 能配合参与了解保护生态环境的基本知识和方法活动的简单要求（例如：指出、拿出、看、仿说、模仿行为等），不排斥、不破坏 2 能了解几种简单的保护生态环境的基本知识和方法（例如：不乱丢电池，应放到指定位置回收处理等） 3 能了解保护生态环境的基本知识和方法 4 能较系统地了解保护生态环境的基本知识和方法，宣传倡导如何运用，解决生活中的问题
			3.5.5.2 知道资源的有限性，了解环境保护的重要性，具有初步的环保意识 ☐☐☐☐☐☐ 0 未达 1 分 1 能接受、配合节约资源、保护环境的行为要求（例如：配合关水指令、配合种树等），不排斥 2 能有几种节约资源、保护环境的行为表现（例如：节约用水、电，不浪费食物等） 3 能知道资源的有限性，了解环境保护的重要性，具有初步的环保意识 4 能意识到资源的有限性、环境保护的重要性，具有强烈的环保意识，并在生活中努力实践与推广节约资源、保护环境等	3.5.5.2 了解资源减少、环境恶化的不良影响 ☐☐☐☐☐☐ 0 未达 1 分 1 能接受配合参与了解资源减少、环境恶化的不良影响活动的简单要求（例如：指出、拿出、看、仿说、模仿行为等），不排斥 2 能了解几种资源减少、环境恶化的不良影响（例如：淡水资源减少，未来饮水用水困难；山体滑坡，人们生命受到威胁） 3 能了解资源减少、环境恶化的不良影响 4 能熟悉资源减少、环境恶化的不良影响并知道个人应如何预防

续表

		低年段	中年段	高年段
3.5 国家与世界	3.5.6 共同的世界			3.5.6.1 初步了解世界上大洲和大洋的名称与分布 □ □ □ □ □ □ 0 未达 1 分 1 能接受配合参与了解世界上大洲和大洋的名称与分布活动的简单要求（例如：指出、拿出、看、仿说、模仿行为等），不排斥 2 能初步了解世界上的几个大洲和大洋的名称与大致分布位置（例如：亚洲、南美洲；太平洋、北冰洋等） 3 能初步了解世界上大洲和大洋的名称与分布 4 能较系统地了解世界上大洲和大洋的名称与分布，能和他人交流
				3.5.6.2 认识一些国家和民族，了解其生活习俗、传统节日 □ □ □ □ □ □ 0 未达 1 分 1 能接受配合参与认识一些国家和民族，了解其生活习俗、传统节日活动的简单要求（例如：指出、拿出、看、仿说、模仿行为等），不排斥 2 能认识几个国家和民族，初步了解其生活习俗、传统节日（例如：日本、韩国、俄罗斯、美国等） 3 能认识一些国家和民族，了解其生活习俗、传统节日 4 能较系统地认识世界上的国家和民族，知道其生活习俗、传统节日，能和他人交流

四、劳动技能　四好评量表

梁英　殷春容　周文博

学生姓名：_____　性别：_____

出生日期：_____年____月____日

1 分　　好照顾：在动作操作阶段（感觉动作期），设想其能对感觉有区辨与表示选择的能力，以应付生存上的相关需求。在大人劳动时，他可以自己玩一会儿喜好之物，不干扰大人，大人为他劳动时，能配合一下。

2 分　　好家人：在具体操作阶段（前运思期）（学前成就），设想在大人没空时，他可以自己劳动一会儿，不会有危险，可以在大人带领下参与劳动（为了不脏乱，可选择少数劳动项目）。

3 分　　好帮手：在平面操作进入符号操作阶段（具体运思期前或后段）（学龄一二段），可以在家人委托下独自完成室内家务劳动及几项户外劳动，不会有危险（为了家中整洁，能自己安排常见的家务劳动）。

4 分　　好公民：在符号操作阶段（具体运思期后段或符号运思期前段）（学龄三段），可自己安排生活中必需的劳动，以及自己可以判断根据需要来做，活动范围与种类接近一般人（为了提高生活品位，能自己辛勤劳动），也可能因掌握足够的劳动技能而有质量地就业。

低年段（1—3 年级）	中年段（4—6 年级）	高年段（7—9 年级）
第一次评量	第一次评量	第一次评量
日期：_____总分：□	日期：_____总分：□	日期：_____总分：□
第二次评量	第二次评量	第二次评量
日期：_____总分：□	日期：_____总分：□	日期：_____总分：□
第三次评量	第三次评量	第三次评量
日期：_____总分：□	日期：_____总分：□	日期：_____总分：□
第四次评量	第四次评量	第四次评量
日期：_____总分：□	日期：_____总分：□	日期：_____总分：□
第五次评量	第五次评量	第五次评量
日期：_____总分：□	日期：_____总分：□	日期：_____总分：□
第六次评量	第六次评量	第六次评量
日期：_____总分：□	日期：_____总分：□	日期：_____总分：□

		低年段	中年段	高年段
4.1 自我服务	**4.1.1 使用物品**	4.1.1.1 使用学习用品 ☐☐☐☐☐☐ 0 未达 1 分 1 能不排斥、不乱扔、不破坏学习用品 2 凡符合下列之一者达 2 分 （1）能知道学习用品的功能，大致使用学习用品 （2）能依功能使用一两种学习用品（例如：笔、文具盒等学具） 3 能够合适地使用常用的学习用品 4 能根据学习需要选择、使用与保管学习用品	4.1.1.1 使用并清理雨具 ☐☐☐☐☐☐ 0 未达 1 分 1 能配合使用雨具，不排斥、不破坏 2 能以简便方法清理一两种雨具（例如：用卫生纸或抹布擦污垢） 3 能使用并清理常用的雨具 4 能根据情境需要，正确而有效率地使用并清理雨具	
		4.1.1.2 使用家具、床上用品等房间中的物品 ☐☐☐☐☐☐ 0 未达 1 分 1 能不排斥、不破坏家具和床上用品等房间中的物品 2 能够使用几样房间中的物品，以做到亟须的自我照顾（例如：自己盖被子、使用衣架等） 3 能够使用常见的家具、床上用品等房间中的物品 4 能根据需要使用家具、床上用品等房间中的物品		
	4.1.2 整理物品	4.1.2.1 整理小件衣物 ☐☐☐☐☐☐ 0 未达 1 分 1 能不破坏，并在他人整理小件衣物时不干扰 2 能整理两三种小件衣物，以做到亟须的自我照顾（例如：将自己内衣裤放入抽屉、认出自己内衣裤） 3 能整理常见的小件衣物 4 能根据需要，用多种方式整理小件衣物	4.1.2.1 整理较大件衣物 ☐☐☐☐☐☐ 0 未达 1 分 1 能配合整理较大件衣物，不排斥 2 凡符合下列之一者达 2 分 （1）能整理特定的两三种较大件衣物（例如：自己的外套） （2）能用两三种简单方式整理较大件衣物（例如：挂、卷等） 3 能整理常见的较大件衣物 4 能根据需要，用各种方式正确而有效率地整理较大件的衣物	

		低年段	中年段	高年段
4.1 自我服务	4.1.2 整理物品	4.1.2.2 整理学习用品 ☐☐☐☐☐☐ 0 未达 1 分 1 能不破坏，并在他人整理学习用品时不干扰 2 能整理两三种学习用品，以表现基本的学习意识（例如：将自己的用品装入自己书包，将某相同的用品放入同一个容器，将掉地上的用品捡到桌上等） 3 能整理常见的学习用品 4 能根据需要或有创意地整理学习用品（例如：自己买精美的笔袋装笔，在书包上放小挂饰等）		
	4.1.3 洗涤物品	4.1.3.1 清洗、晾晒小件衣物 ☐☐☐☐☐☐ 0 未达 1 分 1 能在他人清洗、晾晒小件衣物时不干扰、不排斥、不破坏 2 凡符合下列之一者达 2 分 （1）能清洗、晾晒少数几种小件衣物（例如：小方巾、袜子等） （2）能用一两种简单方式清洗、晾晒小件衣物（例如：冲洗、挂杆上等） 3 能清洗、晾晒大多数的小件衣物 4 能够依需要，用多种方式清洗、晾晒小件衣物	4.1.3.1 刷洗鞋、书包等物品 ☐☐☐☐☐☐ 0 未达 1 分 1 能配合刷洗鞋、书包等物品，不排斥、不乱扔 2 凡符合下列之一者达 2 分 （1）能刷洗两三种简便型鞋、书包等物品（例如：塑料凉鞋、凉拖鞋、书包） （2）能用两三种简单方式清洁鞋、书包等物品（例如：湿纸巾、毛巾、旧报纸等） 3 能刷洗大多数鞋、书包等物品 4 能根据需要，用多种方式正确而有效率地刷洗鞋、书包等物品	

续表

		低年段	中年段	高年段
4.1 自我服务	**4.1.3 洗涤物品**		4.1.3.2 清洗、晾晒、折叠厚薄适中的衣物 ☐ ☐ ☐ ☐ ☐ ☐ 0 未达 1 分 1 能配合清洗、晾晒、折叠厚薄适中的衣物，不排斥、不乱扔 2 能用特定的一两种简单方式清洗、晾晒、折叠厚薄适中的衣物 3 能清洗、晾晒、折叠大多数厚薄适中的衣物 4 能根据需要，用多种方式正确而有效率地洗涤、晾晒、折叠衣物	
	4.1.4 移动物品	4.1.4.1 移动小件物品 ☐ ☐ ☐ ☐ ☐ ☐ 0 未达 1 分 1 能在他人移动小件物品时不干扰、会关注 2 凡符合下列之一者达 2 分 （1）能适当平移小件物品（例如：挪动桌面的盘菜或碗、手机等） （2）能拿起少数几种小件物品放到固定位置 3 能正确移动各种小件物品 4 能根据需要，用各种方法正确而有效率地移动小件物品（例如：用工具或避过障碍）	4.1.4.1 移动大件物品 ☐ ☐ ☐ ☐ ☐ ☐ 0 未达 1 分 1 能配合移动大件物品，不排斥，没有危险举动（例如：身体动作、物品本身） 2 凡符合下列之一者达 2 分 （1）能移动少数几种大件物品至固定位置 （2）能把大件物品原地抬高又放下 （3）能和另一人合作移动大件物品至固定位置 3 能用一般方法把大件物品移动到适当的位置（例如：抱、推、拉、叠、抬需要双手并用的大件物品等） 4 能根据需要，用各种方式正确而有效率地移动大件物品（例如：利用工具、选好物品再抬、事先清出路线、事后还原等）	4.1.4.1 搬运重物 ☐ ☐ ☐ ☐ ☐ ☐ 0 未达 1 分 1 能配合他人搬运重物，避免危险，不排斥 2 凡符合下列之一者达 2 分 （1）能搬运少数几种重物至固定位置（例如：书、沙袋等） （2）能搬运重物至 2 米以内的位置（例如：推沙发） （3）能和另一人合作移动重物至固定位置 （4）能把重物原地抬高又放下 3 能搬运重物（需双手用力的重物）至适当的位置 4 能根据需要，用各种方式安全而有效率地移动重物（例如：先清出配件、利用工具、事先清出路线、事后还原等）

续表

			低年段	中年段	高年段
4.2 家务劳动技能	4.2.1 使用物品			4.2.1.1 使用电视、热水器等常见的家用电器 ☐☐☐☐☐☐ 0 未达 1 分 1 能配合使用电视、热水器等常见的家用电器，不乱碰 2 能使用单一操作的电视、热水器等常见的家用电器（例如：按开关） 3 能使用一般操作的电视、热水器等常见的家用电器（例如：调节音量、水温、风扇的风速等） 4 能安全地使用复杂操作的不同形式的电视、热水器等家用电器（例如：换电池、连接相关设备、使用旅馆的电视和空调等）	4.2.1.1 使用电暖器等家用电器 ☐☐☐☐☐☐ 0 未达 1 分 1 能配合使用电暖器等家用电器，不破坏 2 能使用电暖器等家用电器的单一操作 3 能使用电暖器等家用电器 4 能根据需要，使用不同的电暖器等家用电器的不同功能
				4.2.1.2 使用常见锁具 ☐☐☐☐☐☐ 0 未达 1 分 1 能不乱用锁具 2 能使用 1～2 种锁具 3 能使用常见锁具（例如：磁卡锁、密码锁等） 4 能有变通地使用不同的锁具	
				4.2.1.3 使用餐具、茶具 ☐☐☐☐☐☐ 0 未达 1 分 1 能不乱用餐具、茶具，不破坏 2 能使用少数餐具、茶具，并爱护和确保完整 3 能适当地使用大多数餐具、茶具，并爱护和确保完整 4 能根据需要，有创意地使用各种餐具、茶具并摆设美观	

续表

		低年段	中年段	高年段
4.2 家务劳动技能	**4.2.1 使用物品**		4.2.1.4 使用常用生活器具 □□□□□□ 0 未达 1 分 1 能配合使用常用生活器具，不破坏 2 能使用少数简单操作的常用生活器具（例如：碗篮、菜篮、洗衣篮、垃圾桶等容器，衣帽架、镜子等器具） 3 能适当地使用大多数常用生活器具（例如：清洁用具、收纳用具、盥洗用具、摆设品等） 4 能有变通地使用各种生活器具，或能根据需要，用多种方式正确而有效率地使用各种生活器具	
	4.2.2 清洁整理	4.2.2.1 餐前准备和餐后收拾 □□□□□□ 0 未达 1 分 1 不干扰他人做餐前准备和餐后收拾或能配合 2 凡符合下列之一者达 2 分 （1）能做自己的餐前准备和餐后收拾（例如：拿自己的碗筷、洗自己的碗筷等） （2）能做几种简单的餐前准备和餐后收拾（例如：摆碗筷、收碗） （3）能用简单的方式做餐前准备和餐后收拾（例如：冲洗几下、简单擦拭几下等） 3 能做日常的餐前准备和餐后收拾工作 4 能够有品质、有变通地做餐前准备和餐后收拾工作	4.2.2.1 更换、整理卧具 □□□□□□ 0 未达 1 分 1 能不干扰他人，能配合更换、整理卧具，不破坏、不排斥 2 凡符合下列之一者达 2 分 （1）能以简易方式更换、整理自己的卧具 （2）能更换、整理一两样卧具（例如：更换枕套或床单） 3 能更换、整理卧具 4 能根据需要，熟练地更换、整理卧具	4.2.2.1 按季节保养和存放衣服、鞋、被褥等物品 □□□□□□ 0 未达 1 分 1 能配合按季节保养和存放衣服、鞋、被褥等物品，不破坏、不干扰 2 凡符合下列之一者达 2 分 （1）能按季节保养和存放衣服、鞋、被褥等物品中的一种（例如：存放衣服） （2）能按季节将衣服、鞋、被褥等物品进行简易的保养和存放（例如：不同衣柜放不同季节的衣物、暂时不需要的另放高处） 3 能按季节保养和存放一般的衣服、鞋、被褥等物品 4 能有品质地按季节保养和存放各种衣服、鞋、被褥等物品

		低年段	中年段	高年段
4.2 家务劳动技能	4.2.2 清洁整理	4.2.2.2 整理床上用品 ☐☐☐☐☐☐ 0 未达 1 分 1 能在他人整理床上用品时不排斥，有关注 2 凡符合下列之一者达 2 分 （1）能在固定时间用固定方式整理床上用品 （2）能用简单的方式整理自己的床上用品（例如：被子铺平） （3）能整理一两样床上用品（例如：摆枕头、拉平床单等） 3 能整理常用的床上用品 4 能高效美观地整理床上用品	4.2.2.2 刷洗餐具、茶具、炊具 ☐☐☐☐☐☐ 0 未达 1 分 1 能配合刷洗餐具、茶具、炊具，不破坏、不排斥 2 凡符合下列之一者达 2 分 （1）能刷洗少数几种餐具、茶具、炊具 （2）能用清水刷洗餐具、茶具、炊具 3 能刷洗大多数餐具、茶具、炊具或能洗干净餐具、茶具、炊具 4 能用多种方式有品质地刷洗餐具、茶具、炊具	4.2.2.2 使用吸尘器等清洁电器 ☐☐☐☐☐☐ 0 未达 1 分 1 能配合使用吸尘器等清洁电器，避免危险，不干扰 2 能使用吸尘器大致清洁地板 3 能使用吸尘器等清洁电器清洁整个地板或地毯等 4 能安全地使用各种清洁电器清洁地板与家具
		4.2.2.3 整理、打扫房间 ☐☐☐☐☐☐ 0 未达 1 分 1 不弄乱，并能在他人整理、打扫房间时不排斥，不干扰 2 凡符合下列之一者达 2 分 （1）能以简易的固定方式整理、打扫房间 （2）能整理、打扫房间里特定的一两处，使其不脏乱（例如：物品摆整齐） （3）能整理、打扫简单的房间（例如：面积小、物品少） 3 能完成整理、打扫房间的任务 4 能根据需要，运用多种方式有品质地整理、打扫房间，使房间卫生美观	4.2.2.3 打扫卫生间 ☐☐☐☐☐☐ 0 未达 1 分 1 能配合打扫卫生间，使用时不弄得脏乱 凡符合下列之一者达 2 分 （1）能以简易的固定方式打扫卫生间 （2）能打扫卫生间特定的一两处，使其不臭、不脏乱（例如：大致冲刷马桶或摆好盥洗用品） 3 能自己打扫卫生间，使其看起来整洁 4 能根据需要，用多种方式有品质地打扫卫生间，使卫生间干净美观	4.2.2.3 擦玻璃 ☐☐☐☐☐☐ 0 未达 1 分 1 能配合擦玻璃，避免危险，不排斥 2 凡符合下列之一者达 2 分 （1）能用简单的工具擦玻璃 （2）能擦离自己较近的玻璃 （3）能对着玻璃上明显的污迹擦拭 3 能自己擦玻璃（一整片），使其大致干净 4 能用多种工具有品质地擦拭各种玻璃

续表

		低年段	中年段	高年段
4.2 家务劳动技能	4.2.2 清洁整理	4.2.2.4 开、关、锁门窗 ☐☐☐☐☐☐ 0 未达 1 分 1 能不任意开、关、锁门窗，避免危险，也能响应开关门窗的需求 2 凡符合下列之一者达 2 分 （1）能开、关、锁自己房间的门窗 （2）能用简单的方式开、关、锁门窗（例如：推开或拉开） 3 能开、关、锁常见的门窗 4 能开、关、锁各种类型的门窗		4.2.2.4 打扫、整理厨房 ☐☐☐☐☐☐ 0 未达 1 分 1 能配合打扫、整理厨房，不排斥，不弄乱 2 凡符合下列之一者达 2 分 （1）能以简易的方法打扫厨房必要的部分（例如：擦拭料理台上的食物渣、收好锅碗等） （2）能用固定的方式大致打扫、整理厨房的主要部分 3 能做大多数打扫、整理厨房的劳动，使厨房看起来整齐清洁 4 能根据需要，有品质地打扫厨房的每个部分，使厨房卫生美观
				4.2.2.5 美化、装饰房间 ☐☐☐☐☐☐ 0 未达 1 分 1 能配合美化、装饰房间，不破坏 2 凡符合下列之一者达 2 分 （1）能有基本的让房间不乱的生活习惯（例如：起床后叠被、衣物挂好不乱丢、物归原位等） （2）能以简易的方法美化、装饰自己房间中的一两处（例如：扫地、擦桌椅、将房内设备物品整齐排好等），让房间看起来不凌乱 3 能用常见的方式美化、装饰房间（例如：整理、摆放、粘贴、挂等），让房间看起来整洁美观 4 能用各种方式有品质、有创意地美化、装饰房间

		低年段	中年段	高年段
4.2 家务劳动技能	4.2.3 洗涤晾晒		4.2.3.1 使用洗衣机洗衣服 □□□□□ 0 未达 1 分 1 能配合使用洗衣机洗衣服，不乱碰、不干扰 2 能使用单一操作的洗衣机洗同类衣服（例如：只需按开关即可） 3 能使用洗衣机洗需要分类洗的衣服 4 能根据需要，使用不同洗衣机的不同功能洗衣物（例如：床单、毛巾等）	4.2.3.1 按季节清洗衣物、鞋、被褥、毛毯等 □□□□□ 0 未达 1 分 1 能配合按季节清洗房间、鞋、被褥、毛毯等，不破坏、不排斥 2 凡符合下列之一者达 2 分 （1）能按季节大致清洗以下之一：自己的衣物、鞋、被褥、毛毯 （2）能用固定的方式按季节清洗自己的衣物、鞋、被褥、毛毯等必要部分（例如：擦拭家具、泡洗布鞋、换洗床单、枕巾） 3 能按季节清洗衣物、鞋、被褥、毛毯等 4 能有品质地按季节清洗衣物、鞋、被褥、毛毯等
	4.2.4 厨房劳动	4.2.4.1 清洗常见蔬菜和水果 □□□□□ 0 未达 1 分 1 能够关注他人清洗常见的蔬菜和水果 2 凡符合下列之一者达 2 分 （1）能够清洗少数几样常见的蔬菜和水果 （2）能以简易的方法清洗少数几样蔬菜和水果（例如：泡水） 3 能够清洗常见的蔬菜和水果 4 能够因应环境，用多种方式清洗蔬菜和水果	4.2.4.1 清洗水果 □□□□□ 0 未达 1 分 1 能配合清洗水果，不乱扔，不排斥 2 能清洗少数几种水果（例如：苹果、梨） 3 能清洗大多数水果 4 能用各种方式清洗水果	4.2.4.1 使用电烤箱、电饼铛等厨房电器 □□□□□ 0 未达 1 分 1 能配合使用厨房电器，避免危险，不干扰 2 能使用少数特定的较安全的厨房电器（例如：单一功能的电饭锅、饮水机、烘干机、烤面包机） 3 能使用电烤箱、电饼铛等厨房电器（例如：可制作简易点心的器具） 4 能安全、富有创意地使用几种商用厨房电器（例如：商用煮咖啡机、面包机、榨汁机、制冰机等）
			4.2.4.2 择菜、洗菜 □□□□□ 0 未达 1 分 1 能配合择菜、洗菜，不干扰、不破坏 2 能择、洗少数几种易处理的菜（例如：豇豆、茄子等） 3 能择、洗大多数的菜 4 能用不同方式择、洗各种类型的菜（例如：用剪刀、手、水果刀等）	4.2.4.2 使用炊具 □□□□□ 0 未达 1 分 1 能不乱用炊具，不排斥，不引发危险 2 能安全使用 1～2 种必须用的炊具（例如：安全地使用电饭锅） 3 能适当使用常见炊具 4 能安全地使用各种炊具

续表

			低年段	中年段	高年段
4.2 家务劳动技能	4.2.4 厨房劳动			4.2.4.3 使用刀具 □□□□□□ 0 未达 1 分 1 不乱用刀具，不排斥 2 能使用几种易操作、安全系数高的刀具（例如：水果刀、西餐刀具）切易切的食品（例如：蛋糕、豆腐） 3 能适当使用大多数常见的刀具（例如：水果刀，菜刀、剪刀、刨刀等） 4 能根据物品的需要，有变化地使用各种类型的刀具	4.2.4.3 掌握将食材处理成块儿、片儿、丝儿的刀工技法 □□□□□□ 0 未达 1 分 1 能关注他人将食材处理成块儿、片儿、丝儿的刀工技法，避免危险，不破坏 2 凡符合下列之一者达 2 分 （1）能自己小心拿刀，将肉类食材随意切成块 （2）能自己小心拿刀，将瓜类食材随意切成片 3 能掌握将食材处理成块儿、片儿、丝儿的刀工技法 4 刀工佳，并能根据烹饪需要，自己决定使用何种刀工技法将食材处理成块儿、片儿、丝儿
				4.2.4.4 使用冰箱、微波炉等厨房电器 □□□□□□ 0 未达 1 分 1 能不乱用冰箱、微波炉等厨房电器，避免危险 2 凡符合下列之一者达 2 分 （1）能使用冰箱、微波炉等厨房电器的单一功能（例如：牛奶放保鲜室，按开始按钮热剩饭等） （2）能使用少数一两种常用的、较安全的厨房电器（例如：为饮水机加水与取水） 3 能使用冰箱、微波炉等厨房常用电器的一般功能 4 能使用冰箱、微波炉等厨房电器的多种功能，并能保养整洁	4.2.4.4 掌握蒸、煮、炒、煎、炸等烹饪技能 □□□□□□ 0 未达 1 分 1 能关注他人使用蒸、煮、炒、煎、炸等烹饪技能，避免危险，不干扰 2 能用 1～2 种简单的方式（例如：蒸、煮、冲）烹饪简单菜肴为自己准备一顿饭（例如：用电饭锅蒸熟半成品或煮鸡蛋或冲泡食品） 3 能掌握蒸、煮、炒、煎、炸等技能烹饪家常菜肴 4 能根据烹饪或用餐者的需要，决定使用何种方式烹饪各类菜肴，或能用各种方式烹饪色香味俱全的菜肴

			低年段	中年段	高年段
4.2 家务劳动技能	4.2.4 厨房劳动			4.2.4.5 认识调料，开启食品容器 □ □ □ □ □ 0 未达 1 分 1 能尝试各种调料，不破坏，不乱用食品容器 2 能认识少数几种常用调料，开启几种简单的食品容器（例如：掀开盖子） 3 能认识大多数常用调料，开启不同类型的食品容器 4 能认识不常用的调料，用各种方式开启不同类型的食品容器	4.2.4.5 学会制作简单的面点 □ □ □ □ □ 0 未达 1 分 1 能配合制作简单的面点，不破坏、不排斥 2 凡符合下列之一者达 2 分 （1）能利用现成品制作少数几种简单的面点（例如：面包夹火腿、吐司拌果酱、混合打碎各种饼干、饼干泡牛奶、冲泡面糊、凉面拌料等） （2）能利用半成品制作一两种面点（例如：蒸速冻饺子、包子等） （3）能以简易方式制作一两种简单的面点（例如：将现成的馅和皮包成饺子；将现成的面团做成饼干或馒头） 3 能制作简单的面点 4 能根据烹饪或食用者的需要，自己决定使用何种方式制作各类面点，或能用各种方式制作有特色的面点
				4.2.4.6 无明火条件下使用炊具加热饭菜、制作简单饭菜 □ □ □ □ □ 0 未达 1 分 1 能配合使用炊具加热饭菜、制作简单饭菜，不排斥 2 凡符合下列之一者达 2 分 （1）能用固定方式在无明火条件下使用炊具加热饭菜（例如：用电饭锅蒸或微波炉加热） （2）能在无明火条件下使用炊具将半成品制作成一两种饭菜 （3）能将加热好的食物自炊具中适当取出以供食用 3 能在无明火条件下使用炊具制作简单的饭菜（例如：用电饭锅/电磁炉蒸炒，微波炉加热等） 4 能在无明火条件下使用炊具制作多种饭菜	4.2.4.6 制作凉拌菜 □ □ □ □ □ 0 未达 1 分 1 能配合制作凉拌菜 2 能制作一两种简单的凉拌菜（例如：凉拌黄瓜） 3 能制作大多数常吃的凉拌菜 4 能因应季节口味，制作各种凉拌菜

续表

		低年段	中年段	高年段
4.2 家务劳动技能	**4.2.4 厨房劳动**			4.2.4.7 冲泡饮料 ☐ ☐ ☐ ☐ ☐ 0 未达 1 分 1 能配合冲泡饮料，不排斥 2 能冲泡 1 ~ 2 种简单包装的饮料（例如：茶叶包、奶粉、菊花等不用撕剪包装的饮料等） 3 能冲泡常见类型的饮料（例如：功夫茶、杯装或自制奶茶、咖啡包或自加奶糖芝麻糊等需撕剪包装或几道工序的饮料） 4 能根据饮料或食用者的需要，自己决定使用何种方式制作各类饮料，或能用各种方式制作有特色的饮料
				4.2.4.8 按储存要求存放食材 ☐ ☐ ☐ ☐ ☐ 0 未达 1 分 1 能配合存放食材，不乱放 2 能将 1 ~ 2 种食材存放在固定的位置（例如：蔬菜放冰箱，大米放米桶等） 3 能将常见类型的食材存放在适当的位置 4 能将不同的食材按储存要求（例如：时间、地点、容器等）存放
4.3 公益劳动技能	**4.3.1 校内劳动**	4.3.1.1 打扫教室 ☐ ☐ ☐ ☐ ☐ 0 未达 1 分 1 不弄乱教室并能关注他人打扫教室，不干扰、不破坏 2 凡符合下列之一者达 2 分 （1）能以简易的固定方式打扫教室（例如：捡垃圾） （2）能打扫教室特定的一两处，使其不脏乱（例如：擦黑板、倒垃圾） 3 能自己打扫教室，使教室基本干净 4 能用多种方式有品质地打扫教室	4.3.1.1 清扫教室、校舍、校园等 ☐ ☐ ☐ ☐ ☐ 0 未达 1 分 1 能配合清扫教室、校舍、校园等，不破坏 2 凡符合下列之一者达 2 分 （1）能清扫学校少数几个区域（例如：校舍、走道等） （2）能用简易的固定方式（例如：擦、撕、捡等）清扫教室、校舍、校园等 3 能清扫学校大多数区域（例如：教室、校园、校舍、花台等） 4 能根据需要，用各种方式有品质地清扫学校各个区域	4.3.1.1 维修桌椅等 ☐ ☐ ☐ ☐ ☐ 0 未达 1 分 1 能配合他人维修桌椅，不破坏（例如：帮助固定桌椅） 2 凡符合下列之一者达 2 分 （1）能维修轻度破损的桌椅（例如：用锤子敲松动的桌椅腿，使之牢固） （2）能用固定方式维修同种破损类型的桌椅（例如：螺丝松动的桌椅用螺丝刀拧紧） 3 能维修一般破损的桌椅等（例如：钉钉子、刷油漆等） 4 能对严重破损的桌椅等进行复杂的维修（例如：用电焊焊接、寻找材料替代损坏的桌脚等）

续表

		低年段	中年段	高年段
4.3 公益劳动技能	4.3.1 校内劳动	4.3.1.2 打扫校园 ☐☐☐☐☐ 0 未达 1 分 1 能关注他人打扫校园，不干扰、不破坏 2 能以简易的固定方式打扫校园（例如：捡垃圾） 3 能够完成打扫校园的一般工作，能打扫校园的特定一两处，使其不脏乱（例如：走道） 4 能够有品质地完成大部分校园的打扫工作	4.3.1.2 修补图书 ☐☐☐☐☐ 0 未达 1 分 1 能配合修补图书，不破坏 2 凡符合下列之一者达 2 分 （1）能用一两种简单的方法修补图书 （2）能用简易的固定方式修补同种类型破损的图书（例如：用透明胶粘掉落的一角） 3 能用多种方法对图书进行适当修补（例如：用订书针钉、用针线缝） 4 能对破损图书做完整的修补（例如：不影响阅读、美化修痕、使之完好如初）	4.3.1.2 布置、装饰校内环境 ☐☐☐☐☐ 0 未达 1 分 1 能配合布置、装饰校内环境，不破坏 2 凡符合下列之一者达 2 分 （1）能有基本的让校内环境不脏乱的生活习惯（例如：不随手扔垃圾、不乱摘花草树木等） （2）能以简易的方法布置、装饰校内环境特定的一两处（例如：擦黑板、扔垃圾、桌椅摆放整齐等） 3 能用常见的方式布置、装饰校内环境（例如：画、粘贴、摆放、挂等），让校内环境看起来整洁 4 能用各种方式有品质、有创意地布置、装饰校内环境
		4.3.1.3 开关教室或楼道的灯、门窗 ☐☐☐☐☐ 0 未达 1 分 1 能不破坏、不乱开关教室或楼道的灯、门窗 2 能开关教室或楼道中同种类型的灯、门窗 3 能开关教室或楼道的灯、门窗 4 能根据需要，开关教室或楼道中任意类型的灯、门窗		

续表

		低年段	中年段	高年段
4.3公益劳动技能	4.3.1 校内劳动	4.3.1.4 浇花 ☐☐☐☐☐☐ 0 未达 1 分 1 能关注别人浇花，不破坏 2 凡符合下列之一者达 2 分 （1）能按固定模式浇花，养成习惯 （2）能浇同种类型的花 3 能自己浇花，使花不枯萎 4 能够根据环境与花的需求，运用多种方式浇花，使花美观漂亮		
	4.3.2 社区劳动	4.3.2.1 参加居住社区的清扫活动 ☐☐☐☐☐☐ 0 未达 1 分 1 能不破坏社区环境，并能关注居住社区的清扫活动 2 凡符合下列之一者达 2 分 （1）能跟随他人参加居住社区的简单清扫活动 （2）能参加居住社区一两种清扫活动（例如：擦公告栏、捡垃圾、扫落叶等） 3 能参加居住社区的清扫活动，使其干净 4 能积极参加或带动他人参加居住社区的清扫活动，使其美观舒适	4.3.2.1 参加社区保洁劳动 ☐☐☐☐☐☐ 0 未达 1 分 1 能配合参加社区保洁劳动，不排斥、不破坏 2 凡符合下列之一者达 2 分 （1）能跟随他人参加社区简单的保洁劳动 （2）能参加社区一两种保洁劳动 3 能参加大多数社区保洁劳动，使社区看起来干净 4 能积极参加或带动他人参加社区保洁劳动	4.3.2.1 参加社区志愿者服务活动 ☐☐☐☐☐☐ 0 未达 1 分 1 能配合参加社区志愿者服务活动，不排斥 2 凡符合下列之一者达 2 分 （1）能跟随他人参加简单的社区志愿者服务活动 （2）能参加一两种社区志愿者服务活动 3 能参加大多数社区志愿者服务活动 4 能积极参加或带动他人参加社区志愿者服务活动
			4.3.2.2 参加社区服务劳动 ☐☐☐☐☐☐ 0 未达 1 分 1 能配合参加社区服务劳动，不排斥、不破坏 2 凡符合下列之一者达 2 分 （1）能跟随他人参加简单的社区服务劳动（例如：帮忙摆设、帮助老人提重物等） （2）能参加少数几种社区服务活动（例如：发宣传单、张贴广告、上茶水等） 3 能参加大多数社区服务活动 4 能积极参加或带动他人参加社区服务活动	

续表

		低年段	中年段	高年段
4.4 简单生产劳动技能	4.4.1 使用工具	4.4.1.1 使用剪刀等简单工具 ☐☐☐☐☐☐ 0 未达 1 分 1 能不乱用、不干扰他人使用剪刀等简单工具 2 凡符合下列之一者达 2 分 （1）能使用一两种简单工具 （2）能使用简单工具处理易操作的物品（例如：用剪刀剪纸） 3 能使用常用的简单工具 4 能用各种简单工具进行创造性的活动（例如：雕刻等）	4.4.1.1 使用简单的办公用品 ☐☐☐☐☐☐ 0 未达 1 分 1 能配合使用简单的办公用品，不乱用 2 凡符合下列之一者达 2 分 （1）能使用一两种简单的办公用品（例如：资料夹、记号笔、小吸石等） （2）能使用同种类型的办公用品处理同类事务（例如：反复装物入盒和入袋、反复盖章等） 3 能使用常用的简单的办公用品 4 能使用各种办公用品	4.4.1.1 使用简单的五金工具进行操作 ☐☐☐☐☐☐ 0 未达 1 分 1 能配合使用简单的五金工具进行操作，不乱用 2 凡符合下列之一者达 2 分 （1）能使用一两种简单的五金工具进行简单操作（例如：锤子敲、钳子夹取、钩子捞取或挂物等） （2）能使用同种类型的简单的五金工具进行固定操作（例如：扳手拧紧拧松、锤子敲钉子等） 3 能正确使用简单的五金工具进行一般操作 4 能使用简单的五金工具进行有创意的操作（例如：用园艺剪刀修剪花枝等）
	4.4.2 手工劳动	4.4.2.1 串珠、粘信封等简单的手工劳动 ☐☐☐☐☐☐ 0 未达 1 分 1 能关注、不干扰他人串珠、粘信封等简单的手工劳动 2 凡符合下列之一者达 2 分 （1）能用简易的固定方式做简单的手工劳动（例如：简单图案的钻石画） （2）能做少数几种简单的手工劳动 3 能做常见的简单的手工劳动 4 能做创意性的手工劳动		
	4.4.3 缝纫编织		4.4.3.1 熟悉手工缝纫基本针法 ☐☐☐☐☐☐ 0 未达 1 分 1 能关注他人进行手工缝纫，不干扰 2 能正确拿针上下缝纫 3 能使用平针针法缝纫 4 能使用平针等常用针法有品质地缝纫	4.4.3.1 掌握手工缝纫针法 ☐☐☐☐☐☐ 0 未达 1 分 1 能关注他人进行手工缝纫 2 能正确拿针上下缝纫 3 能使用 2～3 种手工缝纫的简单针法（例如：假缝、平针等） 4 能使用各种手工针法有品质地缝纫（例如：假缝、平针、包边缝、锁边缝、回针等）

续表

		低年段	中年段	高年段
4.4 简单生产劳动技能	4.4.4 职业准备			4.4.4.1 了解残疾人就业的相关法律法规，了解求职、就业等知识 □ □ □ □ □ □ 0 未达 1 分 1 能关注求职、就业的信息，不排斥 2 能了解与自身密切相关的少数特定的残疾人就业的法律法规（例如：反对歧视、享有就业权等） 3 能了解残疾人就业的相关法律法规，了解求职、就业等知识 4 能利用残疾人就业的相关法律法规及求职、就业等知识维护自己的合法权益
				4.4.4.2 体验常见职业工种的操作技能 □ □ □ □ □ □ 0 未达 1 分 1 能配合体验常见职业工种的操作技能，不排斥 2 能体验一两种无危险的职业工种的简单操作技能（例如：包装工、洗车工等） 3 能体验常见职业工种的操作技能 4 能体验并分享常见职业工种的操作技能

五、唱游与律动　四好评量表

梁英

学生姓名：_____　性别：_____

出生日期：_____年____月____日

1分　好照顾：在动作操作阶段（感觉动作期），设想其能对感觉有区辨与表示选择的能力，来应付生存上和空闲时光的相关需求。在大人没空时，他可以自己玩一会儿喜好之物，不干扰大人，大人带他外出去休闲时不会走失（因为有经验，他可在大人给予音乐类活动时不排斥）。

2分　好家人：在具体操作阶段（前运思期）（学前成就），设想在大人没空时，他可以自己玩耍约一小时，不会有危险，大人带他去休闲时可以参与（因为有经验和技能，他可选择音乐类活动）。

3分　好帮手：在平面操作进入符号操作阶段（具体运思期前或后段）（学龄一二段），可以在空闲时自己安排室内休闲活动或几项户外休闲活动，不会有危险（因为有兴趣和技能，他可选择音乐类活动，如自己听歌或去户外唱歌跳舞，听音乐会等），可以和伙伴一起参与音乐类活动。

4分　好公民：在符号操作阶段（具体运思期后段或符号运思期前段）（学龄三段），可自己安排休闲活动，其范围和种类与一般人接近（因为有品味和技能，他可选择音乐类活动，并自己获取资源），甚至可以带动别人。

低年段（1—3年级）	中年段（4—6年级）	高年段（7—9年级）
第一次评量	第一次评量	第一次评量
日期：_____　总分：□	日期：_____　总分：□	日期：_____　总分：□
第二次评量	第二次评量	第二次评量
日期：_____　总分：□	日期：_____　总分：□	日期：_____　总分：□
第三次评量	第三次评量	第三次评量
日期：_____　总分：□	日期：_____　总分：□	日期：_____　总分：□
第四次评量	第四次评量	第四次评量
日期：_____　总分：□	日期：_____　总分：□	日期：_____　总分：□
第五次评量	第五次评量	第五次评量
日期：_____　总分：□	日期：_____　总分：□	日期：_____　总分：□
第六次评量	第六次评量	第六次评量
日期：_____　总分：□	日期：_____　总分：□	日期：_____　总分：□

		低年段	中年段	高年段
5.1 感受与欣赏	5.1.1 感知	5.1.1.1 能对自然界和生活中的声响感兴趣 ☐☐☐☐☐☐ 0 未达 1 分 1 能对自然界和生活中的声响不排斥（例如：不大叫、不捂耳朵、不发脾气等） 2 能对自然界和生活中一两种特别的声响感兴趣（例如：听到某种交通工具声、动物叫声、人声、风雨声、学校上下课铃声等，会看一眼或用手指一指或移动身体接近声响或停止动作注意听等），或用动作表示相应声响等 3 能对自然界和生活中的声响感兴趣（例如：变得高兴、关注、寻找声源、本能地附和等） 4 能正确理解声音的来源，必要时可以适当敲出声来配合活动	5.1.1.1 能感受和听辨声音的高低 ☐☐☐☐☐☐ 0 未达 1 分 1 当音出现高低变化时不排斥、会关注该声音，但当音高成为噪音时会有不舒服的表现 2 能感受和听辨一两种高低特别明显的声音（例如：连续五个相同的高音和连续五个相同的低音的区分） 3 能感受和听辨声音的高低（例如：能听不同音高做不同反应、跟唱不同音高的旋律等） 4 能区分任意两个乐音的高低	5.1.1.1 能对听到的音乐产生联想 ☐☐☐☐☐☐ 0 未达 1 分 1 能选择自己喜欢或熟悉的音乐 2 能对固定的音乐产生简单的联想（例如：听到什么声音，或联想起以前听此歌的经验） 3 能对听到的音乐产生联想（例如：想到某些人、事物、景物） 4 听到音乐，能联想到人、事物、景物以及情感
		5.1.1.2 能初步感受声音的强弱、快慢 ☐☐☐☐☐☐ 0 未达 1 分 1 当声音出现强弱、快慢变化时不排斥（例如：不大叫、不捂耳朵、不发脾气等） 2 能感受一两种特别明显的声音强弱、快慢（例如：根据明显的慢声调整自己动作的速度或方式） 3 能初步感受声音的强弱、快慢 4 能正确感受声音的强弱、快慢的变化	5.1.1.2 能听辨声音的强弱、快慢、长短 ☐☐☐☐☐☐ 0 未达 1 分 1 当声音出现强弱、快慢、长短变化时不排斥，会关注 2 能听辨明显区别的声音的一两种特征（例如：强弱、快慢或长短） 3 能听辨声音的强弱、快慢、长短 4 能根据声音的强弱、快慢、长短等多种综合条件做出反应	5.1.1.2 了解与生活密切相关的音乐（如节庆、礼仪） ☐☐☐☐☐☐ 0 未达 1 分 1 能选择自己想要了解的与生活密切相关的音乐（例如：节庆、礼仪），或能喜欢一两首与生活密切相关的音乐，当听到和生活有关的音乐时能关注（例如：节庆） 2 能了解一两首固定的、与自己生活密切相关的音乐（例如：做出相应的礼仪或行为） 3 能了解本地区或常见的与生活密切相关的音乐（例如：说出音乐与节庆名称、选出应景的音乐） 4 能收集与生活密切相关的音乐，或能带动播放与生活密切相关的音乐

		低年段	中年段	高年段
5.1 感受与欣赏	**5.1.1 感知**		5.1.1.3 能感受二拍子、三拍子的节拍特点 □□□□□ 0 未达 1 分 1 能感受二拍子、三拍子的音乐，不排斥（例如：关注活动、跟随活动、配合活动） 2 能感受固定两三首二拍子、三拍子儿歌的节拍特点（例如：模仿拍、用动作或手势表示） 3 能感受常见简单儿歌的二拍子、三拍子的节拍特点 4 能听到歌曲就准确打出节拍	
	5.1.2 探索与表现	5.1.2.1 能对音乐做出反应 □□□□□ 0 未达 1 分 1 听到音乐不排斥（例如：不大叫、不捂耳朵、不发脾气等） 2 听到一两首固定的音乐，能用一两种动作或手势或声音做出反应 3 听到常听的音乐，能用动作或手势或声音做出反应 4 能跟随音乐随意动作或哼唱休闲	5.1.2.1 认识常见的乐器 □□□□□ 0 未达 1 分 1 能把玩乐器，不破坏、不排斥 2 能认识几样固定的乐器 3 能认识常见的乐器 4 能擅长使用一两种乐器	5.1.2.1 能伴随音乐演奏打击乐器 □□□□□ 0 未达 1 分 1 能跟随音乐演奏打击乐器，不排斥 2 能伴随一两首固定的音乐，用固定的一两种简单节奏型演奏打击乐器 3 能伴随音乐演奏打击乐器 4 能伴随音乐即兴演奏打击乐器
			5.1.2.2 探索打击乐器发出的声响 □□□□□ 0 未达 1 分 1 能任意敲打打击乐器发出声响，没有过激反应 2 能用自己的方式使用几种乐器发出声响 3 能用正确的方法使用打击乐器发出声响 4 能控制打击乐器敲打时的力度、速度	5.1.2.2 能用简单的语言、表情、动作表达听到不同乐曲的情绪（如欢快、忧伤的） □□□□□ 0 未达 1 分 1 能参与表达活动不排斥或能用简单语言、表情、动作表达对乐曲的喜欢或不喜欢 2 能用简单的语言、表情、动作表达一两首固定乐曲特定的一两种情绪 3 能用简单的语言、表情、动作表达听到不同乐曲的情绪（例如：欢快的、忧伤的） 4 能选择与自己情绪相关的乐曲来听

续表

		低年段	中年段	高年段
5.1 感受与欣赏	5.1.2 探索与表现		5.1.2.3 能用肢体动作表现形象鲜明的歌曲、乐曲 ☐ ☐ ☐ ☐ ☐ ☐ 0 未达 1 分 1 能跟随、配合用肢体动作表现歌曲、乐曲的活动，不排斥 2 能用已会的肢体动作表现几种特定的歌曲、乐曲 3 能用肢体动作表现形象鲜明的歌曲、乐曲 4 能用肢体动作即兴表现形象鲜明的歌曲、乐曲	5.1.2.3 能从多媒体中收集自己喜爱的音乐作品，并做出简单描述 ☐ ☐ ☐ ☐ ☐ ☐ 0 未达 1 分 1 能参与、选择多媒体收集自己喜欢的音乐作品的活动，不排斥 2 能从固定一两种多媒体中收集自己喜爱的音乐作品，或播放别人帮忙收集的音乐作品（例如：音乐名称、作者、主题、感受） 3 能从多媒体中收集自己喜爱的音乐作品，并做出简单描述（例如：音乐名称、作者、主题、感受） 4 能从多媒体中收集自己喜爱的音乐作品，并会归纳整理、制作编辑
			5.1.2.4 能用声音简单模仿自然界和生活中的声响 ☐ ☐ ☐ ☐ ☐ ☐ 0 未达 1 分 1 能跟随、配合声音模仿的音乐活动，不排斥 2 能用声音简单模仿自然界和生活中一两种特定的声响 3 能用声音简单模仿自然界和生活中的声响 4 能用声音模仿自然界和生活中复杂的或不常见的声响	

		低年段	中年段	高年段
5.1 感受与欣赏	5.1.3 欣赏	5.1.3.1 初步养成聆听音乐的习惯 □□□□□□ 0 未达 1 分 1 听到音乐不排斥，跟别人一起听音乐时能保持安静 2 愿意听自己喜欢的音乐 3 初步养成聆听音乐的习惯（例如：能配合上课时所放的音乐、无聊时会随意听音乐、每天有固定听音乐的时间） 4 能有机会参加音乐会或听不同风格的音乐，能选择符合其年龄的音乐，能将音乐作为丰富其休闲活动的选项	5.1.3.1 欣赏本地区或本民族的儿歌、童谣、乐曲 □□□□□□ 0 未达 1 分 1 能在欣赏本地区或本民族的儿歌、童谣、乐曲时关注、跟随、配合，不排斥 2 能欣赏一两首固定的本地区或本民族的儿歌、童谣、乐曲（例如：有一两首喜欢听的） 3 欣赏本地区或本民族常听的、适龄的儿歌、童谣、乐曲 4 无聊时能用欣赏音乐打发时光或能有机会参加本地区或本民族的音乐会，会欣赏本地区或本民族不常听的儿歌、童谣、乐曲	5.1.3.1 能较长时间专注地聆听音乐 □□□□□□ 0 未达 1 分 1 能较长时间专注地聆听音乐，不排斥 2 能完整地听完一两首固定的较长时间的乐曲或歌曲 3 能较长时间专注地聆听音乐 4 能参加小型音乐会聆听音乐
				5.1.3.2 聆听不同国家、地区、民族的歌谣，初步感受不同的风格 □□□□□□ 0 未达 1 分 1 聆听不同风格的音乐，不排斥，能选择自己喜欢的听 2 能聆听有特别明显的国家、民族的音乐（例如：用特定动作代表特定国家），初步感受不同的风格 3 聆听不同国家、地区、民族的适龄的歌谣，初步感受不同的风格 4 能聆听更多国家、地区、民族的歌谣，并收集自己喜欢风格的歌谣

续表

		低年段	中年段	高年段
5.2 演唱	5.2.1 演唱 技能	5.2.1.1 初步练习唱歌的口型和姿势，学习正确唱歌的方式 ☐☐☐☐☐ 0 未达 1 分 1 能配合练习唱歌的口型姿势，不排斥（例如：不发脾气、不乱叫等） 2 能模仿一两个唱歌的口型和特定的姿势（例如：a／o 音的口型，双手叠放等） 3 初步练习唱歌的口型和姿势，学习正确唱歌的方式 4 能用正确的方式唱歌（有基本口型和相应的姿势）	5.2.1.1 能参与趣味性的练声活动 ☐☐☐☐☐ 0 未达 1 分 1 能参与、配合趣味性练声活动，不排斥 2 能模仿一两种固定的趣味练声方法（例如：模仿动物的发声、交通工具的声音等） 3 能参与趣味性的练声活动 4 能掌握一套基本的趣味练声方法（例如：几个重要发声肌肉的练习方法）	5.2.1.1 能基本准确地歌唱，注意呼吸、咬字、吐字 ☐☐☐☐☐ 0 未达 1 分 1 能跟随歌唱练习活动，注意呼吸 2 能基本准确地歌唱一首歌曲（例如：呼吸等） 3 能基本准确地歌唱（例如：注意呼吸、咬字、吐字） 4 能在歌唱时有意识地控制呼吸，掌握咬字、吐字时的口型变化基本技巧
		5.2.1.2 能有节奏地念简单的童谣 ☐☐☐☐☐ 0 未达 1 分 1 能听别人念童谣，不排斥，情绪好时会跟着童谣的节奏哼念几声 2 能用一两个固定的节奏念简单的童谣 3 能有节奏地念简单的童谣 4 能用多种节奏念童谣或能有创意节奏地念童谣	5.2.1.2 能参与齐唱 ☐☐☐☐☐ 0 未达 1 分 1 能参与齐唱，不排斥 2 能参与特定的一两首歌的齐唱，或能参与自己喜欢的或会唱的歌曲的齐唱 3 能参与齐唱 4 能带动或组织齐唱（例如：选择唱哪首、起音等）	5.2.1.2 能有表情地独唱或齐唱 ☐☐☐☐☐ 0 未达 1 分 1 能配合有表情地独唱或齐唱，不排斥 2 能用几个特定表情独唱或齐唱（例如：微笑） 3 能有表情地独唱或齐唱 4 能根据歌曲内容，配以相应表情变化演唱，或能有丰富表情地独唱、齐唱
		5.2.1.3 能聆听范唱，用自然的声音模仿唱歌 ☐☐☐☐☐ 0 未达 1 分 1 能聆听范唱不排斥，偶尔能跟着哼唱几声 2 能聆听一两首固定的范唱，并用单音跟着哼唱 3 能聆听范唱，并用自然的声音模仿唱歌 4 能聆听各类播放器（QQ 音乐、酷我音乐等）里的范唱，并模仿唱歌		5.2.1.3 能采用不同的力度、速度表现歌曲的情绪 ☐☐☐☐☐ 0 未达 1 分 1 当采用不同的力度、速度表现歌曲情绪时不排斥 2 能用特定的力度、速度表现歌曲特定的情绪 3 能采用不同的力度、速度表现歌曲的情绪 4 能根据歌曲的情感，配以相应的力度、速度

		低年段	中年段	高年段
5.2 演唱	5.2.2 演唱运用	5.2.2.1 每学期学唱 2～3 首简单的儿歌 □□□□□ 0 未达 1 分 1 能学唱儿歌时不排斥（例如：不大叫、发脾气、乱跑） 2 能学唱 1 首简单的儿歌，或学唱自己喜欢的儿歌，或学唱几首不完整的儿歌 3 能学唱 2～3 首完整的简单的儿歌 4 能有表情、配合动作唱儿歌	5.2.2.1 能用歌声表达问候 □□□□□ 0 未达 1 分 1 别人用歌声表达问候时能配合、不排斥 2 能在特定的场合使用特定的歌声表达问候（例如：音乐课的问好歌等） 3 能用歌声表达问候 4 能即兴或创编用歌声表达问候	5.2.2.1 能根据歌曲内容，边歌唱边律动表演 □□□□□ 0 未达 1 分 1 能选择歌曲，或歌唱或律动表演，不排斥 2 能根据一两首特定的歌曲并选择其中特定的内容，边唱歌边进行律动表演（例如：只在副歌时移动位置并发固定音节） 3 能根据歌曲内容边歌唱边律动表演 4 能根据歌曲创编内容并律动表演
			5.2.2.2 每学期学唱 3～4 首简单的儿歌 □□□□□ 0 未达 1 分 1 能参与学唱简单儿歌的活动，不排斥（例如：情绪好时能跟着哼唱或用自己会的声音跟唱几个音） 2 能学唱两三首自己喜欢的儿歌 3 能学唱 3～4 首简单的儿歌 4 能有表情或配合动作唱儿歌	5.2.2.2 每学期能独立演唱 2～3 首歌曲 □□□□□ 0 未达 1 分 1 能选择自己喜欢的歌曲独唱，不排斥 2 能独立演唱一两首特定的歌曲 3 能独立演唱 2～3 首歌曲 4 能有表情、有情绪地配合动作独立演唱歌曲，或在演出节目中担任独唱
5.3 音乐游戏	5.3.1 参与	5.3.1.1 愿意参加音乐游戏活动，体验游戏的乐趣 □□□□□ 0 未达 1 分 1 愿意参加音乐游戏活动，不排斥（例如：不乱跑） 2 愿意参加一两个音乐游戏活动并有正向的体验（例如：感到高兴） 3 愿意参加音乐游戏活动，体验游戏的乐趣 4 能带动音乐游戏活动（例如：担任发令官、决定选用哪一首歌曲）	5.3.1.1 能主动参与音乐游戏 □□□□□ 0 未达 1 分 1 能参与或关注或配合音乐游戏，不排斥 2 能主动参与一两种特定的音乐游戏 3 能主动参与音乐游戏 4 能带动同伴一起进行音乐游戏	5.3.1.1 能进行合作游戏 □□□□□ 0 未达 1 分 1 能跟随合作游戏或能进行合作游戏，不排斥、不干扰 2 能进行一两种特定的合作游戏，或在合作游戏中担任固定的角色完成固定的任务 3 能进行合作游戏 4 能进行复杂的合作游戏，或能带领同伴进行合作游戏

续表

		低年段	中年段	高年段
5.3 音乐游戏	5.3.2 音乐游戏规则	5.3.2.1 在音乐游戏中，能对各种声音做出听觉反应 □□□□□□ 0 未达 1 分 1 对音乐游戏中出现的各种声音不排斥，或情绪好时还能做出一点反应（例如：动一下、发一个音） 2 在音乐游戏中，听到特定的声音能做出反应 3 在音乐游戏中，能对各种声音做出反应（例如：动一下、发一个音、移动一下位置） 4 在音乐游戏中，能根据任何声音的细微变化做出有变化的反应	5.3.2.1 能听从指令调控自己的位置、动作 □□□□□□ 0 未达 1 分 1 能配合游戏的指令跟随别人到相应的位置或做出相应的动作，不排斥 2 能听从一两个固定的指令调控自己的位置、动作（例如：听到"砰"就要跑到旁边人的位置上） 3 能听从音乐游戏的指令调控自己的位置、动作 4 能听从音乐游戏的指令调控自己的位置、动作，或能带领同伴玩音乐游戏	5.3.2.1 能进行完整的音乐游戏活动，表现出对音乐结构、节奏、情绪等的理解 □□□□□□ 0 未达 1 分 1 能配合或跟随复杂的音乐游戏活动，不排斥（例如：有特定音乐结构、节奏等要求） 2 能进行一两个固定的复杂音乐游戏活动，或能对音乐结构、节奏、情绪做出反应 3 能进行复杂的音乐游戏活动，表现出对音乐结构、节奏、情绪等的理解 4 能带领同伴玩复杂的音乐游戏活动
		5.3.2.2 在音乐游戏中，能初步配合音乐做出对节奏、速度、力度的反应 □□□□□□ 0 未达 1 分 1 能在音乐游戏中不干扰别人，配合音乐做出反应 2 能在固定的一两种音乐游戏中，配合音乐的节奏、速度、力度其中一种变化做出特定的反应 3 能在音乐游戏中，配合音乐的节奏、速度、力度做出不同的反应 4 能在音乐游戏中，配合音乐做出灵敏的节奏、速度、力度的反应	5.3.2.2 在音乐游戏中能对节奏、速度、力度、音高做出基本准确的反应 □□□□□□ 0 未达 1 分 1 能跟随同伴在音乐游戏中对节奏、速度、力度、音高的反应，不排斥、不干扰（例如：不大叫） 2 在一两个固定的音乐游戏中，能对节奏、速度、力度、音高做出特定的反应 3 在音乐游戏中，能对节奏、速度、力度、音高做出基本准确的反应 4 能在各种复杂的音乐游戏中做出准确反应，或能带领同伴进行复杂的音乐游戏	5.3.2.2 尝试改编音乐游戏情境和动作，探索新的游戏规则 □□□□□□ 0 未达 1 分 1 能对同伴的改编表示同意或拒绝 2 能改编一两种规则或情境、动作 3 尝试改编音乐游戏情境和动作，探索新的游戏规则 4 能有创意地设计音乐情境、动作或游戏规则

续表

		低年段	中年段	高年段
5.4 律动	**5.4.1 节奏与韵律**	5.4.1.1 能随音乐合拍地做各种简单的动作 ☐☐☐☐☐☐ 0 未达 1 分 1 能随音乐做出动作，不干扰、不排斥 2 能随简单乐曲做自己会做的动作 3 能随音乐合拍地做各种简单的动作 4 能随音乐合拍地做有创意的动作	5.4.1.1 能随音乐控制、协调、配合肢体动作 ☐☐☐☐☐☐ 0 未达 1 分 1 能配合音乐控制、协调、配合肢体动作，不排斥 2 能随固定音乐简单地控制、协调、配合肢体动作（例如：AB 曲式音乐） 3 能随一般性音乐控制、协调、配合肢体动作 4 能随复杂的音乐控制、协调、配合肢体动作（例如：复杂节奏型乐曲、渐进式乐曲）	5.4.1.1 能用身体动作表达对音乐的感受 ☐☐☐☐☐☐ 0 未达 1 分 1 能用身体动作表达对音乐的感受，不排斥 2 能用特定的身体动作表达对音乐的一两种基本感受（例如：高兴拍手、伤心慢慢走、欢快做快动作、痛苦在地上扭动等） 3 能用身体动作表达对音乐的感受 4 能用身体动作表达音乐的情绪、情感、主题等
	5.4.2 动作与表现	5.4.2.1 能结合日常生活动作，进行有节奏地模仿和练习 ☐☐☐☐☐☐ 0 未达 1 分 1 不排斥将日常生活中的动作加入节奏的模仿和练习 2 能在一两个固定节奏型里模仿做出日常生活中常见的两三个特定动作 3 能结合日常生活中的动作，进行有节奏的模仿与练习 4 能组合日常生活中的动作，创编成有节奏的表演节目	5.4.2.1 模仿自然界和日常生活中有特点的动作 ☐☐☐☐☐☐ 0 未达 1 分 1 能配合、跟随模仿自然界和日常生活中的动作，不排斥 2 能模仿一两种固定的自然界和日常生活中有特点的动作 3 能模仿自然界和日常生活中有特点的动作 4 能模仿自然界和日常生活中有特点的动作，创编成自己的舞步	5.4.2.1 学习进退步、十字步、交替步等舞步 ☐☐☐☐☐☐ 0 未达 1 分 1 能模仿或选择自己喜欢的基本舞步 2 能学一两种基本舞步（例如：进退步、小碎步） 3 能学习进退步、十字步、交替步等舞步 4 能用学会的基本舞步跳舞，动作协调有美感
			5.4.2.2 学习儿童舞蹈基本动作及小碎步、蹦跳步、后踢步等基本舞步 ☐☐☐☐☐☐ 0 未达 1 分 1 能配合或模仿儿童基本舞步，不排斥 2 能模仿一两种基本舞步（例如：小碎步） 3 能学习小碎步、蹦跳步、后踢步等舞步 4 能用学会的基本舞步跳舞	5.4.2.2 能模仿不同地区、不同民族的特色舞蹈动作 ☐☐☐☐☐☐ 0 未达 1 分 1 能跟随或选择自己喜欢的有特色的动作，不排斥 2 能模仿一两个固定的有特色的动作 3 能模仿不同地区、不同民族的特色舞蹈动作 4 能专精一两个有特色的民族舞蹈动作成为自己的表演特长（例如：孔雀舞）

续表

		低年段	中年段	高年段
5.4 律动	5.4.3 表演	5.4.3.1 能配合音乐做简单的表演动作 □ □ □ □ □ □ 0 未达 1 分 1 听到音乐能动动身体，不排斥 2 能配合熟悉的音乐用自己会的动作表演 3 配合音乐会做简单的表演动作 4 能配合音乐有创意地做表演动作	5.4.3.1 能随熟悉的音乐进行即兴表演或歌舞表演 □ □ □ □ □ □ 0 未达 1 分 1 能随熟悉的音乐配合即兴表演，不排斥 2 能随熟悉的音乐进行简单的即兴表演或歌舞表演 3 能随熟悉的音乐进行即兴表演或歌舞表演 4 能随熟悉的音乐有品质地进行即兴表演或歌舞表演	5.4.3.1 根据音乐的内容和情绪即兴表演 □ □ □ □ □ □ 0 未达 1 分 1 能根据音乐的内容和情绪表演，不排斥 2 能根据特定音乐的特定内容、情绪，用自己擅长的或会的动作即兴表演 3 能根据音乐的内容和情绪即兴表演 4 能参加表演活动中的即兴表演并有丰富的动作和情绪

六、绘画与手工　四好评量表

浦佳丽

学生姓名：＿＿＿＿＿＿＿＿＿　　性别：＿＿＿＿＿＿＿

出生日期：＿＿＿＿＿年＿＿月＿＿日

1 分　　好照顾：在动作操作阶段（感觉动作期），设想其能对感觉有区辨与表示选择的能力，来应付生存上和空闲时光的相关需求，在大人没空时，他可以自己玩一会儿喜好之物，不干扰大人，大人带他外出休闲时不会走失（因为有经验，他可在大人给予美术类活动时不排斥）。

2 分　　好家人：在具体操作阶段（前运思期）（学前成就），设想在大人没空时，他可以自己玩耍约一小时，不会有危险，大人带他去休闲时可以参与（因为有经验和技能，他可选择美术类活动），生活中也可以选择自己认为好看的事物。

3 分　　好帮手：在平面操作进入符号操作阶段（具体运思期前或后段）（学龄一二段），可以在空闲时自己安排室内休闲活动或几项户外休闲活动，不会有危险（因为有兴趣和技能，他可选择美术类活动，如自己绘画或去户外写生、照相、看画展等），生活中也可为家人选择美观的事物。

4 分　　好公民：在符号操作阶段（具体运思期后段或符号运思期前段）（学龄三段），可自己安排休闲活动，其范围和种类与一般人接近（因为有品位和技能，他可选择美术类活动，自己获取资源），生活中可以选择能提高个人品位的事物。

低年段（1—3 年级）	中年段（4—6 年级）	高年段（7—9 年级）
第一次评量 日期：＿＿＿＿＿总分：□	第一次评量 日期：＿＿＿＿＿总分：□	第一次评量 日期：＿＿＿＿＿总分：□
第二次评量 日期：＿＿＿＿＿总分：□	第二次评量 日期：＿＿＿＿＿总分：□	第二次评量 日期：＿＿＿＿＿总分：□
第三次评量 日期：＿＿＿＿＿总分：□	第三次评量 日期：＿＿＿＿＿总分：□	第三次评量 日期：＿＿＿＿＿总分：□
第四次评量 日期：＿＿＿＿＿总分：□	第四次评量 日期：＿＿＿＿＿总分：□	第四次评量 日期：＿＿＿＿＿总分：□
第五次评量 日期：＿＿＿＿＿总分：□	第五次评量 日期：＿＿＿＿＿总分：□	第五次评量 日期：＿＿＿＿＿总分：□
第六次评量 日期：＿＿＿＿＿总分：□	第六次评量 日期：＿＿＿＿＿总分：□	第六次评量 日期：＿＿＿＿＿总分：□

		低年段	中年段	高年段
6.1 造型·表现	6.1.1 绘画	6.1.1.1 能尝试用点、线、图形和色彩进行涂画活动，初步学会涂色 ☐☐☐☐☐☐ 0 未达 1 分 1 能不排斥绘画活动，不破坏、不干扰 2 会尝试拿笔在纸上任意点或涂 3 能尝试用点、线、图形和色彩进行涂画活动，初步学会涂色 4 会依指定画面进行涂色，控制良好	6.1.1.1 能以绘画的方式表现简单的物品造型，学习简单的添画和涂色 ☐☐☐☐☐☐ 0 未达 1 分 1 能配合参与绘画活动 2 能以绘画的方式表现特定的一两种简单的物品造型（例如：单一图形） 3 能以绘画的方式表现一般简单的物品造型（例如：两个以上图形组合） 4 能以绘画的方式表现常见的物品造型（例如：表现细节）	6.1.1.1 能尝试使用绘画颜料等材料和工具进行绘画表现 ☐☐☐☐☐☐ 0 未达 1 分 1 能参与绘画活动 2 能使用常见的一两种材料和方式进行绘画表现 3 能使用绘画颜料等材料和工具进行绘画表现 4 能使用绘画颜料等材料和工具有创意地进行绘画表现
		6.1.1.2 能选择多种媒材，用绘画的方法，表现生活中常见的物品 ☐☐☐☐☐☐ 0 未达 1 分 1 能配合参与绘画活动 2 能用手或油画棒在纸上绘画，表现生活中常见的物品 3 能用各种笔蘸各种颜料在纸上绘画，表现生活中常见的物品 4 能在不同材质、不同平面上绘画，表现生活中常见的物品		6.1.1.2 能运用简单的构图知识、色彩知识和对比、渐变等表现手法进行造型活动 ☐☐☐☐☐☐ 0 未达 1 分 1 能参与造型活动 2 能运用常见的一两种表现手法进行造型活动 3 能运用简单的构图知识、色彩知识和对比、渐变等表现手法进行造型活动 4 能运用简单的构图知识、色彩知识和对比、渐变等表现手法有创意地进行造型活动
				6.1.1.3 能观察生活中的事物，尝试运用添加、组合、夸张、变形等装饰手法进行绘画 ☐☐☐☐☐☐ 0 未达 1 分 1 能参与绘画活动 2 能观察生活中的事物，运用一两种装饰手法进行绘画 3 能观察生活中的事物，运用添加、组合、夸张、变形等装饰手法进行绘画 4 能观察生活中的事物，适当运用各种装饰手法，进行比较专业的绘画

		低年段	中年段	高年段
6.1 造型·表现	6.1.2 手工	6.1.2.1 能通过简单的撕、折、揉、搓、压、粘、贴等方法，进行简单的造型活动 □□□□□□ 0 未达 1 分 1 能任意玩撕贴材料，不干扰美术活动 2 能用特定的一两种方法进行简单的造型活动 3 能通过简单的撕、折、揉、搓、压、粘、贴等方法，进行简单的造型活动 4 能适当运用各种方法，进行简单的造型活动	6.1.2.1 能选择多种媒材，用手工制作的方法，表现生活中常见的物品 □□□□□□ 0 未达 1 分 1 能配合参与手工活动 2 能直接用撕、折、揉、搓、压、粘、贴等方法，表现生活中常见的物品 3 能用撕、折、揉、搓、压、粘、贴等方法组合造型，表现生活中常见的物品 4 能用撕、折、揉、搓、压、粘、贴等方法组合造型，较逼真地表现生活中常见的物品	6.1.2.1 能使用各种废旧物品、黏土、秸秆等材料和工具进行制作 □□□□□□ 0 未达 1 分 1 能参与手工活动 2 能使用常见的一两种材料工具进行特定的一两种手工制作 3 能使用各种废旧物品、黏土、秸秆等材料和工具进行制作 4 能使用各种废旧材料和工具进行有创意的制作，且作品精美
				6.1.2.2 能观察生活中的事物，尝试运用添加、组合、夸张、变形等装饰手法，进行手工制作 □□□□□□ 0 未达 1 分 1 能参与手工活动 2 能观察生活中的事物，运用一两种装饰手法，进行手工制作 3 能观察生活中的事物，运用添加、组合、夸张、变形等装饰手法，进行手工制作 4 能观察生活中的事物，适当运用各种装饰手法，进行手工制作

续表

		低年段	中年段	高年段
6.1 造型·表现	6.1.3 美术元素	6.1.3.1 认识常见物品的颜色 ☐☐☐☐☐☐ 0 未达 1 分 1 能欣赏物品的颜色，有自己偏爱的颜色 2 能认识一两种特定物品的颜色（例如：单一色） 3 能认识常见物品的颜色 4 能认识物品中多种复杂颜色	6.1.3.1 能观察生活中的各种物品，感受不同的颜色和肌理效果，尝试用点、线等画出简单的图形 ☐☐☐☐☐☐ 0 未达 1 分 1 能配合参与绘画活动 2 能在绘画活动中，变换不同的颜色，用点、线等画出简单的图形 3 能依据生活中的各种物品，尝试用点、线等画出相应的颜色和肌理效果 4 能较逼真地画出生活中的各种物品的颜色和肌理效果	6.1.3.1 能运用不同的形状、大小、色彩、肌理和材质等元素，进行造型表现活动 ☐☐☐☐☐☐ 0 未达 1 分 1 能参与造型表现活动 2 能运用常用的一两种美术元素，进行造型表现活动 3 能运用不同的形状、大小、色彩、肌理和材质等元素，进行造型表现活动 4 能适当运用各种美术元素，较逼真地进行造型表现活动
		6.1.3.2 根据身边物品的颜色进行简单的配对分类 ☐☐☐☐☐☐ 0 未达 1 分 1 不破坏物品，任意进行颜色配对分类 2 能根据指定的颜色进行物品配对 3 能根据身边物品的颜色进行简单的配对分类 4 能根据物品的颜色特性进行分类（例如：饱和度、明暗、色相）		
	6.1.4 动作控制	6.1.4.1 能在一定时间内，保持良好的坐姿、站姿等 ☐☐☐☐☐☐ 0 未达 1 分 1 能不离开美术活动现场，能在协助或提醒下保持良好的坐姿、站姿等 2 能在美术活动中，短时间保持良好坐姿、站姿 3 能在一定时间内，保持良好的坐姿、站姿等 4 能主动根据活动所需维持或调整自己的姿势，直至完成活动	6.1.4.1 会安全、稳定地使用工具 ☐☐☐☐☐☐ 0 未达 1 分 1 能配合拿放工具 2 能安全、稳定地使用一两种美术工具 3 能安全、稳定地使用常用的美术工具 4 能安全、稳定地使用各种美术工具	6.1.4.1 能手眼协调，安全、灵活地使用各种工具和材料 ☐☐☐☐☐☐ 0 未达 1 分 1 能配合使用工具和材料 2 能手眼协调，安全、灵活地使用常见的一两种美术工具和材料 3 能手眼协调，安全、灵活地使用各种常见的美术工具和材料 4 能手眼协调，有创意地使用各种工具和材料，以及会使用较少见的美术工具

续表

		低年段	中年段	高年段
6.1 造型·表现	6.1.4 动作控制	6.1.4.2 会用合适的姿势握笔涂画 □□□□□ 0 未达 1 分 1 能不破坏笔，不干扰他人 2 能握紧笔进行涂画 3 能用合适的姿势握笔涂画 4 能根据不同的绘画所需，调整姿势握笔涂画		
		6.1.4.3 会双手取放、按压物品等基本动作，促进手眼协调 □□□□□ 0 未达 1 分 1 能不破坏物品，不干扰他人 2 能用手拿放各种大小的物品 3 会双手取放、按压物品等基本动作，促进手眼协调 4 能依照物品特性，适当调整动作，手眼协调地使用物品		
6.2 设计·应用	6.2.1 物品感知	6.2.1.1 观察、触摸身边常见的简单物品，初步了解其形状、颜色、大小与用途 □□□□□ 0 未达 1 分 1 愿意观察、触摸常见的物品，不破坏 2 能通过观察、触摸，初步了解两三种身边常见的简单物品的形状、颜色、大小与用途 3 能观察、触摸身边常见的简单物品，初步了解其形状、颜色、大小与用途 4 能观察、触摸各种物品，正确了解其形状、颜色、大小与用途	6.2.1.1 观察和区别身边常见生活物品的形状、颜色、材质及用途，并简单描述 □□□□□ 0 未达 1 分 1 能被动观察、关注他人所给的物品 2 能观察和区别常见生活物品的形状、颜色、材质及用途，并简单描述一两种要素 3 能观察和区别常见生活物品的形状、颜色、材质及用途，并简单描述四种要素 4 能观察和区别不常见的生活物品的形状、颜色、材质及用途，并描述四种要素	6.2.1.1 观察、比较身边常见的生活用品、家用电器、服饰等，用自己的方式表达感受 □□□□□ 0 未达 1 分 1 能配合参与用品、服饰等的观察、比较活动，在给出的两种物品中，用动作表达出喜好 2 观察、比较身边常见的生活用品、家用电器、服饰等，并做出喜好选择 3 观察、比较身边常见的生活用品、家用电器、服饰等，用自己的方式表达感受 4 观察、比较身边常见的生活用品、家用电器、服饰等，用多种表现形式表达感受

续表

		低年段	中年段	高年段
6.2 设计·应用	6.2.2 模仿制作	6.2.2.1 借助相应的图形模板，进行简单的模仿制作 □□□□□□ 0 未达 1 分 1 不排斥、不破坏图形模板 2 能摆弄图形模板，自娱自乐 3 能借助相应的图形模板，进行简单的模仿制作 4 能运用图形模板，进行自主创作	6.2.2.1 运用简单的图形和半成品材料，模仿制作 □□□□□□ 0 未达 1 分 1 愿意拿取材料，不破坏 2 能够模仿制作两个步骤的简单图形和半成品材料 3 能够模仿制作三个及以上步骤的简单图形和半成品材料 4 能够运用简单的图形和半成品材料进行制作	
	6.2.3 创作	6.2.3.1 用描画、涂色、拼图等方法，进行简单的组合、装饰练习 □□□□□□ 0 未达 1 分 1 能安坐，不影响他人，不损坏绘画工具 2 能用简单的方法进行描画、涂色等基本绘画活动 3 能运用各种方法进行组合，完成简单的制作活动 4 能运用各种方法进行自主创作	6.2.3.1 选择合适的材料，制作简单的生活用品 □□□□□□ 0 未达 1 分 1 愿意拿取材料，不破坏 2 能选择合适的材料，制作特定的一两种简单的生活用品 3 能选择合适的材料，制作简单的生活用品 4 能自己设计制作简单的生活用品	6.2.3.1 根据生活物品的特征，从形状、色彩、用途等方面，进行简单交流 □□□□□□ 0 未达 1 分 1 能对生活物品进行简单的喜好表达 2 能根据生活物品的一两种特征，进行简单交流 3 能根据生活物品的特征，从形状、色彩、用途等方面，进行简单交流 4 能根据生活物品的特征，从形状、色彩、用途等方面，进行比较专业的交流
		6.2.3.2 通过描画、涂色、制作等活动，锻炼手部力量和控制能力 □□□□□□ 0 未达 1 分 1 能安坐，不影响他人，不损坏绘画工具 2 能从事简单的绘画活动 3 能通过描画、涂色、制作等活动，锻炼手部力量和控制能力 4 在绘画活动中，能很好地控制手部力量，从事细节描画		6.2.3.2 尝试根据语言描述表现生活物品 □□□□□□ 0 未达 1 分 1 能配合参与活动，不排斥 2 能根据特定的语言描述表现一两种常见的生活物品 3 能根据语言描述表现生活物品 4 能根据语言描述有创意地表现生活物品

续表

		低年段	中年段	高年段
6.3 欣赏·评述	6.3.1 欣赏与评述	6.3.1.1 初步感受自然界与生活中美的事物 □□□□□□ 0 未达 1 分 1 不排斥自然界与生活中美的事物 2 能够关注并趋近自然界与生活中特别突出的美的事物 3 能够有意识地关注并趋近自然界与生活中美的事物 4 能够赏析并追求自然界与生活中美的事物	6.3.1.1 从内容、形象、色彩等方面欣赏儿童美术作品，尝试用表情、动作、语言进行表达 □□□□□□ 0 未达 1 分 1 能关注他人给出的作品 2 能在欣赏儿童美术作品时，用表情、动作、语言表达所看到的内容 3 能在欣赏儿童美术作品时，用表情、动作、语言表达所看到的内容、形象、色彩 4 能在欣赏儿童美术作品时，用表情、动作、语言表达所看到的内容、形象、色彩及其他方面	6.3.1.1 通过图片、影像等形式，运用描述、分析、比较和讨论等方法，欣赏书法、中国画、油画、水彩画、版画、雕塑、动漫等不同形式的美术作品 □□□□□□ 0 未达 1 分 1 能有机会通过图片、影像等形式，运用自己独特的方法欣赏美术作品，不干扰、不破坏 2 能通过图片、影像等形式，运用常用的方法，欣赏几种熟悉的形式的美术作品 3 能通过图片、影像等形式，运用多种方法，欣赏不同形式的美术作品 4 能运用较专业的方法，欣赏各种形式的美术作品
		6.3.1.2 观察绘画作品，表达自己的感受 □□□□□□ 0 未达 1 分 1 能不破坏绘画作品 2 能关注少数特定的绘画作品，表达自己的喜好 3 能观赏常见的绘画作品，简单地表达自己的感受 4 能观赏并评析各类绘画作品	6.3.1.2 欣赏中外美术家作品，尝试表达自己的感受 □□□□□□ 0 未达 1 分 1 能关注他人给出的作品 2 能欣赏中外美术家作品，简单表达自己的好恶 3 能针对中外美术家作品的内容进行描述 4 能欣赏中外美术家作品，尝试推测作者的意图	6.3.1.2 通过多种方式，感受美术作品在日常生活中的应用 □□□□□□ 0 未达 1 分 1 能接受或欣赏生活中应用的美术作品，或在别人询问时会选择应用 2 能通过一两种方式，感受美术作品在与自己相关的生活中的应用 3 能通过多种方式，感受美术作品在日常生活中的应用 4 能通过多种方式，了解美术作品，有创意地设计应用在日常生活中

续表

		低年段	中年段	高年段
6.3 欣赏·评述	6.3.1 欣赏与评述	6.3.1.3 观赏感兴趣的卡通造型和玩具，尝试与他人交流 ☐☐☐☐☐☐ 0 未达 1 分 1 愿意观赏物品，不破坏 2 会关注感兴趣的卡通造型和玩具，能在他人的提问下表达自己的喜好 3 会观赏感兴趣的卡通造型和玩具，能与他人进行简单的交流 4 会观赏各类卡通造型和玩具，搜集相关的资讯，并就此与他人进行顺畅的交流	6.3.1.3 辨识生活中常见的标识图形，用多种方式进行简单描述 ☐☐☐☐☐☐ 0 未达 1 分 1 能关注他人给出的标识图形 2 能辨识有关自身安全的、特定的一两种标识图形（禁止 /警告标识、红绿灯、斑马线、男女厕所） 3 能辨识生活中常见的标识图形，用多种方式进行简单描述（例如：手洗 / 机洗、天气图、衣服尺码、交通指示、手机上的图标等） 4 能辨识各种标识图形，用多种方式进行简单描述	6.3.1.3 了解本地的民间艺术，初步感受艺术的特色 ☐☐☐☐☐☐ 0 未达 1 分 1 能配合参与本地民间艺术的一些活动 2 能了解本地一两种民间艺术的主要特色 3 能了解本地的几种民间艺术，初步感受艺术的特色 4 能熟悉本地的民间艺术，了解艺术的特色，并能向他人大致解说
		6.3.1.4 认识物体的颜色、形状等基本特征，如国旗、国徽等 ☐☐☐☐☐☐ 0 未达 1 分 1 会关注部分物体的颜色、形状等基本特征 2 会辨别部分物体的颜色、形状等基本特征 3 能认识常见物体的颜色、形状等基本特征 4 能认识各种物体上复杂的颜色、形状等基本特征		6.3.1.4 学习中华优秀传统文化，了解优秀的民族、民间艺术及人类文化遗产，感受艺术的魅力 ☐☐☐☐☐☐ 0 未达 1 分 1 能参与各种艺术活动 2 能学习中华优秀传统文化，了解参与过的艺术活动的主要特色 3 能学习中华优秀传统文化，了解优秀的民族、民间艺术及人类文化遗产，感受艺术的魅力 4 能熟悉优秀的民族、民间艺术及人类文化遗产，及各类艺术的魅力，并能向他人大致解说
				6.3.1.5 参与欣赏活动并能调节情绪，享受审美的过程 ☐☐☐☐☐☐ 0 未达 1 分 1 能安全稳定地参与欣赏活动，情绪容易安抚 2 能喜欢参与欣赏活动，并保持稳定愉快的情绪 3 能以参与欣赏活动来调节情绪，享受审美的过程 4 能以欣赏作品，作为调节或疗愈自己情绪的方法之一

		低年段	中年段	高年段
6.4 综合·探索	6.4.1 综合创作表现	6.4.1.1 了解绘画与手工的不同表现形式 ☐☐☐☐☐☐ 0 未达 1 分 1 不排斥，不影响他人 2 对特定的绘画与手工活动感兴趣，能用来自娱自乐 3 了解绘画与手工的不同表现形式 4 能综合运用绘画与手工的不同表现形式，并进行创作活动	6.4.1.1 结合生活语文、生活数学、唱游与律动等学科开展有主题的活动 ☐☐☐☐☐☐ 0 未达 1 分 1 能配合参与活动 2 能结合生活语文、生活数学、唱游与律动等一两个学科，依照老师给的模板进行有主题的创作活动 3 能结合生活语文、生活数学、唱游与律动等学科进行有主题的活动 4 结合生活语文、生活数学、唱游与律动等学科开展有主题的活动，并有创新的表现	6.4.1.1 关注学校、社区环境，感受绘画与手工在生活中的应用 ☐☐☐☐☐☐ 0 未达 1 分 1 能参与学校、社区中的绘画与手工活动 2 能关注学校、社区环境，感受自己参与过的绘画与手工在生活中的应用 3 能关注学校、社区环境，感受绘画与手工在生活中的应用 4 能自己设计并应用绘画与手工在各种环境中
			6.4.1.2 使用多种材料开展综合探索活动 ☐☐☐☐☐☐ 0 未达 1 分 1 能配合参与多种材料的探索活动 2 能使用特定的两种材料开展模仿探索活动 3 能使用多种材料开展综合探索活动 4 能适时适地主动寻找并使用多种材料开展综合探索活动	6.4.1.2 结合各学科内容、校内外活动，尝试进行绘画表现或制作手工艺品、装饰物等 ☐☐☐☐☐☐ 0 未达 1 分 1 能参与绘画、手工活动 2 能结合各学科内容、校内外活动，进行熟悉的一两种绘画表现或制作手工艺品、装饰物等 3 能结合各学科内容、校内外活动，进行绘画表现或制作手工艺品、装饰物等 4 能结合各学科内容、校内外活动，有创意地进行绘画表现或制作手工艺品、装饰物等
				6.4.1.3 使用夹取类、串编类等工具，完成造型表现 ☐☐☐☐☐☐ 0 未达 1 分 1 能配合使用工具，安全参与活动 2 能使用一两种常用的工具完成造型表现 3 能使用夹取类、串编类等工具，完成造型表现 4 能使用夹取类、串编类等工具，有创意地进行造型表现

续表

		低年段	中年段	高年段
6.4 综合·探索	6.4.1 综合创作表现			6.4.1.4 利用照相机、计算机等新媒材进行创作活动 ☐☐☐☐☐☐ 0 未达 1 分 1 能配合使用新媒材的活动，不干扰、不破坏 2 能使用一两种新媒材进行创作活动 3 能利用照相机、计算机等新媒材进行创作活动 4 能利用照相机、计算机等新媒材有创意地进行创作活动
				6.4.1.5 结合中国版图和疆域等知识，开展爱国主义主题的综合活动 ☐☐☐☐☐☐ 0 未达 1 分 1 能配合参与爱国主义主题的综合活动 2 能结合中国版图和疆域等知识，收集相关图片或物品 3 能结合中国版图和疆域等知识，会用简单绘画、制作手工艺品、歌曲演唱等方式开展爱国主义主题活动 4 能组织绘画、制作手工艺品、歌曲演唱等综合方式开展爱国主义主题活动
				6.4.1.6 围绕诚信友善、勤俭节约、尊老爱幼等中华传统美德主题，进行综合造型活动并展示 ☐☐☐☐☐☐ 0 未达 1 分 1 能配合参与中华传统美德主题的综合造型活动 2 能围绕诚信友善、勤俭节约、尊老爱幼等中华传统美德主题，采用一两种熟悉的形式进行综合造型活动并展示 3 能围绕诚信友善、勤俭节约、尊老爱幼等中华传统美德主题，采用多种形式进行综合造型活动并展示 4 能围绕诚信友善、勤俭节约、尊老爱幼等中华传统美德主题，采用多种形式进行有创意的综合造型活动并展示

		低年段	中年段	高年段
6.4 综合·探索	6.4.1 综合创作表现			6.4.1.7 尝试将审美意识应用于生活，体现仪容、仪表之美 □□□□□□ 0 未达1分 1 能保持整洁或选择较美的装扮 2 能尝试将某种审美意识应用于生活，体现仪容、仪表之美 3 能尝试将审美意识应用于生活，体现仪容、仪表之美 4 能有品位地装扮自己
				6.4.1.8 利用掌握的绘画与手工技能，初步适应生活需要和职业需求 □□□□□□ 0 未达1分 1 能参与与生活和工作相关的绘画与手工活动 2 利用掌握的绘画与手工技能，解决一两种生活需要或职业需求 3 利用掌握的绘画与手工技能，适应基本的生活需要和职业需求 4 将掌握的绘画与手工技能，正确应用于生活需要和职业需求

七、运动与保健　四好评量表

钟秀兰　黄素平　金容　袁支农　陈赛君

学生姓名：＿＿＿＿＿＿＿＿　　性别：＿＿＿＿＿＿

出生日期：＿＿＿＿年＿＿月＿＿日

1分　好照顾：在动作操作阶段（感觉动作期），设想其能对感觉有区辨与表示选择的能力，来应付生存上和空闲时光的相关需求。在大人没空时，他可以自己玩一会儿喜好之物，不干扰大人，大人带他外出时不会走失（因为有经验，他可在大人给予运动类活动时不排斥），保健方面能配合大人的照料。

2分　好家人：在具体操作阶段（前运思期）（学前成就），设想在大人没空时，他可以自己做某种熟悉的室内运动约半小时，不会有危险，大人带他去运动时可以参与（因为有经验和技能，他可选择运动类活动），保健方面能配合大人，并会独立做一两件有利于自己健康的事。

3分　好帮手：在平面操作进入符号操作阶段（具体运思期前或后段）（学龄一二段），可以自己从事室内运动及几项户外运动，不会有危险，形成运动习惯，并能和伙伴一起运动（因为有兴趣和技能，他可选择运动保健类活动，如自己练操或去户外锻炼、看运动比赛等）。

4分　好公民：在符号操作阶段（具体运思期后段或符号运思期前段）（学龄三段），可自己安排运动保健类活动，其范围与种类与一般人接近，甚至可带动别人（因为有品位和技能，他可选择运动保健类活动，并自己获取资源）。

低年段（1—3年级）	中年段（4—6年级）	高年段（7—9年级）
第一次评量	第一次评量	第一次评量
日期：＿＿＿＿总分：□	日期：＿＿＿＿总分：□	日期：＿＿＿＿总分：□
第二次评量	第二次评量	第二次评量
日期：＿＿＿＿总分：□	日期：＿＿＿＿总分：□	日期：＿＿＿＿总分：□
第三次评量	第三次评量	第三次评量
日期：＿＿＿＿总分：□	日期：＿＿＿＿总分：□	日期：＿＿＿＿总分：□
第四次评量	第四次评量	第四次评量
日期：＿＿＿＿总分：□	日期：＿＿＿＿总分：□	日期：＿＿＿＿总分：□
第五次评量	第五次评量	第五次评量
日期：＿＿＿＿总分：□	日期：＿＿＿＿总分：□	日期：＿＿＿＿总分：□
第六次评量	第六次评量	第六次评量
日期：＿＿＿＿总分：□	日期：＿＿＿＿总分：□	日期：＿＿＿＿总分：□

		低年段	中年段	高年段
7.1 运动参与	**7.1.1 参与体育运动学习和锻炼**	7.1.1.1学习运动与保健课课堂常规并能参与各项体育运动 □□□□□□ 0 未达 1 分 1 能关注同伴的体育运动，或能在参与运动与保健课时不干扰、不破坏 2 凡符合下列之一者达 2 分 （1）参与几项特定的体育运动（例如：喜欢的、每节课都做的） （2）能跟随每节课的例行活动 3 能学习课堂常规，并参与常见的体育运动 4 能主动遵守课堂常规，并参与各项体育运动	7.1.1.1 主动参与运动与保健课的学习及课外体育运动 □□□□□□ 0 未达 1 分 1 能配合参与运动与保健课的学习及课外体育活动 2 凡符合下列之一者达 2 分 （1）主动参与几项特定的体育活动（例如：喜欢的、每节课都做的） （2）能主动做每节课的例行活动 3 能主动参与常见运动与保健课的学习及课外体育活动 4 能带领同学参与运动与保健课的学习及课外体育运动	7.1.1.1 初步形成运动锻炼的习惯和终身运动的意识 □□□□□□ 0 未达 1 分 1 能配合参与运动与保健，有运动锻炼的规律 2 能够主动自觉地参与运动与保健，有一两种特定的运动锻炼项目，形成习惯，凡符合下列之一者达 2 分 （1）有机会运动时，能选择一两种特定的运动锻炼项目 （2）有例行的运动作息时间 3 经常主动运动，初步形成运动锻炼的习惯和终身运动的意识 4 能够在各种情况下，克服困难保持运动锻炼习惯，并能带动他人运动锻炼
	7.1.2 体验运动乐趣与成功		7.1.2.1 体验各种运动带来的乐趣与成功（喜欢） □□□□□□ 0 未达 1 分 1 能关注或是配合参与各种体育运动（例如：不排斥、不干扰、不害怕） 2 能有少数几项运动能改变其情绪，显得开心（例如：攀爬、轮滑、体操、散步、垫上运动） 3 能够参与大多数体育运动，在参与的过程中体验其乐趣与成功 4 能够带动他人一起体验各种运动带来的乐趣与成功	7.1.2.1 初步形成积极的体育运动态度 □□□□□□ 0 未达 1 分 1 能够选择参与自己喜欢的体育运动 2 能够配合参与几项体育活动，积极求胜或完成任务 3 能够主动参与各种体育运动，初步形成积极的运动态度（例如：愿意尝试做得更好） 4 能够认可体育运动的好处，与人分享运动的乐趣，或能够带动及组织其他人一起参与体育运动

续表

		低年段	中年段	高年段
7.2 运动 技能	7.2.1 体育 运动 知识	7.2.1.1 获得简单的体育运动 　　知识和体验 □□□□□□ 0 未达 1 分 1 能接受至少一项体育运动，或 　能够在学习简单的体育知识 　时不干扰、不破坏、不逃离 2 能参与模仿几项特定的运动 　动作（例如：转头抬腿、下 　蹲、踏步等） 3 能获得简单的体育运动知识 　和体验（例如：蹲起、踏步、 　跳跃、快慢、抬腿、走直线、 　走弯线等） 4 能掌握所学的各种体育运动 　知识	7.2.1.1 体验运动过程并了解 　　动作名称的含义 □□□□□□ 0 未达 1 分 1 能够被动配合参与各项运动 　（例如：不排斥、不干扰、 　能关注） 2 能够体验运动过程并能说出 　少数特定的运动项目名称 　（例如：跑步、拍球） 3 能够体验各种运动过程并能 　说出所学的运动项目名称 4 能够体验各项运动过程并能 　说出常见的运动项目名称	7.2.1.1 了解运动项目的知识 □□□□□□ 0 未达 1 分 1 能够配合参与各项运动及运 　动的相关知识的学习 2 能够说出少数特定的运动项 　目名称及基本内容（例如： 　器材人员、赛跑是从这里跑 　到那里等简单规则） 3 能够说出所学的运动项目名 　称及基本内容（例如：人员 　器材、运动规则等） 4 能够组织学习或清楚讲解常 　见运动项目名称及基本内容
			7.2.1.2 学习特奥运动的基本 　　知识 □□□□□□ 0 未达 1 分 1 能够配合学习特奥运动的基 　本知识，或能关注、不干扰， 　或能够关注、接受学习特奥 　运动的基本知识的教学活动 2 能够说出或表达出少数的特 　奥运动项目及规则（例如： 　游泳、足球、乒乓球） 3 能够说出所学的特奥运动项 　目及简单规则（例如：体操、 　篮球、自行车、滑冰等） 4 能够说出常见的特奥运动项 　目及规则	7.2.1.2 丰富特奥运动的知识 □□□□□□ 0 未达 1 分 1 能够配合学习特奥运动的知 　识，并有机会做出选择 2 能够说出少数特奥项目的相 　关知识 3 能够说出所学的特奥运动项 　目的相关知识（例如：起源、 　发展、开展情况、著名运动 　员等） 4 能够讲解常见的特奥运动项 　目的相关知识（例如：起源、 　发展、开展情况等）

续表

		低年段	中年段	高年段
7.2 运动技能	7.2.1 体育运动知识		7.2.1.3 学会体育学习和锻炼 □□□□□□ 0 未达 1 分 1 能够配合体育学习和锻炼的安排（例如：不排斥、不干扰、能关注） 2 能做出少数选择判断，做一两种锻炼（例如：某个场地适合从事什么运动项目、某个运动项目适合在什么场地进行、某种器材适合用来做什么运动项目、某个运动项目适合什么时候做） 3 能够选择判断常见的运动锻炼项目的时间、场地和运动方式，并尝试学校内能做到的锻炼 4 能判断不常见的运动锻炼项目的时间、场地和运动方式，并能尝试锻炼	7.2.1.3 提高运动学习和锻炼的能力 □□□□□□ 0 未达 1 分 1 能够配合运动和锻炼的安排（例如：不排斥、不干扰、能关注），并有机会做出选择 2 能有一两种自己的运动锻炼项目 3 能够制订个人锻炼计划（例如：项目、方法、标准、时间、地点等），执行一两种自己精熟的运动项目，并能继续学习更多运动项目 4 能够依据实际情况进行适宜的体育锻炼，所制订的体育锻炼计划合理、可行、有效，并能给别人提供相关建议
			7.2.1.4 观看体育比赛 □□□□□□ 0 未达 1 分 1 能够配合观看体育比赛（例如：会关注、不干扰、不排斥、不破坏） 2 能够观看少数、特定的体育比赛（例如：有兴趣、能看完整的比赛） 3 能够观看常见的体育比赛（例如：足球、篮球、跑步等），并能说出比赛的胜负情况 4 能带动他人观看比赛，或能向他人转述比赛过程及胜负情况	

续表

		低年段	中年段	高年段
7.2 运动 技能	7.2.2 运动 技能 和方 法	7.2.2.1 学习基本的身体活动方法和体育游戏 ☐☐☐☐☐☐ 0 未达 1 分 1 能不排斥参与身体活动和体育游戏 2 能模仿少量的身体活动，参与特定几项体育游戏 3 能学习基本的身体活动方法（例如：游戏中的走、跑、抛、钻、爬等） 4 能积极参与体育游戏	7.2.2.1 掌握有一定难度的基本身体活动方法 ☐☐☐☐☐☐ 0 未达 1 分 1 可接受参与身体活动 2 能够完成基本的身体活动动作（例如：滚、爬、跑、钻、投等） 3 能够完成有一定难度的基本身体活动（例如：高抬腿、连续跳、投掷等） 4 能够有品质地完成有难度的基本身体活动，可给他人做榜样	7.2.2.1 基本掌握简单的技术动作组合 ☐☐☐☐☐☐ 0 未达 1 分 1 有想参加的或想看的运动项目 2 能够掌握某项运动项目的技术动作组合（例如：动作的熟练度、连贯性） 3 能够基本掌握常见的简单运动项目（例如：田径类、球类、体操类运动等）的技术动作组合（例如：动作的平衡性、协调性、连贯性等） 4 能够精熟掌握几种类型的运动项目或体育游戏的技术动作组合
		7.2.2.2 学习不同的体育活动方法 ☐☐☐☐☐☐ 0 未达 1 分 1 能在体育学习中自由活动身体，对活动不干扰、不排斥 2 能在体育学习中参与几项特定的体育活动 3 能学习并表现不同的体育活动方法（例如：运动中的跳、投，拍、投球类，排队，列队等） 4 能学习不同的体育活动方法，动作正确、熟练，可带动同学学习	7.2.2.2 基本掌握多种体育活动方法 ☐☐☐☐☐☐ 0 未达 1 分 1 能够进行体育活动并可以关注体育活动的进行 2 能够掌握特定的体育活动方法，以便进行身体锻炼 3 能够掌握多种体育活动方法（例如：接力跑、立定跳远、投掷类、羽毛球、篮球、足球、徒手操、队列变换等的进行方法） 4 能够带动或组织同学进行简单的体育活动（例如：篮球、羽毛球等）	7.2.2.2 掌握常见的体育游戏方法和规则 ☐☐☐☐☐☐ 0 未达 1 分 1 能够选择配合体育游戏的进行，没有危险 2 能够掌握特定的体育游戏方法和规则，以便可以参与部分体育游戏活动进行休闲娱乐 3 能够掌握常见的体育游戏方法和规则（例如：趣味竞赛、接力赛等） 4 能够依据活动需求，组织同学进行体育游戏（例如：趣味运动会、健身社团活动等）

续表

		低年段	中年段	高年段
	7.2.2 运动技能和方法		7.2.2.3 基本掌握一些简单的体育游戏方法和规则 ☐☐☐☐☐☐ 0 未达 1 分 1 能够配合体育游戏的进行，并能关注喜欢的体育游戏 2 能够掌握特定的体育游戏方法和规则 3 能够掌握常见的体育游戏方法和规则（例如：丢沙包、丢手绢、123木头人、抢位子、跳房子等） 4 能够在课余时间组织同学进行体育游戏	
7.2 运动技能	7.2.3 安全运动的意识和能力	7.2.3.1 初步了解安全运动及日常生活中有关运动安全避险的知识和方法 ☐☐☐☐☐☐ 0 未达 1 分 1 能接收别人的安全警示（例如：声音、手势、动作） 2 能了解特定的安全运动及有关运动安全避险的方法 3 能初步了解安全运动及日常生活中有关运动安全避险的知识和方法 4 能根据情境判断并使用相应的运动安全避险方法	7.2.3.1 初步掌握一些运动安全常识，了解运动损伤及常见运动伤害的预防和简单处理方法 ☐☐☐☐☐☐ 0 未达 1 分 1 能配合及关注运动安全常识的学习 2 能掌握少量的运动安全常识（例如：心脏病不能剧烈运动、癫痫不能剧烈运动等）及日常生活中有关运动安全避险的知识和方法，不做有危险的运动（例如：遵守全规则、不远离大人的视线） 3 能掌握常用的运动安全常识（例如：运动前的准备活动，运动的场地、服装的选择），了解运动损伤及常见运动伤害的预防和简单处理方法（例如：擦伤、破口怎么处理） 4 能掌握针对某一项运动特定的运动常识（例如：如何正确调整运动姿势），了解运动损伤及常见运动伤害的预防并做初步判断和处理（例如：送医还是自己处理）	7.2.3.1 提高安全运动的能力 ☐☐☐☐☐☐ 0 未达 1 分 1 配合运动时没有危险举动 2 能掌握特定的安全运动的方法、自我保护的方法（例如：避免太饱或空腹运动、运动中保证充足的饮水、运动前热身） 3 能掌握常见的安全运动的方法、自我保护的方法（例如：跳跃时正确的着地姿势、摔倒时的自我保护方法、运动场所和器材的安全检查） 4 能保障自己运动时的安全，并能协助他人进行安全运动

续表

		低年段	中年段	高年段
7.2 运动技能	7.2.3 安全运动的意识和能力			7.2.3.2 将安全运动意识迁移到日常生活中 □□□□□□ 0 未达 1 分 1 能配合日常生活中的安全运动 2 能掌握特定的日常生活中的安全运动知识（例如：不翻越围墙、不攀爬树木、不往楼下投掷杂物） 3 能掌握常见的日常生活中的安全运动知识（例如：日常走路安全、有序上下楼梯、特殊天气的出行安全、使用器材的安全检查） 4 能够主动规避危险活动，帮助他人规避危险活动
7.3 身体健康	7.3.1 运动保健知识和方法	7.3.1.1 初步掌握运动的卫生保健知识和方法 □□□□□□ 0 未达 1 分 1 不排斥与运动的卫生保健相关的活动 2 能掌握特定的几种运动的卫生保健知识和方法 3 能掌握常用的运动的卫生保健知识和方法（例如：运动后洗手、出汗后要擦汗、有汗时不吹空调、参加早操等） 4 能运用合适的运动的卫生保健知识和方法	7.3.1.1 初步了解身体部位 □□□□□□ 0 未达 1 分 1 能感觉他人触碰自己的身体部位 2 能初步了解明显的身体部位（例如：头、手、脚等） 3 能进一步了解各身体部位（例如：手肘、手心、手腕、脚踝、膝盖、腰、肩膀等） 4 能正确表达与运用各身体部位参与运动	7.3.1.1 基本掌握青春期运动保健知识 □□□□□□ 0 未达 1 分 1 不排斥与青春期运动保健相关的活动 2 能掌握特定的几种青春期运动保健知识（例如：生理期注意事项） 3 能基本掌握大部分青春期运动保健知识（例如：运动时的身体保护措施、饮食搭配、服装搭配、运动项目选择等） 4 能正确运用合适的青春期运动保健知识
			7.3.1.2 初步了解与运动、营养相关的常见疾病 □□□□□□ 0 未达 1 分 1 能参与了解与运动、营养相关的常见疾病的活动，不干扰 2 能初步了解与运动、营养相关的常见疾病的名称 3 能初步了解与运动、营养相关的常见疾病的危害 4 能预防与运动、营养相关的常见疾病	

续表

		低年段	中年段	高年段
7.3 身体健康	**7.3.2 良好体形和身体姿态**	7.3.2.1 注意保持良好的身体姿态 ☐☐☐☐☐☐ 0 未达 1 分 1 能接受正确的身体姿态 2 在几种特定的情境下，能保持正确的身体姿态（例如：在指导后能保持正确的坐姿、站姿等） 3 无身体变形，在日常生活中，能注意保持正确的身体姿态（例如：行走时，身体保持正直，两眼目视前方） 4 随时随地能注意保持正确的身体姿态	7.3.2.1 改善体形和身体姿态 ☐☐☐☐☐☐ 0 未达 1 分 1 能接受正确的体形和身体姿态 2 能用一两种特定的方法改善自己的体形和身体姿态（例如：侧睡、倒坐椅子） 3 无身体变形，能运用几种有效方法改善自己的几个体形和身体姿态 4 能坚持运用几种有效的方法改善自己的体形和身体姿态	7.3.2.1 塑造、保持良好的身体姿态 ☐☐☐☐☐☐ 0 未达 1 分 1 能塑造并保持正确的身体姿态 2 在几种特定的情境下，能塑造并保持正确的身体姿态 3 无身体变形，在日常生活中，能塑造并注意保持正确的身体姿态 4 能随时随地坚持塑造并注意保持正确的身体姿态
	7.3.3 全面发展体能与健身	7.3.3.1 初步发展柔韧性、灵敏性和平衡能力 ☐☐☐☐☐☐ 0 未达 1 分 1 不排斥发展柔韧性、灵敏性和平衡能力的活动 2 能参与几种简单的发展柔韧性、灵敏性和平衡能力的活动 3 能完成大部分发展柔韧性、灵敏性和平衡能力的活动（例如：能沿着直线行走，不偏离直线） 4 能有比同龄人优越的柔韧性、灵敏性和平衡能力	7.3.3.1 发展灵敏协调性、力量和速度 ☐☐☐☐☐☐ 0 未达 1 分 1 能关注具有灵敏协调性、力量和速度的活动 2 能通过一两种方式练习灵敏协调性、力量和速度 3 能发展出基本的灵敏协调性、力量和速度 4 能有比同龄人优越的灵敏协调性、力量和速度	7.3.3.1 在运动项目练习中提高灵敏协调性、速度、力量、心肺耐力和健身能力 ☐☐☐☐☐☐ 0 未达 1 分 1 能关注提高灵敏协调性、速度、力量、心肺耐力和健身能力的运动项目 2 能参与几种简单的提高灵敏协调性、速度、力量、心肺耐力和健身能力的运动项目练习 3 有基本的灵敏协调性、速度、力量、心肺耐力和健身能力，并能在多种运动项目练习中提高 4 能有比同龄人优越的灵敏协调性、速度、力量、心肺耐力和健身能力，并能在多种运动项目练习中提高
	7.3.4 适应自然环境	7.3.4.1 发展户外运动能力 ☐☐☐☐☐☐ 0 未达 1 分 1 不排斥户外运动 2 能参与几种简单的户外运动 3 能参与大部分户外运动 4 能设计一些自己喜欢的户外运动	7.3.4.1 发展适应气候变化的能力 ☐☐☐☐☐☐ 0 未达 1 分 1 能接受在不同气候条件下到户外运动一会儿 2 能在适宜的气候条件下进行半小时户外运动 3 能在不同气候条件下进行半小时户外运动 4 能较长时间在不同气候条件下进行户外运动	7.3.4.1 增强适应自然环境变化的能力 ☐☐☐☐☐☐ 0 未达 1 分 1 能够配合参与在不同气候件下进行的活动 2 能够选择自己喜欢的天气进行适宜的活动项目 3 能根据自然环境选择适宜的运动场地及项目（例如：在雾霾或极端天气下不进行户外运动） 4 能根据自然环境的变化，合理地计划安排活动项目

续表

		低年段	中年段	高年段
7.4 心理健康	**7.4.1 良好的意志品质**	7.4.1.1 努力尝试完成体育学习和锻炼任务 ☐☐☐☐☐☐ 0 未达 1 分 1 不排斥体育学习和锻炼任务 2 能尝试完成几种特定的体育学习和锻炼任务 3 能努力尝试完成大部分的体育学习和锻炼任务 4 能克服困难，努力完成体育学习和锻炼任务	7.4.1.1 坚持完成有一定困难的体育活动 ☐☐☐☐☐☐ 0 未达 1 分 1 不排斥有一定困难的体育活动 2 能坚⋯⋯两项⋯⋯ 3 能坚⋯⋯育⋯⋯ 4 能⋯⋯有一定⋯⋯	7.4.1.1 树立自尊、自信、自立、自强的良好品质 ☐☐☐☐☐☐ 0 未达 1 分 1 不排斥参加高难度的体育活动或体育比赛，也能接受自己无法做到的运动项目 　能对某些较难的运动项目或相关活动保持积极自信的参与态度和精神 3 能努力完成有一定困难的体育活动或体育比赛，养成基本的自信、自强的心理品质 4 能坚持克服困难，完成较难的运动项目与相关活动，养成自尊、自信、自立、自强的心理品质，或能鼓励他人
	7.4.2 调控情绪的方法	7.4.2.1 体验体育活动对情绪的积极影响 ☐☐☐☐☐☐ 0 未达 1 分 1 能关注体育活动 2 能体验几项喜欢的体育活动对情绪的积极影响 3 能体验一般的体育活动对情绪的积极影响 4 能体验大部分体育活动对情绪的积极影响，或能运用体育活动调节自己的某些情绪	7.4.2.1 在体育活动中合理调节自己的情绪 ☐☐☐☐☐☐ 0 未达 1 分 1 能在他人大量引导下保持心情愉悦地关注或参与体育活动一会儿，或在体育活动中，能接受一两种方法调节情绪 2 在体育活动中，能自己运用一两种方法调节自己的情绪 3 在体育活动中合理调节自己的情绪 4 在体育活动中，经历各种经验和情绪调节，并能引导他人合理调节自己的情绪	7.4.2.1 积极应对挫折和失败，并能调控自己的情绪 ☐☐☐☐☐☐ 0 未达 1 分 1 能在挫折和失败时，容易安抚 2 能在挫折和失败时，有一两种方法调节自己的情绪 3 能积极应对挫折和失败，并能调控自己的情绪 4 能正确认识失败的经历，从中学习，并能积极主动地引导他人正确应对挫折和失败

续表

		低年段	中年段	高年段
7.4 心理健康	**7.4.3 合作意识与能力**	7.4.3.1 在体育活动中建立初步的合作意识 ☐☐☐☐☐ 0 未达 1 分 1 能关注他人进行体育活动，不破坏 2 愿意参加喜欢的体育活动 3 在喜欢的体育活动中，与人友好相处，建立初步的合作意识 4 在一般的体育活动中，与人友好相处，建立初步的合作意识	7.4.3.1 在团队体育活动中能较好地履行自己的职责 ☐☐☐☐☐ 0 未达 1 分 1 能在团队体育活动中不干扰或没有危险举动 2 能在团队体育活动中基本履行自己的职责 3 能在团队体育活动中较好地履行自己的职责 4 能在团队体育活动中提醒、协助他人履行自己的职责	7.4.3.1 树立集体荣誉感，形成积极合作、相互配合的意识与能力 ☐☐☐☐☐ 0 未达 1 分 1 在集体性体育活动中，能感觉到自己的队伍 2 在集体性体育活动中，能配合完成任务 3 在集体性体育活动中，树立集体荣誉感，形成积极合作、相互配合的意识与能力 4 在集体性体育活动中，树立集体荣誉感，倡导大家形成积极合作、相互配合的意识与能力，是大家的榜样
	7.4.4 良好的体育道德	7.4.4.1 掌握基本的运动交往礼仪 ☐☐☐☐☐ 0 未达 1 分 1 能关注他人进行各种运动，不排斥、不破坏 2 能掌握一两种简单的运动交往礼仪 3 掌握基本的运动交往礼仪（例如：礼貌用语、点头、共享等） 4 在各种运动中能主动表现出适当的交往礼仪	7.4.4.1 主动规范自己的行为 ☐☐☐☐☐ 0 未达 1 分 1 能参与各类体育活动，不排斥 2 在体育活动中，能有基本的运动规范行为（例如：邀请、借用、共享、界线、祝贺、不作弊、不犯规等） 3 在体育活动中，主动规范自己的行为 4 在各类体育活动中，提醒他人规范自己的行为或起到榜样作用	7.4.4.1 形成团结友爱、互相帮助的良好体育道德 ☐☐☐☐☐ 0 未达 1 分 1 能参与各类体育活动，不排斥 2 能在几种运动项目中形成团结友爱、互相帮助的良好体育道德 3 能在各种运动项目中形成团结友爱、互相帮助的良好体育道德（例如：公平、公正等） 4 能作为榜样或能提醒他人形成团结友爱、互相帮助的良好体育道德（例如：公平、公正等）

八、信息技术 四好评量表（选修）

李宝珍 杨津晶

学生姓名：_____ 性别：_____

出生日期：_____年____月____日

评分标准：

1 分   好照顾：能感知信息，被动接收。

2 分   好家人：能使用少数特定的信息技术，以达到个人的基本需求。

3 分   好帮手：能应用几种信息技术，以满足家庭生活之需求。

4 分   好公民：能和一般人一样应用信息技术，以满足社会生活之需求。

第一次评量日期_____年____月____日，评量者：_____   总分：_____

第二次评量日期_____年____月____日，评量者：_____   总分：_____

第三次评量日期_____年____月____日，评量者：_____   总分：_____

第四次评量日期_____年____月____日，评量者：_____   总分：_____

第五次评量日期_____年____月____日，评量者：_____   总分：_____

第六次评量日期_____年____月____日，评量者：_____   总分：_____

第七次评量日期_____年____月____日，评量者：_____   总分：_____

第八次评量日期_____年____月____日，评量者：_____   总分：_____

第九次评量日期_____年____月____日，评量者：_____   总分：_____

使用建议：

1. 当学校开设相关选择性课程时，任课教师必须先进行本课程评量。

2. 评量结果可帮助任课教师理解学生该科学习起点能力，以合理编辑该科教材内容，设计该科学年教学计划。

3. 建议每年评量，可以对照学生学习成果，累积学生该能力的进展状况。

内容			每次评量分数
8.1 身边的信息技术	8.1.1 感受身边的信息	8.1.1.1 感受身边的信息 0 未达 1 分 1 能感知环境中为他设置的信息，不排斥（例如：不丢手机、砸计算机，愿意看人家使用） 2 感受身边与个人生活有关的信息。例如：从大自然、书报、手机、电视、计算机等中，感知个人兴趣爱好的信息的存在（例如：被自己喜欢的广告所吸引） 3 感受身边与家庭生活有关的信息。例如：从大自然、书报、手机、电视、计算机、平板等中，感知处理家务有关的信息的存在（例如：受家人嘱咐关注某类信息广告） 4 感受身边与社会生活有关的信息。例如：从大自然、书报、手机、电视、计算机、平板等中，感知适应社会的有关信息的存在（例如：主动观看大家关注的信息）	第1次：☐ 第2次：☐ 第3次：☐ 第4次：☐ 第5次：☐ 第6次：☐ 第7次：☐ 第8次：☐ 第9次：☐
	8.1.2 了解现代信息技术的作用	8.1.2.1 了解现代信息技术的作用 0 未达 1 分 1 能关注眼前的现代信息用品（例如：手机、数码相机、计算器、平板、计算机等） 2 了解少数特定的现代信息技术的作用。例如：发现生活中某些事物是通过观察手机、计算机等特定信息工具 3 了解常见现代信息技术的作用。例如：通过观察手机、数码相机、计算机、平板等信息工具的使用，了解现代信息技术对日常生活的影响 4 了解现代信息技术的作用，听懂相关话题，并能关注最新的产品发展（例如：会使用一些新出的 App）	第1次：☐ 第2次：☐ 第3次：☐ 第4次：☐ 第5次：☐ 第6次：☐ 第7次：☐ 第8次：☐ 第9次：☐
	8.1.3 遵循的行为规范	8.1.3.1 知道信息技术应用中需要遵循的行为规范 0 未达 1 分 1 能配别人使用信息技术，不逃避、不干扰、不破坏 2 能表现几项信息技术应用中需要遵循的行为规范（例如：正确拿法、保存法、不乱拿别人手机、遵守家人对他的使用要求等必要规范） 3 知道信息技术应用中需要遵循的行为规范（例如：正确使用方法、安全行为、健康行为、文明行为等） 4 能遵循并协助别人了解信息技术应用中的行为规范	第1次：☐ 第2次：☐ 第3次：☐ 第4次：☐ 第5次：☐ 第6次：☐ 第7次：☐ 第8次：☐ 第9次：☐
	8.1.4 初步掌握常用通信工具的基本用法	8.1.4.1 学会接听和拨打电话 0 未达 1 分 1 能配别人接听电话，有反应，不干扰 2 能自己拨打一两个特定的电话以应急，会在别人协助下接听和拨打电话 3 会应用电话的功能（例如：通讯录或拨号键盘），接听和拨打常用电话 4 会自己依需要拨打和接听电话	第1次：☐ 第2次：☐ 第3次：☐ 第4次：☐ 第5次：☐ 第6次：☐ 第7次：☐ 第8次：☐ 第9次：☐

续表

内容			每次评量分数
8.1 身边的信息技术	8.1.4 初步掌握常用通信工具的基本用法	8.1.4.2 学会用手机接收和发送信息 0 未达 1 分 1 能配合别人看手机信息，有反应，不干扰 2 会自己用手机接收和发送经设定的特定信息以应急，能在协助下用手机接收和发送信息 3 会应用手机的功能（例如：短信、QQ 等常用软件），接收和发送常用信息 4 会自己依需要用手机接收和发送信息	第 1 次：□ 第 2 次：□ 第 3 次：□ 第 4 次：□ 第 5 次：□ 第 6 次：□ 第 7 次：□ 第 8 次：□ 第 9 次：□
		8.1.4.3 知道手机的基本操作与设置 0 未达 1 分 1 能不破坏手机 2 能自己做一两个应急的手机操作（例如：拨打应急电话） 3 知道手机的基本操作与设置（例如：开关机、解锁、开关闹钟、浏览特定网页、使用 1～2 种聊天软件等） 4 能知道手机的大部分操作与设置（例如：开关音量，设置闹钟，设置屏保照片，连接无线网络，操作聊天、购物、游戏、视频等基本软件）	第 1 次：□ 第 2 次：□ 第 3 次：□ 第 4 次：□ 第 5 次：□ 第 6 次：□ 第 7 次：□ 第 8 次：□ 第 9 次：□
		8.1.4.4 初步养成保护个人信息安全的意识 0 未达 1 分 1 能表示愿不愿意上传自己的某些信息 2 经设定能行使一两个保护个人信息安全的必要措施（例如：指纹解锁、刷脸） 3 能依据一般安全设定，初步养成保护个人信息安全的意识（例如：设置简单密码、输密码时不让外人看到、密码不无故告诉他人） 4 能采取保护个人信息安全的各种有效措施	第 1 次：□ 第 2 次：□ 第 3 次：□ 第 4 次：□ 第 5 次：□ 第 6 次：□ 第 7 次：□ 第 8 次：□ 第 9 次：□
		*8.1.4.5 学会新建、存储和查找联系人（略）	
	8.1.5 了解数码产品在生活中的应用	8.1.5.1 了解智能手机的用途，并能进行学习、交流、娱乐休闲等活动 0 未达 1 分 1 能不破坏手机，能表达要不要在协助下参与手机活动，并在参与时不排斥、不干扰 2 能应用智能手机的几项特定用途，进行少数几项学习、交流、娱乐休闲等活动（例如：看日期、天气，使用照相机，使用 1～2 种聊天软件，使用 1～2 个网页，使用 1～2 种游戏软件，进行以上 1 项或几项活动） 3 了解智能手机的一般用途，进行例行的学习、交流、娱乐休闲等活动（例如：使用日历、天气、闹钟、计算器等日常事务功能，使用一些常见的视频软件、游戏软件、社交软件、照相软件等） 4 了解智能手机的大多数用途，并能进行所需的各种学习、交流、娱乐休闲等活动	第 1 次：□ 第 2 次：□ 第 3 次：□ 第 4 次：□ 第 5 次：□ 第 6 次：□ 第 7 次：□ 第 8 次：□ 第 9 次：□

续表

内容			每次评量分数
8.1 身边的信息技术	8.1.5 了解数码产品在生活中的应用	8.1.5.2 了解平板的用途，并能进行学习、交流、娱乐休闲等活动 0 未达 1 分 1 能不破坏平板，能表达要不要在协助下参与平板活动，参与时不排斥、不干扰 2 能应用平板的几项特定用途，进行少数几项学习、交流、娱乐休闲等活动（例如：看日期、天气，使用照相机，使用 1～2 种聊天软件，使用 1～2 个网页，使用 1～2 种游戏软件，进行以上 1 项或几项活动） 3 了解平板的一般用途，并能进行学习、交流、娱乐休闲等活动（例如：使用日历、天气、闹钟、计算器等日常事务功能，使用一些常见的视频软件、游戏软件、社交软件、照相软件等） 4 了解平板的大多数用途，进行所需的各种学习、交流、娱乐休闲等活动	第 1 次：☐ 第 2 次：☐ 第 3 次：☐ 第 4 次：☐ 第 5 次：☐ 第 6 次：☐ 第 7 次：☐ 第 8 次：☐ 第 9 次：☐
		*8.1.5.3 知道数码相机、智能穿戴等数码产品的用途	
	8.1.6 体验信息终端在生活中的应用	8.1.6.1 体验信息终端在生活中的应用 0 未达 1 分 1 有机会体验信息终端在生活中的应用，不排斥、不干扰（例如：不哭闹发脾气、不逃走、愿意等待） 2 能在协助下操作体验信息终端在生活中的应用。例如：火车站自助取票、银行 ATM 机存取钱、医院自助终端机挂号等 3 能体验信息终端在生活中的应用，熟练掌握几项自己常用的信息终端的操作。例如：手机点餐、银行 ATM 机存取钱、医院自助终端机挂号等 4 能依需要自行应用各种信息终端。例如：火车站自助取票、银行 ATM 机存取钱、医院自助终端机挂号、网上预订旅程等	第 1 次：☐ 第 2 次：☐ 第 3 次：☐ 第 4 次：☐ 第 5 次：☐ 第 6 次：☐ 第 7 次：☐ 第 8 次：☐ 第 9 次：☐
	*8.1.7	*8.1.7.1 了解复印机、扫描仪等常用办公设备的基本用法	
8.2 计算机的应用	8.2.1 认识计算机	8.2.1.1 从外观上认识计算机的基本组成 0 未达 1 分 1 能不破坏计算机 2 能从外观上认识计算机的几个常用的基本组成（例如：键盘屏幕、鼠标） 3 能从外观上认识计算机的大部分基本组成 4 能认识计算机的内外组成	第 1 次：☐ 第 2 次：☐ 第 3 次：☐ 第 4 次：☐ 第 5 次：☐ 第 6 次：☐ 第 7 次：☐ 第 8 次：☐ 第 9 次：☐
		8.2.1.2 学会开机、关机 0 未达 1 分 1 不玩弄、破坏计算机 2 能在设定好的情况下开机、关机，或开机、关机时偶有失误 3 学会安全正确地开机、关机 4 会安全正确地开机、关机，并能应变	第 1 次：☐ 第 2 次：☐ 第 3 次：☐ 第 4 次：☐ 第 5 次：☐ 第 6 次：☐ 第 7 次：☐ 第 8 次：☐ 第 9 次：☐

		内容	每次评量分数
8.2 计算机的应用	8.2.1 认识计算机	8.2.1.3 掌握鼠标的基本操作 0 未达 1 分 1 能不玩弄、破坏鼠标 2 能掌握鼠标之一两种操作（例如：移动光标、单击鼠标左键） 3 能掌握鼠标的基本操作 4 能熟练操作鼠标满足应用需求	第 1 次：☐ 第 2 次：☐ 第 3 次：☐ 第 4 次：☐ 第 5 次：☐ 第 6 次：☐ 第 7 次：☐ 第 8 次：☐ 第 9 次：☐
		*8.2.1.4 认识键盘分区，初步掌握键盘的指法，学习正确的操作姿势	
	8.2.2 认识计算机的常用外接设备	8.2.2.1 认识音箱、耳机、话筒、摄像头，体验它们的应用 0 未达 1 分 1 不破坏音箱、耳机、话筒、摄像头等设备 2 能在别人设置好的情况下，自己依需要使用音箱、耳机、话筒、摄像头等设备（例如：调节音箱音量、戴上或取下耳机、对准话筒说话等） 3 能自己使用音箱、耳机、话筒、摄像头 4 能帮助别人使用音箱、耳机、话筒、摄像头	第 1 次：☐ 第 2 次：☐ 第 3 次：☐ 第 4 次：☐ 第 5 次：☐ 第 6 次：☐ 第 7 次：☐ 第 8 次：☐ 第 9 次：☐
		*8.2.2.2 认识移动存储设备，会使用移动存储设备读取和存储文件	
		*8.2.2.3 认识打印机，初步掌握打印机的基本操作	
	8.2.3 认识操作系统	8.2.3.1 认识操作系统的界面 0 未达 1 分 1 能配合他人认识操作系统的界面，不干扰、不排斥 2 认识固定的一两种操作系统的界面 3 认识常用的操作系统的界面（例如：Windows 系列操作系统） 4 认识多种操作系统的界面（例如：Mac 操作系统、Unix 系统、DOS 操作系统等）	第 1 次：☐ 第 2 次：☐ 第 3 次：☐ 第 4 次：☐ 第 5 次：☐ 第 6 次：☐ 第 7 次：☐ 第 8 次：☐ 第 9 次：☐
		8.2.3.2 掌握窗口的基本操作 0 未达 1 分 1 能在他人进行窗口操作时不干扰、不排斥，别人问他意见时能做出反应 2 能掌握两三种简单的窗口操作（例如：打开、关闭操作） 3 能掌握窗口的基本操作（例如：缩小、全屏、退出全屏） 4 能熟练掌握窗口的基本操作，并能掌握一些不常用的操作（例如：一些快捷键的使用）	第 1 次：☐ 第 2 次：☐ 第 3 次：☐ 第 4 次：☐ 第 5 次：☐ 第 6 次：☐ 第 7 次：☐ 第 8 次：☐ 第 9 次：☐

续表

内容			每次评量分数
8.2 计算机的应用	8.2.3 认识操作系统	8.2.3.3 掌握适用的中文输入法 0 未达 1 分 1 不破坏或干扰计算机的使用 2 能有个人独特的方式，进行必要的计算机输入（例如：利用几组关键词的复制粘贴、选择图样等） 3 能掌握至少一种适用的中文输入法（例如：使用语音输入软件进行文字输入、使用手写工具进行文字输入、使用键盘中文输入法进行文字输入等） 4 能掌握几种中文输入法	第 1 次：☐ 第 2 次：☐ 第 3 次：☐ 第 4 次：☐ 第 5 次：☐ 第 6 次：☐ 第 7 次：☐ 第 8 次：☐ 第 9 次：☐
		*8.2.3.4 学会文件和文件夹的基本操作	
	8.2.4 初步掌握多媒体的加工与处理	8.2.4.1 认识常用音频、视频播放器，能够完成基本操作 0 未达 1 分 1 能关注计算机的用途，不破坏或干扰计算机的使用 2 能在别人设置好的情况下，自己依需要使用计算机的音频、视频的点选 3 认识常用的音频、视频播放器，能够完成基本操作 4 能为别人操作常用的音频、视频播放器	第 1 次：☐ 第 2 次：☐ 第 3 次：☐ 第 4 次：☐ 第 5 次：☐ 第 6 次：☐ 第 7 次：☐ 第 8 次：☐ 第 9 次：☐
		*8.2.4.2 认识常见类型的音频、视频文件	第 1 次：☐ 第 2 次：☐ 第 3 次：☐
		*8.2.4.3 能播放并欣赏音频、视频文件和动画作品	第 4 次：☐ 第 5 次：☐ 第 6 次：☐
		*8.2.4.4 认识图像处理软件，能进行简单的图像处理	第 7 次：☐ 第 8 次：☐ 第 9 次：☐
	8.2.5 初步掌握图形图画的绘制	8.2.5.1 能绘制简单的图形 0 未达 1 分 1 能参与计算机活动不干扰、不破坏，会以是否简单回应咨询 2 能使用一种功能绘制特定图形（例如：练习点选 Word 文档插入中的形状或图表，或只是拖拉画笔） 3 能绘制简单的图形（例如：依需要点选 Word 文档插入中的图形备用） 4 能依据需求绘制各种图形	第 1 次：☐ 第 2 次：☐ 第 3 次：☐ 第 4 次：☐ 第 5 次：☐ 第 6 次：☐ 第 7 次：☐ 第 8 次：☐ 第 9 次：☐

	内容	每次评量分数
8.2 计算机的应用	**8.2.5 初步掌握图形图画的绘制** 8.2.5.2 能完成简单的图画作品 0 未达 1 分 1 能参与计算机活动不干扰、不破坏，会以是否简单回应咨询 2 能使用一种功能绘制特定的图画作品。例如：利用设定的表格画笔任意拉画，形成错综的表格画面，或用计算机画图软件任意涂鸦以自娱（例如：点选 Word 文档插入中的形状、图像，为线条加颜色，或为其打开画图软件，可以任意涂鸦，或为其打开 Word 文档插入表格画笔，可以任意拉画等） 3 能利用计算机画图软件完成简单的图画作品（例如：在现成的图片上做修改、用简单图像或图片组成画作，或是在画图软件上用鼠标进行简单绘画，或利用现成图形进行组合等） 4 能依任务需求绘制各种图画作品	第 1 次：□ 第 2 次：□ 第 3 次：□ 第 4 次：□ 第 5 次：□ 第 6 次：□ 第 7 次：□ 第 8 次：□ 第 9 次：□
	*8.2.5.3 能进行创意绘画	
	8.2.6 体验演示文稿的制作 8.2.6.1 体验用演示模板制作简单相册的过程 0 未达 1 分 1 能在观赏手机相册的活动中不干扰、不破坏，并能以是否简单回应咨询 2 能体验一种特定的相册制作过程（例如：在手机相册中点选喜欢的照片发送到自己管理的群，或体验播放 PPT 作品） 3 体验用演示模板制作简单相册的过程（例如：在演示模板中插入照片，给照片排序，保存、播放 PPT 作品） 4 能依需要应用多种软件制作相册（例如：相框美化、动画设置、时间设置、加入音乐等）	第 1 次：□ 第 2 次：□ 第 3 次：□ 第 4 次：□ 第 5 次：□ 第 6 次：□ 第 7 次：□ 第 8 次：□ 第 9 次：□
	8.2.6.2 体验制作图文并茂的演示作品的过程 0 未达 1 分 1 能参与作品演示的过程，不干扰，并能以是否简单回应咨询 2 能（用 PPT/Word 等）自己用粘贴方式制作单张作品，或能定期在协助下制作一组纪念的演示作品保藏 3 体验制作图文并茂的演示作品的过程 4 能自己依需要制作图文并茂的演示作品	第 1 次：□ 第 2 次：□ 第 3 次：□ 第 4 次：□ 第 5 次：□ 第 6 次：□ 第 7 次：□ 第 8 次：□ 第 9 次：□
	*8.2.7 初步掌握文档的加工与处理（略） 8.2.7.1 认识一种文字处理软件，能进行简单文档的录入和保存等操作（略）	
	8.2.7.2 能对文档进行字体、字号、段落等基本编辑（略）	
	8.2.7.3 了解图文混排，并能进行基本的操作（略）	
	8.2.7.4 尝试使用软件工具制作创意图文作品（略）	

续表

内容			每次评量分数
8.3 计算机网络的应用	8.3.1 初步掌握网络信息的获取与选择	8.3.1.1 体验通过网络浏览信息的过程 0 未达 1 分 1 能关注上网活动，不干扰 2 能在别人设置好的情况下，体验通过网络浏览信息的过程 3 能自己体验通过网络浏览信息的过程 4 能依自己的需求通过网络浏览信息	第 1 次：☐ 第 2 次：☐ 第 3 次：☐ 第 4 次：☐ 第 5 次：☐ 第 6 次：☐ 第 7 次：☐ 第 8 次：☐ 第 9 次：☐
		8.3.1.2 使用搜索引擎查询和获取天气、地图等所需信息，体验搜索信息的方法 0 未达 1 分 1 能关注上网活动，不干扰 2 能在别人设置好的情况下，体验使用搜索引擎查询和获取天气、地图等所需信息的过程 3 使用搜索引擎查询和获取天气、地图等所需信息，体验搜索信息的方法 4 能依自己的需求上网浏览信息	第 1 次：☐ 第 2 次：☐ 第 3 次：☐ 第 4 次：☐ 第 5 次：☐ 第 6 次：☐ 第 7 次：☐ 第 8 次：☐ 第 9 次：☐
		*8.3.1.3 了解常用下载工具的作用，初步掌握常用下载工具的基本操作（略）	
	*8.3.2 会用网络进行信息交流（略）	8.3.2.1 认识即时通信软件，知道注册方法（略）	
		8.3.2.2 初步掌握即时通信软件的基本操作（略）	
		8.3.2.3 了解电子邮箱的基本功能，知道注册方法（略）	
		8.3.2.4 初步掌握电子邮件的基本操作（略）	
	8.3.3 了解网络信息安全常识	8.3.3.1 能遵守文明上网的规定，养成健康的上网习惯 0 未达 1 分 1 能关注上网活动，不干扰 2 能养成健康的上网习惯（例如：某固定休闲时段才上网，注意姿势正确与眼睛的健康，不影响正常作息等） 3 能遵守文明上网的规定，养成健康的上网习惯，不违反师长的告诫（例如：不沉迷于网络、不在网上骂人、不发一些私人照片等） 4 能自己辨识健康优良的网站，安全有效地应用网络信息	第 1 次：☐ 第 2 次：☐ 第 3 次：☐ 第 4 次：☐ 第 5 次：☐ 第 6 次：☐ 第 7 次：☐ 第 8 次：☐ 第 9 次：☐
		*8.3.3.2 了解网络的道德和法律规范，养成负责任地使用网络的意识（略）	
		*8.3.3.3 了解安全防护软件的作用，初步掌握安全防护软件的使用方法（略）	

九、艺术休闲　四好评量表（选修）

李宝珍 杨津晶 殷春容

学生姓名：_____　性别：_____

出生日期：_____年____月____日

评分标准：

1分　　好照顾：在动作操作阶段（前感觉动作期），设想其能对感觉有区辨与表示选择的能力，来应付生存上和空闲时光的相关需求。在大人没空时，他可以自己玩一会儿喜好之事，不干扰大人，大人带他外出去休闲时不会走失。

2分　　好家人：在具体操作阶段（前运思期）（学前成就），设想在大人没空时，他可以自己玩耍约一小时，不会有危险，大人带他去休闲时可以参与。

3分　　好帮手：在平面操作进入符号操作阶段（具体运思期前或后段）（学龄一二段），可以在空闲时自己安排室内休闲活动或几项户外休闲活动，没有危险。

4分　　好公民：在符号操作阶段（具体运思期后段或符号运思期前段）（学龄三段），可自己安排休闲活动，其范围和种类与一般人接近。

第一次评量日期_____年____月____日，评量者：_____　总分：_____

第二次评量日期_____年____月____日，评量者：_____　总分：_____

第三次评量日期_____年____月____日，评量者：_____　总分：_____

第四次评量日期_____年____月____日，评量者：_____　总分：_____

第五次评量日期_____年____月____日，评量者：_____　总分：_____

第六次评量日期_____年____月____日，评量者：_____　总分：_____

第七次评量日期_____年____月____日，评量者：_____　总分：_____

第八次评量日期_____年____月____日，评量者：_____　总分：_____

第九次评量日期_____年____月____日，评量者：_____　总分：_____

使用建议：

1. 当学校开设相关选择性课程时，任课教师必须先进行本课程评量。

2. 评量结果可帮助任课教师理解学生该科学习起点能力，以合理编辑该科教材内容，设计该科学年教学计划。

3. 建议每年评量，可以对照学生学习成果，累积学生该能力进展状况。

内容			每次评量分数
9.1 休闲认知	9.1.1 休闲活动的认知	9.1.1.1 知道生活中常见的休闲活动 0 未达 1 分 1 每年体验过 3 种以上休闲活动 2 体验并能回忆自己从事过的休闲活动 6 种以上（例如：室内、室外、重体力、轻体力、独自或集体休闲等） 3 能举出生活中常见的休闲活动 12 种以上（例如：看电视、听音乐、下棋、搭积木等） 4 能举出生活中比较不常见的休闲活动 12 种以上	第 1 次：☐ 第 2 次：☐ 第 3 次：☐ 第 4 次：☐ 第 5 次：☐ 第 6 次：☐ 第 7 次：☐ 第 8 次：☐ 第 9 次：☐
		9.1.1.2 能区分学习、工作和休闲活动 0 未达 1 分 1 能体验生活中有明显区分的工作、学习、休闲活动 2 能体验并能回忆自己从事过的工作、学习、休闲活动各 2 种以上 3 能举出生活中常见的工作、学习、休闲活动各 6 种以上 4 能举出生活中不常见的工作、学习、休闲活动各 6 种以上	第 1 次：☐ 第 2 次：☐ 第 3 次：☐ 第 4 次：☐ 第 5 次：☐ 第 6 次：☐ 第 7 次：☐ 第 8 次：☐ 第 9 次：☐
		9.1.1.3 能判断哪些休闲活动是健康的 0 未达 1 分 1 能在安排下，从事一两种健康的休闲活动 2 能听从建议，在两种休闲活动中会选出健康的休闲活动，或能在两种区别明显的健康与不健康的休闲活动中选出健康的休闲活动 3 能判断并选择哪些休闲活动是健康的（例如：跑步、看电影、踏青、集邮等休闲活动是健康的） 4 能举出健康的休闲活动的标准并以此作为判断	第 1 次：☐ 第 2 次：☐ 第 3 次：☐ 第 4 次：☐ 第 5 次：☐ 第 6 次：☐ 第 7 次：☐ 第 8 次：☐ 第 9 次：☐
	9.1.2 休闲时间的认知	9.1.2.1 知道生活中常见的休闲时段 0 未达 1 分 1 对某些节假日会有感觉或期盼的表现（例如：在平日和节假日会从事不同的活动或装扮、在某些节假日会表现得较兴奋） 2 知道一天中的休闲时段（例如：在校能等待下课时段才从事某些活动、晚上能等家人做完家事才一起休闲、晚上做完生活自理或是学校功课之后才能休闲等） 3 知道生活中常见的休闲时段（例如：课间、周末、例行的节假日等） 4 知道生活中不常见的休闲时段（例如：补假、停课、公休等）	第 1 次：☐ 第 2 次：☐ 第 3 次：☐ 第 4 次：☐ 第 5 次：☐ 第 6 次：☐ 第 7 次：☐ 第 8 次：☐ 第 9 次：☐
		9.1.2.2 能区分学习、工作和休闲时间 0 未达 1 分 1 能在建议下开始休闲活动 2 能区分几个特定的例行的学习、工作和休闲时间，进行几种特定的工作、学习和休闲活动 3 能区分例行的学习、工作和休闲时间，进行工作、学习和休闲活动 4 能因应需求，区分有变化的学习、工作和休闲时间	第 1 次：☐ 第 2 次：☐ 第 3 次：☐ 第 4 次：☐ 第 5 次：☐ 第 6 次：☐ 第 7 次：☐ 第 8 次：☐ 第 9 次：☐

		内容	每次评量分数
9.1 休闲认知	9.1.2 休闲时间的认知	9.1.2.3 能判断自己的休闲时间 0 未达 1 分 1 能在建议下开始休闲活动 2 能依简单例行作息进行休闲活动 3 能在日常作息中，自己判断并遵守开始休闲和结束休闲的时间 4 能应变工作、生活和学习的需求，来判断自己的休闲时间	第 1 次：□ 第 2 次：□ 第 3 次：□ 第 4 次：□ 第 5 次：□ 第 6 次：□ 第 7 次：□ 第 8 次：□ 第 9 次：□
	9.1.3 休闲环境的认知	9.1.3.1 知道生活中常见的休闲场所 0 未达 1 分 1 体验过小区里的休闲场所至少 3 种（例如：公园、球场、健身房等） 2 体验并能回忆去过的休闲场所 6 种以上（例如：图书馆、博物馆、公园、社区活动中心等） 3 知道各种常见的休闲场所，并能联想其特点（例如：公园—秋千、篮球场—篮球筐） 4 知道生活中不常见的休闲场所（例如：咖啡厅、游泳馆、健身房、音乐厅等）	第 1 次：□ 第 2 次：□ 第 3 次：□ 第 4 次：□ 第 5 次：□ 第 6 次：□ 第 7 次：□ 第 8 次：□ 第 9 次：□
		9.1.3.2 能判断适合自己进入的休闲场所 0 未达 1 分 1 能跟随熟人进入某些休闲场所 2 能听从建议，选出几处适合自己去的休闲场所 3 能判断适合自己进入的休闲场所（例如：能从许多场所中选出适合自己去的场所） 4 能判断适合自己进入的休闲场所，并举出判断标准	第 1 次：□ 第 2 次：□ 第 3 次：□ 第 4 次：□ 第 5 次：□ 第 6 次：□ 第 7 次：□ 第 8 次：□ 第 9 次：□
	9.1.4 休闲的自我认知	9.1.4.1 知道自己喜欢的休闲活动 0 未达 1 分 1 当别人征求意见时能表示喜不喜欢或要不要从事该休闲活动 2 有两种以上比较喜欢的休闲活动，或可以从各种休闲活动中做出选择 3 能举出自己喜欢的休闲活动，有空的时候会自己去找喜欢的休闲活动 4 知道自己喜欢的休闲活动，说出理由，或会向别人推荐这些活动，或会尝试与这些活动有关的新休闲活动	第 1 次：□ 第 2 次：□ 第 3 次：□ 第 4 次：□ 第 5 次：□ 第 6 次：□ 第 7 次：□ 第 8 次：□ 第 9 次：□

续表

		内容	每次评量分数
9.1 休闲认知	9.1.4 休闲的自我认知	9.1.4.2 愿意参与不同的休闲活动 0 未达 1 分 1 有喜欢的休闲活动，当改变活动时不排斥 2 有两种以上喜欢的休闲活动，并愿意尝试其他的休闲活动 3 愿意参与不同的休闲活动（例如：能体验室内、室外、重体力、轻体力、独自或集体休闲等不同类别的休闲活动） 4 能积极尝试更多的休闲活动	第 1 次：☐ 第 2 次：☐ 第 3 次：☐ 第 4 次：☐ 第 5 次：☐ 第 6 次：☐ 第 7 次：☐ 第 8 次：☐ 第 9 次：☐
		*9.1.4.3 能表达参与不同休闲活动的情感体验	
		*9.1.4.4 能了解自己参与休闲活动的能力	
		*9.1.4.5 能评价自己的休闲行为	
		*9.1.4.6 能评价自己的休闲结果	
9.2 休闲选择	9.2.1 按休闲兴趣爱好选择	9.2.1.1 按兴趣爱好选择休闲活动 0 未达 1 分 1 当别人征求意见时能表示喜不喜欢或要不要从事该休闲活动 2 能有机会探索 6 种以上的休闲活动，可以从各种休闲活动中选择自己喜欢的 3 按兴趣爱好，在有空的时候自己去找喜欢的休闲活动，其中有几种适合自己年龄、角色的休闲活动 4 会选择自己喜欢的休闲活动，并会向别人推荐这些活动，或所选择的休闲活动有利于正常化和社会融合	第 1 次：☐ 第 2 次：☐ 第 3 次：☐ 第 4 次：☐ 第 5 次：☐ 第 6 次：☐ 第 7 次：☐ 第 8 次：☐ 第 9 次：☐
		9.2.1.2 按兴趣爱好选择休闲场所 0 未达 1 分 1 当别人征求意见时能表示喜不喜欢或要不要选择该休闲场所 2 有机会探索 6 种以上的休闲场所，可以从各种休闲场所中选择自己喜欢的 3 按兴趣爱好选择休闲场所，其中有几处适合自己年龄、角色的休闲场所 4 选择喜欢的休闲场所，并会向别人推荐这些场所，或所选择的休闲场所有利于正常化和融合发展	第 1 次：☐ 第 2 次：☐ 第 3 次：☐ 第 4 次：☐ 第 5 次：☐ 第 6 次：☐ 第 7 次：☐ 第 8 次：☐ 第 9 次：☐
	9.2.2 按休闲需求选择	9.2.2.1 按需求选择休闲活动 0 未达 1 分 1 当别人征求意见时能表示要不要从事该休闲活动 2 有 3 种以上比较熟悉的休闲活动，可以各种休闲活动中做出选择 3 能按需求选择休闲活动（例如：按休闲目的、资源、时间、健康需求、参加比赛、可行性等），其中有几种适合自己年龄与正常化、融合的休闲活动 4 会选择适合自己的休闲活动，并会因需求更换或调整这些活动，或会尝试开发适合自己的、更丰富的休闲活动	第 1 次：☐ 第 2 次：☐ 第 3 次：☐ 第 4 次：☐ 第 5 次：☐ 第 6 次：☐ 第 7 次：☐ 第 8 次：☐ 第 9 次：☐

内容			每次评量分数
9.2 休闲选择	9.2.2 按休闲需求选择	9.2.2.2 按需求选择休闲场所 0 未达 1 分 1 当别人征求意见时能表示要不要进入或留在该休闲场所 2 有 3 种以上比较熟悉的休闲场所，可以从各种休闲场所中做出选择 3 能按需求选择休闲场所（例如：距离、设备、开放时间、健康需求、方便性等），其中有几处适合自己年龄的、正常化、融合的休闲场所 4 会选择适合自己的休闲场所，并会因变化更换场所或调整这些场所的设备，或会尝试开发适合自己的、更多的休闲场所	第 1 次：□ 第 2 次：□ 第 3 次：□ 第 4 次：□ 第 5 次：□ 第 6 次：□ 第 7 次：□ 第 8 次：□ 第 9 次：□
		9.2.2.3 按需求选择休闲时间 0 未达 1 分 1 当别人征求意见时能表示此时要不要开始或停止从事某休闲活动 2 有正常化的休闲时间，可以在例行的休闲时间进行自己的休闲活动 3 按需求选择休闲时间（例如：资源、活动特性、健康需求、同伴需求、配合假期、配合作息、可行性等），其中有几段适合自己年龄的、正常化、融合的休闲时间 4 会选择适当的休闲时间，并会因需求更换或调整休闲时间	第 1 次：□ 第 2 次：□ 第 3 次：□ 第 4 次：□ 第 5 次：□ 第 6 次：□ 第 7 次：□ 第 8 次：□ 第 9 次：□
		9.2.2.4 按需求选择休闲同伴 0 未达 1 分 1 当别人征求意见时能表示要不要与某人一起从事该休闲活动 2 有 3 位以上比较熟悉的休闲同伴，可以从面前的诸同伴中做出选择 3 按需求选择休闲同伴（例如：年龄、爱好、休闲技能与资源、可行性等），其中有几位适合自己年龄的、正常化、融合的休闲同伴 4 会选择适合自己的休闲同伴，并会因需求适当更换同伴，或会尝试结交更多、更融合的休闲同伴	第 1 次：□ 第 2 次：□ 第 3 次：□ 第 4 次：□ 第 5 次：□ 第 6 次：□ 第 7 次：□ 第 8 次：□ 第 9 次：□
	9.2.3 按个人能力基础选择	9.2.3.1 按个人能力基础选择休闲活动 0 未达 1 分 1 当别人征求意见时能表示要不要从事该休闲活动 2 有 3 种以上比较熟练的休闲活动，可以从各种休闲活动中做出选择 3 按个人能力选择休闲活动，其中有几种适合自己年龄的、正常化、融合的休闲活动 4 会选择适合自己能力的休闲活动，并会因能力的改变而调整这些活动，或会尝试开发适合自己的、更丰富的休闲活动	第 1 次：□ 第 2 次：□ 第 3 次：□ 第 4 次：□ 第 5 次：□ 第 6 次：□ 第 7 次：□ 第 8 次：□ 第 9 次：□

续表

		内容	每次评量分数
9.2 休闲选择	9.2.3 按个人能力基础选择	**9.2.3.2 按个人能力基础选择休闲场所** 0 未达 1 分 1 当别人征求意见时能表示要不要进入或留在该休闲场所 2 有 3 处以上比较适应的休闲场所，可以从面前的诸场所中做出选择 3 按个人能力基础选择休闲场所（例如：距离、设备、方便性、无障碍环境等），其中有几处适合自己年龄与正常化、融合的休闲场所 4 会选择适合自己能力的休闲场所，并会因变化更换场所或调整这些场所的设备，或会尝试开发适合自己的、更多的休闲场所	第 1 次：☐ 第 2 次：☐ 第 3 次：☐ 第 4 次：☐ 第 5 次：☐ 第 6 次：☐ 第 7 次：☐ 第 8 次：☐ 第 9 次：☐
9.3 休闲技能	*9.3.1 计划与安排	9.3.1.1 知道休闲计划的内容（略）	
		9.3.1.2 学习制订休闲计划（略）	
		9.3.1.3 学习按照计划安排休闲活动（略）	
		9.3.1.4 学习根据实际情况调整计划（略）	
	9.3.2 参与与合作	**9.3.2.1 学习参与休闲活动** 0 未达 1 分 1 跟随熟人参与休闲活动，不干扰、不逃离 2 能参与固定的几种休闲活动（参与学习几种固定的休闲活动） 3 能学习参与目前或将来可从事的休闲活动 4 能熟练地参与目前或将来可从事的休闲活动	第 1 次：☐ 第 2 次：☐ 第 3 次：☐ 第 4 次：☐ 第 5 次：☐ 第 6 次：☐ 第 7 次：☐ 第 8 次：☐ 第 9 次：☐
		9.3.2.2 与同伴合作开展休闲活动 0 未达 1 分 1 在和同伴休闲时不干扰 2 能与固定的同伴进行几种休闲活动，能被接纳 3 与同伴合作开展多种休闲活动，以共度空闲时光（其中会有普通的同龄同伴） 4 作为带动者，与同伴开展休闲活动	第 1 次：☐ 第 2 次：☐ 第 3 次：☐ 第 4 次：☐ 第 5 次：☐ 第 6 次：☐ 第 7 次：☐ 第 8 次：☐ 第 9 次：☐
		9.3.2.3 学会分享自己的情感体验 0 未达 1 分 1 能体验休闲活动带来的情感，并在别人分享时会关注 2 在某特定休闲活动之后，能以简单方式分享或响应（回应）自己的情感体验 3 学会分享自己的休闲情感体验 4 能参与有关休闲情感体验的话题，以促进人际交流	

内容			每次评量分数
9.3 休闲技能	9.3.2 参与与合作	*9.3.2.4 寻求从事休闲活动的支持（略）	
		*9.3.2.5 学会组织简单的休闲活动（略）	
	9.3.3 情绪与行为管理	9.3.3.1 能在休闲活动中管理自己的情绪 0 未达 1 分 1 在休闲活动中不干扰、不逃离、无危险举动、情绪易安抚 2 在某几种休闲活动中情绪积极稳定，在一般休闲活动中偶有情绪但容易安抚 3 能在休闲活动中管理自己的情绪，保持稳定积极的状态参与休闲活动 4 能在休闲活动中情绪良好，即使遭遇挫折也能管理好自己的情绪，甚至能协助他人稳定情绪	第 1 次：□ 第 2 次：□ 第 3 次：□ 第 4 次：□ 第 5 次：□ 第 6 次：□ 第 7 次：□ 第 8 次：□ 第 9 次：□
		9.3.3.2 能在休闲活动中管理自己的行为 0 未达 1 分 1 在休闲活动中不会有干扰别人、过激或危险的行为 2 在从事某几种休闲活动时会管理自己的行为，独立安全地完成休闲活动 3 能在休闲活动中管理自己的行为，并表现出适合该活动的行为 4 在休闲活动中，即使有变动，也能保持适当的行为，甚至能协助同伴管理自己的行为	第 1 次：□ 第 2 次：□ 第 3 次：□ 第 4 次：□ 第 5 次：□ 第 6 次：□ 第 7 次：□ 第 8 次：□ 第 9 次：□
	9.3.4 资源选择与利用	9.3.4.1 了解获取休闲资源的途径 0 未达 1 分 1 能对休闲资源的介绍感兴趣，不干扰、不逃避，或回应想不想听 2 能自己从一两条途径获取休闲资源（例如：选择自己想获取的休闲资源、请人帮忙或注意听别人介绍来学习） 3 了解获取休闲资源的常用途径 4 能向别人介绍休闲资源，或协助别人获取休闲资源	第 1 次：□ 第 2 次：□ 第 3 次：□ 第 4 次：□ 第 5 次：□ 第 6 次：□ 第 7 次：□ 第 8 次：□ 第 9 次：□
		9.3.4.2 学习选择适合的休闲资源 0 未达 1 分 1 当别人征求意见时能表示喜不喜欢或要不要该休闲资源 2 有 3 种以上可供选择的休闲资源，可以从中做出选择 3 能学习选择适合的休闲资源，其中包括合乎正常化、融合等条件的休闲资源 4 大多数时候能选择和一般人一样丰富、融合的休闲资源	第 1 次：□ 第 2 次：□ 第 3 次：□ 第 4 次：□ 第 5 次：□ 第 6 次：□ 第 7 次：□ 第 8 次：□ 第 9 次：□
		*9.3.4.3 学习利用适合的休闲资源（略）	

续表

		内容	每次评量分数
9.3 休闲技能	9.3.5 休闲安全	9.3.5.1 知道休闲活动中的安全常识 0 未达 1 分 1 休闲时没有危险举动 2 知道一两种休闲时重要的安全常识，能有一两种休闲活动是能安全进行的 3 知道常见的休闲活动中的安全常识，有几种休闲活动是能安全进行的（例如：休闲设备用品的安全使用行为、网络使用规范、休闲时个人财物的保管方式、遇困难时的求助方式等） 4 能泛化应用各种安全常识，保障安全地从事休闲活动，并能在参加新的休闲活动前主动学习相关的安全常识	第1次：☐ 第2次：☐ 第3次：☐ 第4次：☐ 第5次：☐ 第6次：☐ 第7次：☐ 第8次：☐ 第9次：☐
		9.3.5.2 知道休闲活动中的安全隐患，形成安全意识 0 未达 1 分 1 休闲时能接受危险的警告，不做某些举动 2 知道一两种休闲活动的隐患，活动中会自己避免危险 3 知道常见休闲活动中的安全隐患，形成安全意识，遵守安全行为规范（例如：旅游场所设备的安全隐患、人际安全隐患、网络安全隐患等） 4 能泛化应用各种安全隐患的常识，能预防休闲时的危险，并能在参加新的休闲活动前主动了解其可能存在的安全隐患	第1次：☐ 第2次：☐ 第3次：☐ 第4次：☐ 第5次：☐ 第6次：☐ 第7次：☐ 第8次：☐ 第9次：☐
		9.3.5.3 学会在休闲活动中避开危险 0 未达 1 分 1 休闲时能接受危险的警告，立即停止某些举动 2 休闲活动中有一两种明显的危险能自己避开 3 学会在休闲活动中避开大多数危险，当从事日常休闲活动时，能达到自己独立安全休闲的目的 4 能泛化应用各种避险常识，在休闲活动中预防，避开与紧急处理危险	第1次：☐ 第2次：☐ 第3次：☐ 第4次：☐ 第5次：☐ 第6次：☐ 第7次：☐ 第8次：☐ 第9次：☐
9.4 休闲伦理	9.4.1 休闲行为准则	9.4.1.1 知道在休闲时不能影响他人 0 未达 1 分 1 在休闲时不破坏、不干扰他人 2 有一两种可以自己休闲的活动，不影响别人，或在休闲中对别人的影响容易被调整 3 知道在休闲时不能影响他人（例如：不扰乱秩序、保持安静、不勉强别人等） 4 在休闲时不影响他人，是一个受欢迎的同伴	第1次：☐ 第2次：☐ 第3次：☐ 第4次：☐ 第5次：☐ 第6次：☐ 第7次：☐ 第8次：☐ 第9次：☐

续表

内容			每次评量分数
9.4 休闲伦理	9.4.1 休闲行为准则	9.4.1.2 知道在休闲时不能损害他人的利益 0 未达 1 分 1 在休闲时不破坏、不干扰他人 2 在休闲时能遵守几项不损害他人利益的行为，也会听劝告改正（例如：不抢东西、不打人、不勉强别人等） 3 知道在休闲时不损害他人的利益（例如：不占位、不插队、不抢资源、爱护资源、不贪小便宜、不侵犯别人隐私等），并知道原因和后果 4 在休闲时会预估对别人利益的影响，不损害他人利益，是一个受尊重的同伴	第 1 次：☐ 第 2 次：☐ 第 3 次：☐ 第 4 次：☐ 第 5 次：☐ 第 6 次：☐ 第 7 次：☐ 第 8 次：☐ 第 9 次：☐
		9.4.1.3 遵守休闲规则，与同伴友好相处 0 未达 1 分 1 在休闲时不破坏、不干扰他人 2 能遵守一两项休闲规则，与同伴一起活动 3 遵守休闲规则，与同伴友好相处 4 遵守休闲规则，与同伴友好相处，并能协助同伴，是一个受信赖的同伴	第 1 次：☐ 第 2 次：☐ 第 3 次：☐ 第 4 次：☐ 第 5 次：☐ 第 6 次：☐ 第 7 次：☐ 第 8 次：☐ 第 9 次：☐
		9.4.1.4 尊重别人的休闲选择 0 未达 1 分 1 别人休闲时，不破坏、不干扰 2 能和另一同伴在同一场所，各做各的休闲活动，不抢夺或不勉强别人在旁 3 尊重别人的休闲选择，不勉强人或嘲笑别人 4 尊重别人的休闲选择，并能支持别人的休闲需求	第 1 次：☐ 第 2 次：☐ 第 3 次：☐ 第 4 次：☐ 第 5 次：☐ 第 6 次：☐ 第 7 次：☐ 第 8 次：☐ 第 9 次：☐
		9.4.1.5 懂得休闲时应保护生态环境 0 未达 1 分 1 在休闲时不破坏物品和环境 2 在休闲时能有意识地避免破坏生态环境的行为（例如：不乱丢垃圾、不乱踩、不乱摘） 3 懂得休闲时应保护生态环境（例如：尽量不制造垃圾、会处理垃圾、整理现场、爱护动植物、小心对待景区物品等） 4 能积极参与保护生态环境的休闲活动（例如：植树、净滩、老街记录等）	第 1 次：☐ 第 2 次：☐ 第 3 次：☐ 第 4 次：☐ 第 5 次：☐ 第 6 次：☐ 第 7 次：☐ 第 8 次：☐ 第 9 次：☐

续表

内容			每次评量分数
9.4 休闲伦理	9.4.2 休闲价值取向	9.4.2.1 愿意积极参加有益健康的休闲活动 0 未达 1 分 1 愿意配合有益健康的休闲活动，不排斥 2 有一两种可以自己从事的有益健康的休闲活动 3 愿意积极参加有益健康的休闲活动 4 能带动有益健康的休闲活动	第 1 次：☐ 第 2 次：☐ 第 3 次：☐ 第 4 次：☐ 第 5 次：☐ 第 6 次：☐ 第 7 次：☐ 第 8 次：☐ 第 9 次：☐
		9.4.2.2 养成良好的休闲习惯 0 未达 1 分 1 自己进行的休闲活动能被接受 2 当空闲时能自己从事一两种安全健康的休闲活动，或有例行的休闲习惯 3 养成良好的休闲习惯，在适当的时间、场所，从事适当的休闲活动，为以后成人休闲生活打下基础 4 有良好的休闲习惯，休闲生活具有文化元素与个人品位	第 1 次：☐ 第 2 次：☐ 第 3 次：☐ 第 4 次：☐ 第 5 次：☐ 第 6 次：☐ 第 7 次：☐ 第 8 次：☐ 第 9 次：☐
		*9.4.2.3 能吸收积极向上的文化元素（略）	
		*9.4.2.4 提高休闲品位（略）	

十、康复训练　四好评量表（选修）

> 1. 感知觉评量表

> 2. 粗大动作评量表

> 3. 精细动作评量表

> 4. 沟通与交往评量表

> 5. 情绪与行为评量表

使用建议：

1. 本康复训练课程评量表可用于筛选校内有康复需求的学生。

2. 筛选出需要康复训练服务的学生，并判断所需康复训练服务的形式，例如：需康复个训或小组康复，或只需提供康复咨询？

3. 五大领域作为发展领域，代表基本学习能力，因此其评量结果亦可用于理解学生学习的特质，各科教师可据以因应个别化的教学策略。

4. 建议本评量一至二年进行一次即可。

> 1. 感知觉评量表

李宝珍

学生姓名：_____ 性别：_____

出生日期：_____年____月____日

第一次评量日期_____年____月____日，评量者：_____ 总分：_____
第二次评量日期_____年____月____日，评量者：_____ 总分：_____
第三次评量日期_____年____月____日，评量者：_____ 总分：_____
第四次评量日期_____年____月____日，评量者：_____ 总分：_____
第五次评量日期_____年____月____日，评量者：_____ 总分：_____
第六次评量日期_____年____月____日，评量者：_____ 总分：_____
第七次评量日期_____年____月____日，评量者：_____ 总分：_____
第八次评量日期_____年____月____日，评量者：_____ 总分：_____
第九次评量日期_____年____月____日，评量者：_____ 总分：_____

感知觉训练包括视觉、听觉、触觉、味觉、嗅觉、前庭与本体觉六个部分。

评分标准：

0分：即使有专用人力支持也很难做到，适合密集康复个训，或考虑环境中不用此能力。

1分：能力不足，需要大量专用人力支持（例如：专人协助全部动作），适合康复个训。

2分：能力稍不足，只需要少量支持（例如：只需人力帮忙在近端固定，或协助使用辅具），适合小组康复训练服务或定期咨询服务。

3分：能力符合，不需支持（例如：可独立完成或独立使用辅具），不需康复训练服务，视需求提供咨询服务。

感知觉 总分：① ② ③ ④ ⑤ ⑥ ⑦ ⑧ ⑨

1.1 视觉 小计：① ② ③ ④ ⑤ ⑥ ⑦ ⑧ ⑨

1.1.1 能对各种视觉刺激有反应

计分：① ② ③ ④ ⑤ ⑥ ⑦ ⑧ ⑨

0 即使有大量人力协助，亦难以对各种视觉刺激有适当反应

1 需要大量支持，才能对少数教材的明显刺激有反应

2 需要少量支持，就能对大部分教材的明显刺激有反应

3 能对教材的视觉刺激有自然反应

1.1.2 能追视眼前移动的人或物品

计分：① ② ③ ④ ⑤ ⑥ ⑦ ⑧ ⑨

0 即使有大量人力协助，亦难以追视眼前移动的人或物品

1 需要大量支持，才能追视眼前明显移动的人或物品

2 需要少量支持，就能追视眼前移动的人或物品

3 能追视眼前移动的人或物品

1.1.3 能辨别不同的物品

计分：① ② ③ ④ ⑤ ⑥ ⑦ ⑧ ⑨

0 即使有大量人力协助，亦难以辨别不同的物品

1 需要大量支持，才能辨别明显不同的物品

2 需要少量支持，就能辨别大部分不同的物品

3 能辨别不同的物品

1.1.4 能利用视觉完成简单的动作模仿

计分：① ② ③ ④ ⑤ ⑥ ⑦ ⑧ ⑨

0 即使有大量人力协助，亦难以利用视觉完成简单的动作模仿

1 需要大量支持，才能利用视觉完成几样动作模仿

2 需要少量支持，就能利用视觉完成简单的动作模仿

3 能利用视觉完成简单的动作模仿

1.1.5 能察觉到人或物品从原来的位置消失

计分：① ② ③ ④ ⑤ ⑥ ⑦ ⑧ ⑨

0 即使有大量人力协助，亦难以察觉到人或物品从眼前消失

1 需要大量支持，才能察觉到人或物品从眼前消失

2 需要少量支持，就能察觉到人或物品从原来的位置消失

3 能察觉到人或物品从原来的位置消失

1.1.6　能察觉部分被遮挡的物品

计分：① __ ② __ ③ __ ④ __ ⑤ __ ⑥ __ ⑦ __ ⑧ __ ⑨ __

0 即使有大量人力协助，亦难以察觉小部分被遮挡的物品

1 需要大量支持，才能察觉小部分被遮挡的物品

2 需要少量支持，就能察觉部分被遮挡的物品

3 能察觉部分被遮挡的物品

1.1.7　能感知不同方位的人或物品

计分：① __ ② __ ③ __ ④ __ ⑤ __ ⑥ __ ⑦ __ ⑧ __ ⑨ __

0 即使有大量人力协助，亦难以感知不同方位的人或物品

1 需要大量支持，才能感知两个不同方位的人或物品

2 需要少量支持，就能感知四个不同方位的人或物品

3 能感知不同方位的人或物品

1.2　听觉　小计：① __ ② __ ③ __ ④ __ ⑤ __ ⑥ __ ⑦ __ ⑧ __ ⑨ __

1.2.1　能对各种听觉刺激有反应

计分：① __ ② __ ③ __ ④ __ ⑤ __ ⑥ __ ⑦ __ ⑧ __ ⑨ __

0 即使有大量人力协助，亦难以对各种听觉刺激有反应

1 需要大量支持，才能对明显听觉刺激有反应

2 需要少量支持，就能对一般听觉刺激有反应

3 能对各种听觉刺激有反应

1.2.2　能追踪声源

计分：① __ ② __ ③ __ ④ __ ⑤ __ ⑥ __ ⑦ __ ⑧ __ ⑨ __

0 即使有大量人力协助，亦难以追踪声源

1 需要大量支持，才能追踪特定的明显声源

2 需要少量支持，就能追踪一般声源

3 能追踪声源

1.2.3 能辨别不同的声音

计分：①＿②＿③＿④＿⑤＿⑥＿⑦＿⑧＿⑨＿

0 即使有大量人力协助，亦难以辨别不同的声音

1 需要大量支持，才能辨别明显不同的声音

2 需要少量支持，就能辨别不同的声音

3 能辨别不同的声音

1.2.4 能对相同的声音再次出现时做出相似的反应

计分：①＿②＿③＿④＿⑤＿⑥＿⑦＿⑧＿⑨＿

0 即使有大量人力协助，亦难以对相同的声音再次出现时做出相似的反应

1 需要大量支持，才能对某些特定相同的声音再次出现时做出相似的反应

2 需要少量支持，就能对相同的声音再次出现时做出相似的反应

3 能对相同的声音再次出现时做出相似的反应

1.3 触觉 小计：①＿②＿③＿④＿⑤＿⑥＿⑦＿⑧＿⑨＿

1.3.1 能对各种触觉刺激有反应

计分：①＿②＿③＿④＿⑤＿⑥＿⑦＿⑧＿⑨＿

0 即使有大量人力协助，亦难以对触觉刺激有适当反应（反应过度或不足）

1 需要大量支持，才能对明显触觉刺激有适当反应

2 需要少量支持，就能对一般触觉刺激有适当反应

3 能对各种触觉刺激有适当反应

1.3.2 能辨别物品的形状、大小、软硬、干湿等

计分：①＿②＿③＿④＿⑤＿⑥＿⑦＿⑧＿⑨＿

0 即使有大量人力协助，亦难以辨别物品的形状、大小、软硬、干湿等之一

1 需要大量支持，才能辨别某些特定物品的形状、大小、软硬、干湿等之一

2 需要少量支持，就能辨别一般物品的形状、大小、软硬、干湿等

3 能辨别物品的形状、大小、软硬、干湿等

1.3.3 能分辨出刚刚触摸过的物品

计分：①＿②＿③＿④＿⑤＿⑥＿⑦＿⑧＿⑨＿

0 即使有大量人力协助，亦难以分辨出刚刚触摸过的熟悉物品

1 需要大量支持，才能分辨出刚刚触摸过的熟悉物品

2 需要少量支持，就能分辨出刚刚触摸过的一般物品

3 能分辨出刚刚触摸过的物品

1.4 味觉 小计：①＿ ②＿ ③＿④＿⑤＿⑥＿⑦＿⑧＿⑨＿

1.4.1 能对各种味觉刺激有反应

计分：①＿ ②＿ ③＿④＿⑤＿⑥＿⑦＿⑧＿⑨＿

0 即使有大量人力协助，亦难以对明显味觉刺激有适当反应（反应过度或不足）

1 需要大量支持，才能对明显味觉刺激有适当反应

2 需要少量支持，就能对一般味觉刺激有适当反应

3 能对各种味觉刺激有适当反应

1.4.2 能辨别酸、甜、苦、辣等味道

计分：①＿ ②＿ ③＿④＿⑤＿⑥＿⑦＿⑧＿⑨＿

0 即使有大量人力协助，亦难以辨别明显的酸、甜、苦、辣等味道

1 需要大量支持，才能辨别明显的酸、甜、苦、辣等味道

2 需要少量支持，就能辨别酸、甜、苦、辣等味道

3 能辨别酸、甜、苦、辣等味道

1.4.3 能分辨出刚刚品尝过的食物

计分：①＿ ②＿ ③＿④＿⑤＿⑥＿⑦＿⑧＿⑨＿

0 即使有大量人力协助，亦难以分辨出刚刚品尝过的食物

1 需要大量支持，才能分辨出刚刚品尝过的食物

2 需要少量支持，就能分辨出刚刚品尝过的食物

3 能分辨出刚刚品尝过的食物

1.5 嗅觉 小计：①＿ ②＿ ③＿④＿⑤＿⑥＿⑦＿⑧＿⑨＿

1.5.1 能对各种嗅觉刺激有反应

计分：①＿ ②＿ ③＿④＿⑤＿⑥＿⑦＿⑧＿⑨＿

0 即使有大量人力协助，亦难以对嗅觉刺激有适当反应（反应过度或不足）

1 需要大量支持，才能对明显嗅觉刺激有反应

2 需要少量支持，就能对一般嗅觉刺激有反应

3 能对各种嗅觉刺激有反应

1.5.2 能辨别各种气味

计分：①＿ ②＿ ③＿④＿⑤＿⑥＿⑦＿⑧＿⑨＿

0 即使有大量人力协助，亦难以辨别气味

1 需要大量支持，才能辨别明显气味

2 需要少量支持，就能辨别一般气味

3 能辨别各种气味

1.5.3   能分辨出刚刚闻过的气味

计分：①__ ②__ ③__ ④__ ⑤__ ⑥__ ⑦__ ⑧__ ⑨__

0 即使有大量人力协助，亦难以分辨出刚刚闻过的气味

1 需要大量支持，才能分辨出刚刚闻过的气味

2 需要少量支持，就能分辨出刚刚闻过的气味

3 能分辨出刚刚闻过的气味

1.6   前庭与本体觉   小计①__ ②__ ③__ ④__ ⑤__ ⑥__ ⑦__ ⑧__ ⑨__

1.6.1   能在不同状态感知身体各部的位置

计分：①__ ②__ ③__ ④__ ⑤__ ⑥__ ⑦__ ⑧__ ⑨__

0 即使有大量人力协助，亦难以在不同状态感知身体各部的位置

1 需要大量支持，才能在不同状态感知几个身体部位的位置

2 需要少量支持，就能在不同状态感知身体各部的位置

3 能在不同状态感知身体各部的位置

1.6.2   能在运动或受到外力作用时保持身体平稳

计分：①__ ②__ ③__ ④__ ⑤__ ⑥__ ⑦__ ⑧__ ⑨__

0 即使有大量人力协助，亦难以在运动或受到外力作用时保持身体平稳

1 需要大量支持，才能在运动或受到外力作用时保持身体平稳

2 需要少量支持，就能在运动或受到外力作用时保持身体平稳

3 能在运动或受到外力作用时保持身体平稳

1.6.3   能在活动中维持身体协调

计分：①__ ②__ ③__ ④__ ⑤__ ⑥__ ⑦__ ⑧__ ⑨__

0 即使有大量人力协助，亦难以在某些活动中维持身体协调

1 需要大量支持，才能在某些活动中维持身体协调

2 需要少量支持，就能在活动中维持身体协调

3 能在活动中维持身体协调

> 2. 粗大动作评量表

李宝珍

学生姓名：＿＿＿＿＿＿＿＿　　性别：＿＿＿＿＿＿

出生日期：＿＿＿＿＿年＿＿月＿＿日

第一次评量日期＿＿＿＿＿年＿＿月＿＿日，评量者：＿＿＿＿＿＿＿　　总分：＿＿＿＿＿＿

第二次评量日期＿＿＿＿＿年＿＿月＿＿日，评量者：＿＿＿＿＿＿＿　　总分：＿＿＿＿＿＿

第三次评量日期＿＿＿＿＿年＿＿月＿＿日，评量者：＿＿＿＿＿＿＿　　总分：＿＿＿＿＿＿

第四次评量日期＿＿＿＿＿年＿＿月＿＿日，评量者：＿＿＿＿＿＿＿　　总分：＿＿＿＿＿＿

第五次评量日期＿＿＿＿＿年＿＿月＿＿日，评量者：＿＿＿＿＿＿＿　　总分：＿＿＿＿＿＿

第六次评量日期＿＿＿＿＿年＿＿月＿＿日，评量者：＿＿＿＿＿＿＿　　总分：＿＿＿＿＿＿

第七次评量日期＿＿＿＿＿年＿＿月＿＿日，评量者：＿＿＿＿＿＿＿　　总分：＿＿＿＿＿＿

第八次评量日期＿＿＿＿＿年＿＿月＿＿日，评量者：＿＿＿＿＿＿＿　　总分：＿＿＿＿＿＿

第九次评量日期＿＿＿＿＿年＿＿月＿＿日，评量者：＿＿＿＿＿＿＿　　总分：＿＿＿＿＿＿

评分标准：

0分：即使有专用人力支持也很困难做到，适合密集康复个训，或考虑环境中不用此能力。

1分：需要大量专用人力支持（例如：专人协助全部动作），适合康复个训。

2分：只需要少量支持（例如：只需人力帮忙在近端固定，或协助使用辅具），适合小组康复训练服务或定期咨询服务。

3分：不需支持（例如：可独立完成或独立应用辅具），不需康复训练服务，视需求提供咨询服务。

粗大动作　总分：① _② _③ _④ _⑤ _⑥ _⑦ _⑧ _⑨ _

2.1　姿势控制　小计：① _② _③ _④ _⑤ _⑥ _⑦ _⑧ _⑨ _

2.1.1　坐位、立位下能维持头颈部直立

计分：① _② _③ _④ _⑤ _⑥ _⑦ _⑧ _⑨ _

0 大量人力物力协助，亦难以维持头颈部直立

1 大量人力物力协助，才能被动维持坐位、立位下头颈部直立

2 坐位、立位下能维持头颈部直立 2 秒，上课时仅需少许人力支持

3 坐位、立位下能正确维持各种头颈部控制

2.1.2　在地面或座椅上能维持坐位

计分：① _② _③ _④ _⑤ _⑥ _⑦ _⑧ _⑨ _

0 大量人力物力协助，亦难以维持坐位

1 大量人力物力协助，才能被动维持坐位

2 能自己扶持，在地面或座椅上维持坐位，或独立坐 2 秒

3 在地面或座椅上能正确维持各种坐姿

2.1.3　俯趴、爬、跪坐或立位下能维持手部支撑

计分：① _② _③ _④ _⑤ _⑥ _⑦ _⑧ _⑨ _

0 大量人力物力协助，亦难以维持手部支撑

1 俯趴、爬、跪坐或立位下能在被动协助下（人力或辅具）维持手部支撑

2 俯趴、爬、跪坐或立位下能维持手部支撑 2 秒

3 俯趴、爬、跪坐或立位下能维持双手或单手手部支撑

2.1.4　能维持双膝跪位（高跪位）

计分：① _② _③ _④ _⑤ _⑥ _⑦ _⑧ _⑨ _

0 大量人力物力协助，亦难以维持双膝跪位

1 能在被动扶持下（人力或辅具）维持双膝跪位

2 能自己扶持，维持双膝跪位，或独立维持 2 秒

3 能自如地维持双膝跪位

2.1.5　能维持单膝跪位（半跪姿）

计分：① _② _③ _④ _⑤ _⑥ _⑦ _⑧ _⑨ _

0 大量人力物力协助，亦难以维持单膝跪位

1 能在被动扶持下（人力或辅具）维持单膝跪位

2 能自己扶持，维持单膝跪位 2 秒

3 能独立维持单膝跪位

2.1.6　能维持立位

计分：①＿ ②＿ ③＿ ④＿ ⑤＿ ⑥＿ ⑦＿ ⑧＿ ⑨＿

0 大量人力物力协助，亦难以维持立位

1 能在被动扶持下（人力或辅具）维持立位，自己调整至舒服姿势

2 能自己扶持，维持立位 2 秒

3 能维持正确立位

2.1.7　能维持蹲位

计分：①＿ ②＿ ③＿ ④＿ ⑤＿ ⑥＿ ⑦＿ ⑧＿ ⑨＿

0 大量人力物力协助，亦难以维持蹲位

1 能在被动扶持下（人力或辅具）维持蹲位

2 能自己扶持，维持蹲位

3 能维持正确蹲位

2.2　移动　小计：①＿ ②＿ ③＿ ④＿ ⑤＿ ⑥＿ ⑦＿ ⑧＿ ⑨＿

2.2.1　坐位、立位、俯趴位下能完成头部活动

计分：①＿ ②＿ ③＿ ④＿ ⑤＿ ⑥＿ ⑦＿ ⑧＿ ⑨＿

0 大量人力物力协助，亦难以完成头部活动

1 坐位、立位、俯趴位下能自己动一下头部

2 坐位、立位、俯趴位下能保持头部稳定控制

3 坐位、立位、俯趴位下能完成头部活动

2.2.2　侧卧位、仰卧位或俯卧位下能翻身

计分：①＿ ②＿ ③＿ ④＿ ⑤＿ ⑥＿ ⑦＿ ⑧＿ ⑨＿

0 大量人力物力协助，亦难以完成翻身活动

1 大量协助，在侧卧位或俯卧位下能翻身

2 少量协助，在俯卧位或仰卧位下能翻身

3 在侧卧位、仰卧位或俯卧位下能全方位翻身

2.2.3　能从侧卧位、仰卧位或俯卧位转换成坐位

计分：①＿ ②＿ ③＿ ④＿ ⑤＿ ⑥＿ ⑦＿ ⑧＿ ⑨＿

0 大量人力物力协助，亦难以完成卧位到坐位的转换活动

1 能被动地从侧卧位、仰卧位或俯卧位转换成坐位

2 能在少量协助下，从侧卧位、仰卧位或俯卧位转换成坐位

3 能从侧卧位、仰卧位或俯卧位自如地转换成坐位

2.2.4　能腹爬、四点爬

计分：①＿②＿③＿④＿⑤＿⑥＿⑦＿⑧＿⑨＿

0 大量人力物力协助，亦难以完成腹爬、四点爬

1 大量协助，能腹爬、四点爬

2 少量协助，能腹爬、四点爬

3 能正确腹爬、四点爬

2.2.5　能通过跪位移动（跪走）

计分：①＿②＿③＿④＿⑤＿⑥＿⑦＿⑧＿⑨＿

0 大量人力物力协助，亦难以完成跪位移动

1 能在被动扶持下，跪位移动3步

2 能在自己扶持下通过跪位移动

3 能独立跪位向前或退后移动

2.2.6　能进行姿势的转换，如跪坐位到立位、蹲位到立位

计分：①＿②＿③＿④＿⑤＿⑥＿⑦＿⑧＿⑨＿

0 大量人力物力协助，亦难以完成姿势的转换，如跪坐位到立位、蹲位到立位

1 能在被动扶持下，进行姿势的转换，如跪坐位到立位、蹲位到立位

2 能在自己扶持下，进行姿势的转换，如跪坐位到立位、蹲位到立位

3 能自如地进行各种姿势的转换，如跪坐位到立位、蹲位到立位

2.2.7　能行走

计分：①＿②＿③＿④＿⑤＿⑥＿⑦＿⑧＿⑨＿

0 大量人力物力协助，亦难以完成行走活动

1 只能在被动扶持下行走

2 能自己扶持行走

3 能正确安全地行走

2.2.8　能快走，为跑步做准备

计分：①＿②＿③＿④＿⑤＿⑥＿⑦＿⑧＿⑨＿

0 大量人力物力协助，亦难以完成快走或跑步活动

1 只能在被动扶持下快走

2 能在少量扶持下跑步

3 能自如地快走或跑步

2.2.9　能上下楼梯

计分：①__②__③__④__⑤__⑥__⑦__⑧__⑨__

0 大量人力物力协助，亦难以完成上下楼活动

1 能在被动扶持下上下一个台阶

2 能自己扶持固定物上下楼梯，两步一阶或一步一阶

3 能自如上下楼梯，两步一阶或一步一阶

2.2.10　能双脚跳

计分：①__②__③__④__⑤__⑥__⑦__⑧__⑨__

0 大量人力物力协助，亦难以完成双脚跳

1 能在被动扶持下双脚跳或单脚跳一下

2 能自己扶持双脚跳三下

3 能协调地双脚跳五下

2.2.11　能单脚跳

计分：①__②__③__④__⑤__⑥__⑦__⑧__⑨__

0 大量人力物力协助，亦难以完成单脚跳活动

1 能在被动扶持下单脚跳一下

2 能自己扶持单脚跳三下

3 能协调地单脚跳五下

2.3　平衡与协调　小计：①__②__③__④__⑤__⑥__⑦__⑧__⑨__

2.3.1　能在仰卧位进行活动

计分：①__②__③__④__⑤__⑥__⑦__⑧__⑨__

0 大量人力物力协助，亦难以在仰卧位进行活动

1 能在大量支持下，在仰卧位进行活动

2 能在少量支持下，在仰卧位进行活动

3 能在仰卧位进行各种活动

2.3.2　能在俯卧位、双上肢支撑下进行活动

计分：①__②__③__④__⑤__⑥__⑦__⑧__⑨__

0 大量人力物力协助，亦难以在俯卧位、双上肢支撑下进行活动

1 能在大量协助下，在俯卧位、双上肢支撑下进行活动

2 能在少量支持下，在俯卧位、双上肢支撑下进行活动

3 能自如地在俯卧位、双上肢支撑下进行活动

2.3.3 能在四点跪位进行活动

计分：①＿ ②＿ ③＿ ④＿ ⑤＿ ⑥＿ ⑦＿ ⑧＿ ⑨＿

0 大量人力物力协助，亦难以在四点跪位进行活动

1 能在大量支持下，在四点跪位进行活动

2 能在少量支持下，在四点跪位进行活动

3 能自如地在四点跪位进行各种活动

2.3.4 能在坐位进行活动

计分：①＿ ②＿ ③＿ ④＿ ⑤＿ ⑥＿ ⑦＿ ⑧＿ ⑨＿

0 大量人力物力协助，亦难以在坐位进行活动

1 能在大量支持下，在坐位进行活动

2 能在少量支持下，在坐位进行活动

3 能自如地在坐位进行各种活动

2.3.5 能在跪立位进行活动

计分：①＿ ②＿ ③＿ ④＿ ⑤＿ ⑥＿ ⑦＿ ⑧＿ ⑨＿

0 大量人力物力协助，亦难以在跪立位进行活动

1 能在大量支持下，在跪立位进行活动

2 能在少量支持下或自己扶持下，在跪立位进行活动

3 能自如地在跪立位进行各种活动

2.3.6 能在立位进行活动

计分：①＿ ②＿ ③＿ ④＿ ⑤＿ ⑥＿ ⑦＿ ⑧＿ ⑨＿

0 大量人力物力协助，亦难以在立位进行活动

1 能在大量支持下，在立位进行活动

2 能在少量支持下或自己扶持下，在立位进行活动

3 能自如地在立位进行各种活动

> 3.精细动作评量表

李宝珍

学生姓名：_____　性别：_____

出生日期：_____年____月____日

第一次评量日期_____年____月____日，评量者：_____　　总分：_____

第二次评量日期_____年____月____日，评量者：_____　　总分：_____

第三次评量日期_____年____月____日，评量者：_____　　总分：_____

第四次评量日期_____年____月____日，评量者：_____　　总分：_____

第五次评量日期_____年____月____日，评量者：_____　　总分：_____

第六次评量日期_____年____月____日，评量者：_____　　总分：_____

第七次评量日期_____年____月____日，评量者：_____　　总分：_____

第八次评量日期_____年____月____日，评量者：_____　　总分：_____

第九次评量日期_____年____月____日，评量者：_____　　总分：_____

评分标准：

0分：即使有专用人力支持也很难做到，适合密集康复个训，或考虑在环境中不用此能力。

1分：需要大量专用人力支持（例如：专人协助全部动作），适合康复个训。

2分：只需要少量支持（例如：只需人力帮忙在近端固定，或协助使用辅具），适合小组康复训练服务或定期咨询服务。

3分：不需支持（例如：可独立完成或独立应用辅具），不需康复训练服务，视需求提供咨询服务。

精细动作　总分：①＿②＿③＿④＿⑤＿⑥＿⑦＿⑧＿⑨＿

3.1　手部动作　小计：①＿②＿③＿④＿⑤＿⑥＿⑦＿⑧＿⑨＿

3.1.1　能伸手朝向要取的物品

计分：①＿②＿③＿④＿⑤＿⑥＿⑦＿⑧＿⑨＿

0 即使有大量人力协助，亦难以伸手朝向要取的物品

1 在大量支持下，能伸手朝向要取的物品

2 在少量支持下或辅具协助下，能伸手朝向要取的物品

3 能伸手朝向任何方向要取的物品

3.1.2　能完成腕部控制动作，例如：塞放、摆放、摇晃、敲击、推拉、揭开、扭转等

计分：①＿②＿③＿④＿⑤＿⑥＿⑦＿⑧＿⑨＿

0 即使有大量人力协助，亦难以完成腕部控制动作

1 在大量支持下，能完成腕部控制动作

2 在少量支持下或辅具协助下，能完成腕部控制动作

3 能自如地完成腕部控制动作

3.1.3　能完成指掌部控制动作，例如：指、点、按、压、滑动、穿串、扣、搓圆、比手语等

计分：①＿②＿③＿④＿⑤＿⑥＿⑦＿⑧＿⑨＿

0 即使有大量人力协助，亦难以完成指掌部简单控制动作

1 在大量支持下，能完成指掌部简单控制动作

2 在少量支持下或辅具协助下，能完成指掌部控制动作

3 能自如地完成指掌部控制动作

3.1.4　能双手配合完成拍手、双手捧、传递等手部动作

计分：①＿②＿③＿④＿⑤＿⑥＿⑦＿⑧＿⑨＿

0 即使有大量人力协助，亦难以双手配合完成拍手、双手捧、传递等手部动作

1 在大量人力协助下，能双手配合完成拍手、双手捧、传递等手部动作

2 在少量人力协助下，能双手配合完成拍手、双手捧、传递等手部动作

3 双手能灵活配合完成拍手、双手捧、传递等手部动作

3.2　手眼协调　小计：①＿②＿③＿④＿⑤＿⑥＿⑦＿⑧＿⑨＿

3.2.1　能完成叠积木等活动

计分：①＿②＿③＿④＿⑤＿⑥＿⑦＿⑧＿⑨＿

0 即使有大量人力协助，亦难以完成叠积木等活动

1 在大量支持下，能完成叠积木等活动

2 在少量支持下，能完成叠积木等活动

3 能完成叠积木等活动

3.2.2　能完成串珠、插棒等活动

计分：①＿②＿③＿④＿⑤＿⑥＿⑦＿⑧＿⑨＿

0 即使有大量人力协助，亦难以完成串珠、插棒等活动

1 在大量支持下，能完成串珠、插棒等活动

2 在少量支持下，能完成串珠、插棒等活动

3 能完成串珠、插棒等活动

3.2.3　能完成拼图类对准放置活动

计分：①＿②＿③＿④＿⑤＿⑥＿⑦＿⑧＿⑨＿

0 即使有大量人力协助，亦难以完成拼图对准放置活动

1 在大量支持下，能完成拼图对准放置活动

2 在少量支持下，能完成拼图对准放置活动

3 能完成简单拼图对准放置活动

3.3　握笔写画　小计：①＿②＿③＿④＿⑤＿⑥＿⑦＿⑧＿⑨＿

3.3.1　能用前三指握笔涂鸦

计分：①＿②＿③＿④＿⑤＿⑥＿⑦＿⑧＿⑨＿

0 即使有大量人力协助，亦难以用前三指握笔涂鸦

1 能在大量支持下，用手掌握笔涂鸦

2 能在少量支持下，用前三指握笔涂鸦

3 能用前三指握笔涂鸦

3.3.2　能在一定范围内涂色

计分：①＿②＿③＿④＿⑤＿⑥＿⑦＿⑧＿⑨＿

0 即使有大量人力协助，亦难以完成在一定范围内涂色

1 能在大量支持下，在整张 8 开的纸上涂色

2 能在少量支持下，在一定范围内涂色

3 能在一定范围内涂色

3.3.3　能模仿画线条及简单图形 "—" "|"

计分：①__ ②__ ③__ ④__ ⑤__ ⑥__ ⑦__ ⑧__ ⑨__

0 即使有大量人力协助，亦难以完成画线条及简单图形

1 能在大量支持下，模仿画直线及简单图形 "—" "|"

2 能在少量支持下，模仿画线条及简单图形 "—" "|"

3 能模仿画线条及简单图形 "—" "|"

3.4　使用工具　小计：①__ ②__ ③__ ④__ ⑤__ ⑥__ ⑦__ ⑧__ ⑨__

3.4.1　能使用瓢、勺类工具舀（倒）物品

计分：①__ ②__ ③__ ④__ ⑤__ ⑥__ ⑦__ ⑧__ ⑨__

0 即使有大量人力协助，亦难以使用瓢、勺类工具舀（倒）物品

1 能在大量支持下，用瓢、勺类工具舀（倒）物品

2 能在少量支持下，用瓢、勺类工具舀（倒）物品

3 能使用瓢、勺类工具舀（倒）物品

3.4.2　能使用粘贴类工具粘贴物品

计分：①__ ②__ ③__ ④__ ⑤__ ⑥__ ⑦__ ⑧__ ⑨__

0 即使有大量人力协助，亦难以使用粘贴类工具粘贴物品

1 能在大量支持下，使用较大粘贴类工具粘贴物品

2 能在少量支持下，使用较大粘贴类工具粘贴物品

3 能使用较大粘贴类工具粘贴物品

3.4.3　能使用夹子夹取物品

计分：①__ ②__ ③__ ④__ ⑤__ ⑥__ ⑦__ ⑧__ ⑨__

0 即使有大量人力协助，亦难以使用夹子夹取物品

1 能在大量支持下，使用较大夹子夹取物品

2 能在少量支持下，使用夹子夹取物品

3 能使用夹子夹取物品

3.4.4　能使用印章等工具印画

计分：①__ ②__ ③__ ④__ ⑤__ ⑥__ ⑦__ ⑧__ ⑨__

0 即使有大量人力协助，亦难以使用印章等工具印画

1 能在大量支持下，使用较大印章等工具印画

2 能在少量支持下，使用印章等工具印画

3 能使用印章等工具印画

3.4.5　能开合剪刀剪纸

计分：①＿ ②＿ ③＿ ④＿ ⑤＿ ⑥＿ ⑦＿ ⑧＿ ⑨＿

0 即使有大量人力协助，亦难以开合剪刀剪纸

1 能在大量支持下，握住剪刀并开合剪刀

2 能在少量支持下，开合剪刀剪纸

3 能开合剪刀剪纸

3.4.6　能学习使用其他新产品（例如：刷卡、扫二维码、新科技辅具……)

（课标无本项）

计分：①＿ ②＿ ③＿ ④＿ ⑤＿ ⑥＿ ⑦＿ ⑧＿ ⑨＿

0 即使有大量人力协助，亦难以学习使用新产品

1 当有新产品需使用时，能在大量支持下学习

2 当有新产品需使用时，能在少量支持下学习和使用

3 当有新产品需使用时，可学习后独立使用

> 4. 沟通与交往评量表

2017 年康复基础班全体学员

学生姓名：＿＿＿＿＿＿＿＿＿＿　性别：＿＿＿＿＿＿＿＿

出生日期：＿＿＿＿＿＿年＿＿＿月＿＿＿日

第一次评量日期＿＿＿＿＿＿年＿＿＿月＿＿＿日，评量者：＿＿＿＿＿＿＿＿　总分：＿＿＿＿＿＿＿＿

第二次评量日期＿＿＿＿＿＿年＿＿＿月＿＿＿日，评量者：＿＿＿＿＿＿＿＿　总分：＿＿＿＿＿＿＿＿

第三次评量日期＿＿＿＿＿＿年＿＿＿月＿＿＿日，评量者：＿＿＿＿＿＿＿＿　总分：＿＿＿＿＿＿＿＿

第四次评量日期＿＿＿＿＿＿年＿＿＿月＿＿＿日，评量者：＿＿＿＿＿＿＿＿　总分：＿＿＿＿＿＿＿＿

第五次评量日期＿＿＿＿＿＿年＿＿＿月＿＿＿日，评量者：＿＿＿＿＿＿＿＿　总分：＿＿＿＿＿＿＿＿

第六次评量日期＿＿＿＿＿＿年＿＿＿月＿＿＿日，评量者：＿＿＿＿＿＿＿＿　总分：＿＿＿＿＿＿＿＿

第七次评量日期＿＿＿＿＿＿年＿＿＿月＿＿＿日，评量者：＿＿＿＿＿＿＿＿　总分：＿＿＿＿＿＿＿＿

第八次评量日期＿＿＿＿＿＿年＿＿＿月＿＿＿日，评量者：＿＿＿＿＿＿＿＿　总分：＿＿＿＿＿＿＿＿

第九次评量日期＿＿＿＿＿＿年＿＿＿月＿＿＿日，评量者：＿＿＿＿＿＿＿＿　总分：＿＿＿＿＿＿＿＿

评分标准：

0分：障碍严重影响生活与学习，需全面人力物力支持。

1分：有少许能力，其障碍影响大部分生活与学习，需大量人力物力支持。

2分：有一些能力，其障碍稍影响生活与学习，需少量人力物力支持。

3分：有较多能力，其障碍不影响生活与学习，不需支持。

沟通与交往 总分：① ② ③ ④ ⑤ ⑥ ⑦ ⑧ ⑨

4.1 言语准备 小计：① ② ③ ④ ⑤ ⑥ ⑦ ⑧ ⑨

4.1.1 正确的坐姿

计分：① ② ③ ④ ⑤ ⑥ ⑦ ⑧ ⑨

4.1.1.1 坐位时头颈维持在中线

计分：① ② ③ ④ ⑤ ⑥ ⑦ ⑧ ⑨

4.1.1.2 坐位时躯干维持在中线

计分：① ② ③ ④ ⑤ ⑥ ⑦ ⑧ ⑨

4.1.1.3 坐姿可以自由转动

计分：① ② ③ ④ ⑤ ⑥ ⑦ ⑧ ⑨

4.1.1.4 坐位时躯干可以自由转动

计分：① ② ③ ④ ⑤ ⑥ ⑦ ⑧ ⑨

4.1.2 健全的听觉构造

计分：① ② ③ ④ ⑤ ⑥ ⑦ ⑧ ⑨

4.1.2.1 耳朵结构正常，耳朵无影响听力之疾病（如发炎、耳垢太多……）

计分：① ② ③ ④ ⑤ ⑥ ⑦ ⑧ ⑨

4.1.3 健全的发声构造

计分：① ② ③ ④ ⑤ ⑥ ⑦ ⑧ ⑨

4.1.3.1 肺活量

计分：① ② ③ ④ ⑤ ⑥ ⑦ ⑧ ⑨

4.1.3.2 气息控制

计分：① ② ③ ④ ⑤ ⑥ ⑦ ⑧ ⑨

4.1.3.3 声带正常

计分：① ② ③ ④ ⑤ ⑥ ⑦ ⑧ ⑨

4.1.3.4 口腔结构

计分：① ② ③ ④ ⑤ ⑥ ⑦ ⑧ ⑨

4.1.3.5 鼻腔结构

计分：① ② ③ ④ ⑤ ⑥ ⑦ ⑧ ⑨

4.1.3.6 下颌结构

计分：① ② ③ ④ ⑤ ⑥ ⑦ ⑧ ⑨

4.1.3.7　唇部结构

计分：①＿②＿③＿④＿⑤＿⑥＿⑦＿⑧＿⑨＿

4.1.3.8　齿部结构

计分：①＿②＿③＿④＿⑤＿⑥＿⑦＿⑧＿⑨＿

4.1.3.9　舌部结构

计分：①＿②＿③＿④＿⑤＿⑥＿⑦＿⑧＿⑨＿

4.1.3.10　口腔感觉

计分：①＿②＿③＿④＿⑤＿⑥＿⑦＿⑧＿⑨＿

4.1.4　健全的发音功能

计分：①＿②＿③＿④＿⑤＿⑥＿⑦＿⑧＿⑨＿

4.1.4.1　共鸣功能

计分：①＿②＿③＿④＿⑤＿⑥＿⑦＿⑧＿⑨＿

4.1.4.2　下颌动作

计分：①＿②＿③＿④＿⑤＿⑥＿⑦＿⑧＿⑨＿

4.1.4.3　唇部动作

计分：①＿②＿③＿④＿⑤＿⑥＿⑦＿⑧＿⑨＿

4.1.4.4　齿部动作

计分：①＿②＿③＿④＿⑤＿⑥＿⑦＿⑧＿⑨＿

4.1.4.5　舌部动作

计分：①＿②＿③＿④＿⑤＿⑥＿⑦＿⑧＿⑨＿

4.1.5　健全的听功能

计分：①＿②＿③＿④＿⑤＿⑥＿⑦＿⑧＿⑨＿

4.1.5.1　听力正常

计分：①＿②＿③＿④＿⑤＿⑥＿⑦＿⑧＿⑨＿

4.1.5.2　区辨不同的语音及声音

计分：①＿②＿③＿④＿⑤＿⑥＿⑦＿⑧＿⑨＿

4.1.5.3　听觉记忆

计分：①＿②＿③＿④＿⑤＿⑥＿⑦＿⑧＿⑨＿

4.2　前沟通技能　小计：①＿②＿③＿④＿⑤＿⑥＿⑦＿⑧＿⑨＿

4.2.1　沟通动机

计分：①＿②＿③＿④＿⑤＿⑥＿⑦＿⑧＿⑨＿

4.2.1.1　沟通动机

计分：①＿②＿③＿④＿⑤＿⑥＿⑦＿⑧＿⑨＿

4.2.2　注意力

计分：①＿②＿③＿④＿⑤＿⑥＿⑦＿⑧＿⑨＿

4.2.2.1　触觉注意

计分：①＿②＿③＿④＿⑤＿⑥＿⑦＿⑧＿⑨＿

4.2.2.2　视觉注意

计分：①＿②＿③＿④＿⑤＿⑥＿⑦＿⑧＿⑨＿

4.2.2.3　听觉注意

计分：①＿②＿③＿④＿⑤＿⑥＿⑦＿⑧＿⑨＿

4.2.3　两人互动

计分：①＿②＿③＿④＿⑤＿⑥＿⑦＿⑧＿⑨＿

4.2.3.1　共同注意

计分：①＿②＿③＿④＿⑤＿⑥＿⑦＿⑧＿⑨＿

4.2.3.2　维持注意

计分：①＿②＿③＿④＿⑤＿⑥＿⑦＿⑧＿⑨＿

4.2.3.3　轮流调控

计分：①＿②＿③＿④＿⑤＿⑥＿⑦＿⑧＿⑨＿

4.2.4　多人互动

计分：①＿②＿③＿④＿⑤＿⑥＿⑦＿⑧＿⑨＿

4.2.4.1　注意转移

计分：①＿②＿③＿④＿⑤＿⑥＿⑦＿⑧＿⑨＿

4.2.5　模仿能力

计分：①＿②＿③＿④＿⑤＿⑥＿⑦＿⑧＿⑨＿

4.2.5.1　模仿粗动作

计分：①＿②＿③＿④＿⑤＿⑥＿⑦＿⑧＿⑨＿

4.2.5.2　模仿细动作

计分：①＿②＿③＿④＿⑤＿⑥＿⑦＿⑧＿⑨＿

4.2.5.3　模仿声音

计分：①＿②＿③＿④＿⑤＿⑥＿⑦＿⑧＿⑨＿

4.2.5.4　模仿语音

计分：① __ ② __ ③ __ ④ __ ⑤ __ ⑥ __ ⑦ __ ⑧ __ ⑨ __

4.2.6　适应变化

计分：① __ ② __ ③ __ ④ __ ⑤ __ ⑥ __ ⑦ __ ⑧ __ ⑨ __

4.2.6.1　对沟通环境有安全感

计分：① __ ② __ ③ __ ④ __ ⑤ __ ⑥ __ ⑦ __ ⑧ __ ⑨ __

4.2.6.2　适应沟通环境变化

计分：① __ ② __ ③ __ ④ __ ⑤ __ ⑥ __ ⑦ __ ⑧ __ ⑨ __

4.3　非语言沟通　小计：① __ ② __ ③ __ ④ __ ⑤ __ ⑥ __ ⑦ __ ⑧ __ ⑨ __

4.3.1　引起注意

计分：① __ ② __ ③ __ ④ __ ⑤ __ ⑥ __ ⑦ __ ⑧ __ ⑨ __

4.3.1.1　能够用正确的方式引起别人的注意

计分：① __ ② __ ③ __ ④ __ ⑤ __ ⑥ __ ⑦ __ ⑧ __ ⑨ __

4.3.2　回应沟通

计分：① __ ② __ ③ __ ④ __ ⑤ __ ⑥ __ ⑦ __ ⑧ __ ⑨ __

4.3.2.1　能对他人沟通有适当响应

计分：① __ ② __ ③ __ ④ __ ⑤ __ ⑥ __ ⑦ __ ⑧ __ ⑨ __

4.3.3　用表情动作、沟通辅具与人沟通

计分：① __ ② __ ③ __ ④ __ ⑤ __ ⑥ __ ⑦ __ ⑧ __ ⑨ __

4.3.3.1　能用表情动作与他人有基本的沟通

计分：① __ ② __ ③ __ ④ __ ⑤ __ ⑥ __ ⑦ __ ⑧ __ ⑨ __

4.3.3.2　能用图片、照片与他人有基本的沟通

计分：① __ ② __ ③ __ ④ __ ⑤ __ ⑥ __ ⑦ __ ⑧ __ ⑨ __

4.3.3.3　能用文字、符号与他人有基本的沟通

计分：① __ ② __ ③ __ ④ __ ⑤ __ ⑥ __ ⑦ __ ⑧ __ ⑨ __

4.3.4　用表情动作、沟通辅具表达情绪

计分：① __ ② __ ③ __ ④ __ ⑤ __ ⑥ __ ⑦ __ ⑧ __ ⑨ __

4.3.4.1　能用表情、动作表达自己的情绪

计分：① __ ② __ ③ __ ④ __ ⑤ __ ⑥ __ ⑦ __ ⑧ __ ⑨ __

4.3.4.2 能用图片、照片表达自己的情绪

计分：①__②__③__④__⑤__⑥__⑦__⑧__⑨__

4.3.4.3 能用文字、符号表达自己的情绪

计分：①__②__③__④__⑤__⑥__⑦__⑧__⑨__

4.3.4.4 能用沟通辅具表达自己的情绪

计分：①__②__③__④__⑤__⑥__⑦__⑧__⑨__

4.3.5 用表情动作、沟通辅具描述事件

计分：①__②__③__④__⑤__⑥__⑦__⑧__⑨__

4.3.5.1 能用表情动作简单描述事件

计分：①__②__③__④__⑤__⑥__⑦__⑧__⑨__

4.3.5.2 能用图片、照片简单描述事件

计分：①__②__③__④__⑤__⑥__⑦__⑧__⑨__

4.3.5.3 能用文字、符号简单描述事件

计分：①__②__③__④__⑤__⑥__⑦__⑧__⑨__

4.3.5.4 能用沟通辅具简单描述事件

计分：①__②__③__④__⑤__⑥__⑦__⑧__⑨__

4.4 口语沟通 小计：①__②__③__④__⑤__⑥__⑦__⑧__⑨__

4.4.1 理解语音

计分：①__②__③__④__⑤__⑥__⑦__⑧__⑨__

4.4.1.1 能理解语音的含义

计分：①__②__③__④__⑤__⑥__⑦__⑧__⑨__

4.4.2 能听懂常用词语、词组

计分：①__②__③__④__⑤__⑥__⑦__⑧__⑨__

4.4.2.1 能听懂常用名词

计分：①__②__③__④__⑤__⑥__⑦__⑧__⑨__

4.4.2.2 能听懂常用动词

计分：①__②__③__④__⑤__⑥__⑦__⑧__⑨__

4.4.3 听懂简单句

计分：①__②__③__④__⑤__⑥__⑦__⑧__⑨__

4.4.3.1　能听懂日常沟通用的肯定句

计分：① __ ② __ ③ __ ④ __ ⑤ __ ⑥ __ ⑦ __ ⑧ __ ⑨ __

4.4.3.2　能听懂日常沟通用的否定句

计分：① __ ② __ ③ __ ④ __ ⑤ __ ⑥ __ ⑦ __ ⑧ __ ⑨ __

4.4.3.3　能听懂日常沟通用的疑问句

计分：① __ ② __ ③ __ ④ __ ⑤ __ ⑥ __ ⑦ __ ⑧ __ ⑨ __

4.4.4　听懂两个以上指令

计分：① __ ② __ ③ __ ④ __ ⑤ __ ⑥ __ ⑦ __ ⑧ __ ⑨ __

4.4.4.1　能听懂日常沟通中相关的两个以上的指令

计分：① __ ② __ ③ __ ④ __ ⑤ __ ⑥ __ ⑦ __ ⑧ __ ⑨ __

4.4.4.2　能听懂日常沟通中不相关的两个以上的指令

计分：① __ ② __ ③ __ ④ __ ⑤ __ ⑥ __ ⑦ __ ⑧ __ ⑨ __

4.4.4.3　能听懂日常沟通中一连串的指令

计分：① __ ② __ ③ __ ④ __ ⑤ __ ⑥ __ ⑦ __ ⑧ __ ⑨ __

4.4.5　用声音、简单词语表达

计分：① __ ② __ ③ __ ④ __ ⑤ __ ⑥ __ ⑦ __ ⑧ __ ⑨ __

4.4.5.1　能用声音、简单词语进行表达

计分：① __ ② __ ③ __ ④ __ ⑤ __ ⑥ __ ⑦ __ ⑧ __ ⑨ __

4.4.6　能用词语、词组表达

计分：① __ ② __ ③ __ ④ __ ⑤ __ ⑥ __ ⑦ __ ⑧ __ ⑨ __

4.4.6.1　能用名词表达需求、拒绝、情绪和描述事件

计分：① __ ② __ ③ __ ④ __ ⑤ __ ⑥ __ ⑦ __ ⑧ __ ⑨ __

4.4.6.2　能用动词表达需求、拒绝、情绪和描述事件

计分：① __ ② __ ③ __ ④ __ ⑤ __ ⑥ __ ⑦ __ ⑧ __ ⑨ __

4.4.7　能用常用句表达

计分：① __ ② __ ③ __ ④ __ ⑤ __ ⑥ __ ⑦ __ ⑧ __ ⑨ __

4.4.7.1　能用肯定句表达需求、拒绝、情绪和描述事件

计分：① __ ② __ ③ __ ④ __ ⑤ __ ⑥ __ ⑦ __ ⑧ __ ⑨ __

4.4.7.2　能用否定句表达需求、拒绝、情绪和描述事件

计分：① __ ② __ ③ __ ④ __ ⑤ __ ⑥ __ ⑦ __ ⑧ __ ⑨ __

4.4.7.3　能用疑问句表达需求、拒绝、情绪和描述事件

计分：①＿②＿③＿④＿⑤＿⑥＿⑦＿⑧＿⑨＿

4.4.8　能用两个以上句子表达

计分：①＿②＿③＿④＿⑤＿⑥＿⑦＿⑧＿⑨＿

4.4.8.1　能用相关的两个以上句子表达需求、拒绝、情绪和描述事件

计分：①＿②＿③＿④＿⑤＿⑥＿⑦＿⑧＿⑨＿

4.4.8.2　能用不相关的两个以上句子表达需求、拒绝、情绪和描述事件

计分：①＿②＿③＿④＿⑤＿⑥＿⑦＿⑧＿⑨＿

4.4.8.3　能用两个以上句子表达需求、拒绝、情绪和描述事件

计分：①＿②＿③＿④＿⑤＿⑥＿⑦＿⑧＿⑨＿

4.4.9　沟通效度

计分：①＿②＿③＿④＿⑤＿⑥＿⑦＿⑧＿⑨＿

4.4.9.1　语言清晰，能被理解

计分：①＿②＿③＿④＿⑤＿⑥＿⑦＿⑧＿⑨＿

4.4.9.2　能达到沟通的目的

计分：①＿②＿③＿④＿⑤＿⑥＿⑦＿⑧＿⑨＿

> 5.情绪与行为评量表

李宝珍

学生姓名：_____ 性别：_____

出生日期：_____年____月____日

第一次评量日期_____年____月____日，评量者：_____ 总分：_____
第二次评量日期_____年____月____日，评量者：_____ 总分：_____
第三次评量日期_____年____月____日，评量者：_____ 总分：_____
第四次评量日期_____年____月____日，评量者：_____ 总分：_____
第五次评量日期_____年____月____日，评量者：_____ 总分：_____
第六次评量日期_____年____月____日，评量者：_____ 总分：_____
第七次评量日期_____年____月____日，评量者：_____ 总分：_____
第八次评量日期_____年____月____日，评量者：_____ 总分：_____
第九次评量日期_____年____月____日，评量者：_____ 总分：_____

情绪与行为训练包括情绪识别、情绪表达、情绪理解、情绪调节、行为管理五个部分。

计分标准：

0分：对学习影响极大，且人力支持不易。

1分：对学习影响大，需大量支持，人力、物力密集协助。

2分：对学习有些影响，只需少量支持，人力、物力间歇性协助。

3分：对学习无影响，不需支持。

情绪与行为　总分：①__ ②__ ③__ ④__ ⑤__ ⑥__ ⑦__ ⑧__ ⑨__

5.1　情绪识别　小计：①__ ②__ ③__ ④__ ⑤__ ⑥__ ⑦__ ⑧__ ⑨__

5.1.1　能从面部表情、言语、动作等识别高兴或不高兴的情绪

计分：①__ ②__ ③__ ④__ ⑤__ ⑥__ ⑦__ ⑧__ ⑨__

0 对别人的情绪不在意、不关注

1 在大量提醒下，能辨别别人明显高兴或不高兴的情绪

2 稍提醒，能辨别别人明显高兴或不高兴的情绪

3 能辨别别人高兴或不高兴的情绪

5.1.2　能从面部表情、言语、动作等识别其他简单的情绪

计分：①__ ②__ ③__ ④__ ⑤__ ⑥__ ⑦__ ⑧__ ⑨__

0 对别人的情绪不在意、不关注

1 在大量提醒下，能辨别别人明显、简单的几种情绪

2 稍提醒，能辨别别人明显、简单的情绪

3 能辨别别人的简单情绪

5.2　情绪表达　小计：①__ ②__ ③__ ④__ ⑤__ ⑥__ ⑦__ ⑧__ ⑨__

5.2.1　能以面部表情、言语、动作等适当表达自己的情绪

计分：①__ ②__ ③__ ④__ ⑤__ ⑥__ ⑦__ ⑧__ ⑨__

0 情绪表达不适合情境且不易安抚，情绪表达凭本能

1 情绪表达不适合情境，但可安抚，可学习一种表达方式

2 情绪表达稍不适合情境，易安抚，具备一种表达技巧

3 情绪表达适合情境，情绪稳定，具备足够的表达技巧

5.2.2　能在不同情境下适当表达自己的情绪

计分：①__ ②__ ③__ ④__ ⑤__ ⑥__ ⑦__ ⑧__ ⑨__

0 不管任何情境，皆无法适当表达情绪

1 在大多数情境下，皆无法适当表达情绪，需大量支持

2 在特定情境下，无法适当表达情绪，需少量支持

3 在不同情境下，皆能适当表达自己的情绪

5.3　情绪理解　小计：① __ ② __ ③ __ ④ __ ⑤ __ ⑥ __ ⑦ __ ⑧ __ ⑨ __

5.3.1　能辨别不同情境并理解自己的情绪

计分：① __ ② __ ③ __ ④ __ ⑤ __ ⑥ __ ⑦ __ ⑧ __ ⑨ __

0 只有本能的情绪反应

1 在少数情境、大量支持下，能接受、理解或说出自己当时的感受

2 在大多数情境下，经引导能接受、理解或说出自己当时的感受

3 在日常情境中，能接受、理解或说出自己当时的感受

5.3.2　能辨别不同情境并理解他人的情绪

计分：① __ ② __ ③ __ ④ __ ⑤ __ ⑥ __ ⑦ __ ⑧ __ ⑨ __

0 对他人的感受不关注，或只有本能的情绪反应

1 在少数情境、大量支持下，能接受、理解或说出他人当时的感受

2 在大多数情境下，经引导能接受、理解或说出他人当时的感受

3 在日常情境中，能接受、理解或说出他人当时的感受

5.4　情绪调节　小计：① __ ② __ ③ __ ④ __ ⑤ __ ⑥ __ ⑦ __ ⑧ __ ⑨ __

5.4.1　能用安全、不干扰他人的方式调控自己的情绪

计分：① __ ② __ ③ __ ④ __ ⑤ __ ⑥ __ ⑦ __ ⑧ __ ⑨ __

0 即使有大量支持，也很难用安全、不干扰他人的方式调控自己的情绪

1 在大量支持下，能用安全、不干扰他人的方式调控、转移、稳定自己的情绪

2 在少量支持下，能用安全、不干扰他人的方式调控、转移、稳定自己的情绪

3 能用安全、不干扰他人的方式调控、转移、稳定自己的情绪

5.4.2　能用寻求帮助的方式调节自己的情绪

计分：① __ ② __ ③ __ ④ __ ⑤ __ ⑥ __ ⑦ __ ⑧ __ ⑨ __

0 只顾自己发泄情绪，很难寻求支持

1 在大量支持下，能用寻求帮助的方式调节自己的情绪

2 在少量支持下，能用寻求帮助的方式调节自己的情绪

3 能用寻求帮助的方式调节自己的情绪

5.5 行为管理 小计：①__ ②__ ③__ ④__ ⑤__ ⑥__ ⑦__ ⑧__ ⑨__

5.5.1 能用适当行为获取他人的注意

计分：①__ ②__ ③__ ④__ ⑤__ ⑥__ ⑦__ ⑧__ ⑨__

0 凭本能解决，即使有大量支持，亦难以用适当行为获取他人的注意

1 在大量支持下，能用适当行为获取他人的注意

2 在少量支持下，能用适当行为获取他人的注意

3 能用适当行为获取他人的注意

5.5.2 能用适当行为选择喜欢的物品或活动

计分：①__ ②__ ③__ ④__ ⑤__ ⑥__ ⑦__ ⑧__ ⑨__

0 凭本能解决，即使有大量支持，亦难以用适当行为选择喜欢的物品或活动

1 在大量支持下，能用适当行为选择喜欢的物品或活动

2 在少量支持下，能用适当行为选择喜欢的物品或活动

3 能用适当行为选择喜欢的物品或活动

5.5.3 能用适当行为逃避不喜欢的物品或活动

计分：①__ ②__ ③__ ④__ ⑤__ ⑥__ ⑦__ ⑧__ ⑨__

0 凭本能解决，即使有大量支持，亦难以用适当行为逃避不喜欢的物品或活动

1 在大量支持下，能用适当行为逃避不喜欢的物品或活动

2 在少量支持下，能用适当行为逃避不喜欢的物品或活动

3 能用适当行为逃避不喜欢的物品或活动

5.5.4 能用适当行为获取感官刺激

计分：①__ ②__ ③__ ④__ ⑤__ ⑥__ ⑦__ ⑧__ ⑨__

0 凭本能解决，即使有大量支持，亦难以用适当行为获取感官刺激

1 在大量支持下，能用适当行为获取感官刺激

2 在少量支持下，能用适当行为获取感官刺激

3 能用适当行为获取感官刺激

一、自编培智学校教育课程四好评量表（低年段）

学生姓名：＿＿＿＿＿＿＿　　性别：＿＿＿＿＿＿　　出生日期：＿＿＿＿＿年＿＿月＿＿日

第一次评量日期＿＿＿＿＿年＿＿月＿＿日　评量者：＿＿＿＿＿＿＿　　颜色：＿＿＿＿＿＿

第二次评量日期＿＿＿＿＿年＿＿月＿＿日　评量者：＿＿＿＿＿＿＿　　颜色：＿＿＿＿＿＿

第三次评量日期＿＿＿＿＿年＿＿月＿＿日　评量者：＿＿＿＿＿＿＿　　颜色：＿＿＿＿＿＿

第四次评量日期＿＿＿＿＿年＿＿月＿＿日　评量者：＿＿＿＿＿＿＿　　颜色：＿＿＿＿＿＿

第五次评量日期＿＿＿＿＿年＿＿月＿＿日　评量者：＿＿＿＿＿＿＿　　颜色：＿＿＿＿＿＿

第六次评量日期＿＿＿＿＿年＿＿月＿＿日　评量者：＿＿＿＿＿＿＿　　颜色：＿＿＿＿＿＿

自编培智学校教育课程四好评量表（低年段）侧面图（一码）

	1 生活语文	2 生活数学	3 生活适应	4 劳动技能	5 唱游律动	6 绘画手工	7 运动保健
4 分 好公民：专业，变化，创新，达到就业水平。	120	84	232	72	56	68	52
3 分 好帮手：达到日常生活标准。	90	63	174	54	42	51	39
2 分 好家人：可生存，特定（有需求，基本常识）。	60	42	116	36	28	34	26
1 分 好照顾：可接受，会关注，会选择（无意识）。	30	21	58	18	14	17	13
0 分							

（各科目下设 0、1、2、3、4 等级）

1. 生活语文（低年段）侧面图（四码）

评分标准：

- **4分** 好公民：专业、变化、创新，达到就业水平。
- **3分** 好帮手：达到日常生活标准。
- **2分** 好家人：可生存，基本需求（有特定意识）。
- **1分** 好照顾：可接受，会关注，会选择（无意识）。
- **0分**

1.1 倾听与说话

1.1.1 倾听

1.1.1.1	能在别人对自己讲话时注意倾听（一上、一下、二上、二下、三上、三下）
1.1.1.2	能听懂常用的词语，并做出适当的回应（一上、一下、二上、二下、三上、三下）
1.1.1.3	能听懂简单的句子，并做出适当的回应（一上、一下、二上、二下、三上、三下）
1.1.1.4	能听懂生活中常用的语言（一下、二上、二下、三上、三下）
1.1.1.5	能听懂生活中常用的普通话

1.1.2 说话

1.1.2.1	能模仿运用生活中常用的语言（一上、一下、二上、二下、三上、三下）
1.1.2.2	能用简短的语言表达基本需求（二上）
1.1.2.3	能使用人称代词个人的（三上）
1.1.2.4	能作简单的自我介绍（一上、二上、三上）
1.1.2.5	学说普通话

1.2 识字与写字

1.2.1 识字

1.2.1.1	能关注常用汉字，萌发识字的兴趣（一上）
1.2.1.2	能区别一般图形与汉字（一上）
1.2.1.3	能认读生活中常用汉字10～50个（一下、二上、二下、三上、三下）
1.2.1.4	认识常用汉字的笔画（二上、二下、三上、三下）

1.2.2 写字

1.2.2.1	能用铅笔描摹或抄写生活中常用汉字（二上、二下、三上、三下）
1.2.3	书写的习惯和技巧

1.3 阅读

1.3.1 阅读习惯

1.3.1.1	对书感兴趣，能模仿成人的样子看书（一下、三下）
1.3.1.2	能以基本正确的姿势阅读（一下）
1.3.1.3	愿意阅读，能感受阅读的乐趣

1.3.2 阅读理解

1.3.2.1	能从图片中找出熟悉的人、物和生活情境（一上、二上、三上、三下）
1.3.2.2	知道图片上的文字和画面是对应的，文字是用来表示画面意义的（三上、三下）
1.3.2.3	能阅读背景简单的图书，了解大意（一上、二上、三上、三下）
*1.3.2.4	能阅读情节简单的图画故事书，了解大意
*1.3.2.5	能结合图片的内容理解词、句的意思
1.3.2.6	能认识句号、逗号、问号、感叹号

1.3.3 朗读

1.3.3.1	能用普通话朗读简单单句
1.3.3.2	会诵读诗歌（二下、三上）

1.5 综合性学习

1.5.1	熟悉班级环境，能与同伴一起交谈，获取有关信息（三上、三下）
1.5.2	观察校园环境，能用自己的方式说出观察所得（二下、三上、三下）
1.5.3	能参加班级、学校、社区活动（一上、一下、二上、二下、三上、三下）

2. 生活数学（低年段）侧面图（四码）

评分	2.1 常见的量					2.2 数与运算						2.3 图形与几何				2.4 统计	2.5 综合与实践				
	2.1.1 基本概念			2.1.2 金钱概念	2.1.3 时间概念	2.2.1 数的认识			2.2.2 数的运算			2.3.1 图形的认识			2.3.2 位置的认识	2.4.1 分类统计	2.5.1 金钱概念的运用	2.5.2 时间概念的运用	2.5.3 图形几何运算统计的运用		
	2.1.1.1 感知物体的有无、多少、多样，会区分（一上、一下、二上）	2.1.1.2 感知物体的大小、长短、高矮等量的特点，会比较并排序（一下、二上）	2.1.1.3 感知物体的粗细、厚薄、轻重、宽窄等量的特点，会比较并排序（二上、三上）	2.1.2.1 在现实情境中认识元（1元、5元、10元），会进行换算（三下）	2.1.3.1 在现实情境中，认识早晨、中午和晚上，认识上午、下午（一上、一下、二下）	2.2.1.1 在现实情境中，理解10以内数的含义，能数数、读、写，强调手口一致地点数10以内的物品（一上、一下、二上）	2.2.1.2 通过活动手操作，了解10以内数的组成与分解（二上、二下、三上、三下）	2.2.1.3 会比较10以内数的大小（二上）	2.2.2.1 借助实际情境和操作，理解"加"和"减"的实际意义（二上、二下、三下）	2.2.2.2 认识"+""－""＝"三种符号，知道加、减法算式中各部分的名称（二下）	2.2.2.3 能口算和笔算10以内的加法、减法和加减混合运算（二下、三上、三下）	2.3.1.1 能通过实物和模型，初步认识生活中的球体（一上）	2.3.1.2 能通过实物和模型，初步认识长方形、正方形、三角形、圆形等简单的平面图形（三上）	2.3.1.3 能直观辨认平面图形，并按照图形的形状、大小或其他特征进行分类（一下、二上、三上）	2.3.2.1 知道上、下、前、后、左、右，会以自身为参照，尝试确定物体的方位（一下）	2.4.1.1 根据给定的一个标准（颜色、大小、形状），能对事物做初步的分类（一上、一下、二上、三上）	2.5.1.1 运用所学知识，经历购物过程，尝试付款（三下）	2.5.2.1 结合自己的生活经验，会判断早晨、中午和晚上，会判断上午、下午（一下、二下）	2.5.3.1 会用长方形、正方形、三角形和圆形进行简单的拼图	2.5.3.2 在生活情境中，辨认上、下、前、后（一下）	2.5.3.3 在生活情境中，能根据给定的标准，对事物做初步的分类（一上、一下、二上、三上）
4分 好公民：专业、创新，变化、达到就业水平。																					
3分 好帮手：达到常人日常生活标准。																					
2分 好家人：可生存，基本需求，特定（有意识）。																					
1分 好照顾：可接受，会关注、会选择（无意识）。																					
0分																					

3. 生活适应（低年段）侧面图之一（四码）

评分标准（分值）：

- **4分** 好公民：专业、变化、创新，达到就业水平。
- **3分** 好帮手：达到日常生活人标准。
- **2分** 好家人：可生存、基本需求、特定（有意识）。
- **1分** 好照顾：可接受、会关注（无意识）。
- **0分** 好选择，会选择。

3.1 个人生活

3.1.1 饮食习惯
- 3.1.1.1 认识常见的食物（一上、一下、二上、二下）
- 3.1.1.2 认识常见的餐具，并能整理（一上、一下、二下）
- 3.1.1.3 初步养成良好的进餐习惯（一下、二下）

3.1.2 个人卫生
- 3.1.2.1 能洗手、洗脸、刷牙（一上、三上）
- 3.1.2.2 及时表达大小便意，正确处理如厕事项（一上）

3.1.3 个人着装
- 3.1.3.1 认识常见的衣物（一上、一下、二上）
- 3.1.3.2 能戴帽子、手套（二上）
- 3.1.3.3 能穿脱简便的衣服和鞋（一下、二上）

3.1.4 疾病预防
- 3.1.4.1 能表达身体不适（二下）
- 3.1.4.2 能向家长或老师寻求帮助（二下）

3.1.5 自我认识
- 3.1.5.1 认识身体各部位名称（一上）
- 3.1.5.2 认识自己的体貌特征（三下）
- 3.1.5.3 知道自己的姓名、性别、年龄等基本信息（一下）

3.1.6 心理卫生
- 3.1.6.1 能对身边事物感兴趣（三上）
- 3.1.6.2 学习表达自己的需求（三下）
- 3.1.6.3 有交往的意愿（三下）

3.2 家庭生活

3.2.1 家庭关系
- 3.2.1.1 会正确称呼家庭主要成员（一下）
- 3.2.1.2 知道家庭主要成员的姓名、性别等信息（二上）
- 3.2.1.3 知道自己与家庭主要成员的关系（二上）
- 3.2.1.4 听从父母和长辈的教导（一下）

3.2.2 家庭责任
- 3.2.2.1 爱惜家具等物品（一上、二下）
- 3.2.2.2 爱护居家环境，保持干净（一下）
- 3.2.2.3 愿意分担力所能及的家务劳动（一上、三下）
- 3.2.2.4 认识人民币，建立初步的健康消费意识（三下）

3.2.3 居家安全
- 3.2.3.1 知道自己的居家地址、电话及周边环境（三上）
- 3.2.3.2 知道家庭居室的名称及功能（三上）
- 3.2.3.3 会安全使用家庭居所的基本设施（一上）
- 3.2.3.4 遇到困难或外时能向家人、邻里求助（三上、三下）
- 3.2.3.5 知道并远离家中的安全隐患（三上、三下）

3. 生活适应（低年段）侧面图之二（四码）

评分标准：

- **4分** 好公民：专业、变化、创新，达到就业水平。
- **3分** 好帮手：达到日常生活人日常生活标准。
- **2分** 好家人：可生存、特定基本需求（有意识）。
- **1分** 好照顾：可接受、会关注、会选择（无意识）。
- **0分**

3.3 学校生活

3.3.1 人际交往
- 3.3.1.1 认识班主任、任课教师、学校工作人员（一下、三下）
- 3.3.1.2 认识班级同学，记住同学名字，能分辨同学性别（一下、二上）
- 3.3.1.3 愿意和老师、同学交往，能使用礼貌用语（一上、一下、二上）
- 3.3.1.4 知道老师工作的辛苦，听从老师的教导（三上、二上）

3.3.2 校园安全
- 3.3.2.1 认识自己所在数室及自己相关的场所，了解其功能（一上）
- 3.3.2.2 知道校园的地址、校长姓名及班主任姓名和电话等（三下）
- 3.3.2.3 认识校园内主要的安全标识，形成安全意识（一下、三上）
- 3.3.2.4 爱护校园公共设施，保持校园环境整洁（二下）

3.3.3 学习活动
- 3.3.3.1 了解学校一日安排，愿意参与学校活动（二下）
- 3.3.3.2 认识和爱护自己的学习用品（一上、一下）
- 3.3.3.3 遵守纪律，养成基本的学习习惯（一下）
- 3.3.3.4 了解少先队相关知，积极参加少先队活动（二上）

3.4 社区生活

3.4.1 认识社区
- 3.4.1.1 认识邻居，能友好邻里（二上）
- 3.4.1.2 知道社区周边的重要标志物（二上）
- 3.4.1.3 知道自己家所属的社区（二上）

3.4.2 利用社区
- 3.4.2.1 不乱扔垃圾，保护社区环境（三上）
- 3.4.2.2 学习安全使用电梯、公共卫生等公共设施（三下、三上）

3.4.3 参与社区活动
- 3.4.3.1 知道自己是社区中的一员，与社区人员友好相处（三上）
- 3.4.3.2 愿意参加社区活动（三上）

3.4.4 社区安全
- 3.4.4.1 了解社区环境中的安全隐患（三下）
- 3.4.4.2 不伤害其他人（三上）
- 3.4.4.3 遇到危险物、危险环境时能够躲避（三下）

3.5 国家与世界

3.5.1 国家与民族
- 3.5.1.1 知道自己是中国人，知道我们的国名与首都（二上）
- 3.5.1.2 认识并尊敬国旗、国徽，为自己是中国人感到自豪（二上）
- 3.5.1.3 知道自己的家乡和生活区域（三下）

3.5.3 节日与文化
- 3.5.3.1 了解我国传统节日、民间活动与习俗（一上、二上、三上、三下）
- 3.5.3.2 知道建党日、建军节、国庆节等纪念日（二上）
- 3.5.3.3 知道如女节、劳动节、儿童节、教师节等节日（一下、二下、三上）

3.5.5 环境与保护
- 3.5.5.1 认识大自然，知道爱护环境（三上、三下）

4. 劳动技能（低年段）侧面图（四码）

评分标准：

- 4分　好公民：专业、变化、创新，达到就业水平。
- 3分　好帮手：达到日常生活标准。
- 2分　好家人：可生存，基本需求（有意识）。
- 1分　好照顾：可接受，会关注，会选择（无意识）。
- 0分

劳动技能项目（四码）结构：

二码	三码	四码
4.1 自我服务	4.1.1 使用物品	4.1.1.1 使用学习用品
		4.1.1.2 使用家具、床上用品等房间中的物品
	4.1.2 整理物品	4.1.2.1 整理小件衣物
		4.1.2.2 整理学习用品
	4.1.3 洗漆物品	4.1.3.1 清洗、晾晒小件衣物
	4.1.4 移动物品	4.1.4.1 移动小件物品
4.2 家务劳动技能	4.2.2 清洁整理	4.2.2.1 餐前准备和餐后收拾
		4.2.2.2 整理床上用品
		4.2.2.3 整理、打扫房间
		4.2.2.4 开、关、锁门窗
	4.2.4 厨房劳动	4.2.4.1 清洗常见蔬菜和水果
4.3 公益劳动技能	4.3.1 校内劳动	4.3.1.1 打扫教室
		4.3.1.2 打扫校园
		4.3.1.3 开关教室或楼道的灯、门窗
		4.3.1.4 浇花
	4.3.2 社区劳动	4.3.2.1 参加居住社区的清扫活动
4.4 简单生产劳动技能	4.4.1 使用工具	4.4.1.1 使用剪刀等简单工具
	4.4.2 手工劳动	4.4.2.1 串珠、粘信封等简单的手工劳动

5. 唱游与律动（低年段）侧面图（四码）

	5.1 感受与欣赏					5.2 演唱					5.3 音乐游戏				5.4 律动		
4分 好公民：专业、变化、创新，达到就业水平。																	
3分 好帮手：达到常人日常生活标准。																	
2分 好家人：可生存，基本需求，特定（有意识）。																	
1分 好照顾：可接受，会关注，会选择（无意识）。																	
0分	5.1.1.1 能对自然界和生活中的声响感兴趣	5.1.1.2 能初步感受声音的强弱、快慢	5.1.2.1 能对音乐做出反应	5.1.3.1 初步养成聆听音乐的习惯		5.2.1.1 初步练习唱歌的口型和姿势，学习正确唱歌的方式	5.2.1.2 能有节奏地念简单的童谣	5.2.1.3 能跟听范唱，用自然的声音模仿唱歌	5.2.2.1 每学期学唱2～3首简单的儿歌		5.3.1.1 愿意参加音乐游戏活动，体验游戏的乐趣	5.3.2.1 在音乐游戏中，能对各种声音做出反应	5.3.2.2 在音乐游戏中，能初步配合音乐做出对节奏、速度、力度的反应		5.4.1.1 能随音乐合拍地做各种简单的动作	5.4.2.1 能结合日常生活动作，进行有节奏的模仿和练习	5.4.3.1 能配合音乐做简单的表演动作
	5.1.1 感知		5.1.2 探索与表现	5.1.3 欣赏		5.2.1 演唱技能			5.2.2 演唱运用		5.3.1 参与	5.3.2 音乐游戏规则			5.4.1 节奏与韵律	5.4.2 动作与表现	5.4.3 表演
	5.1 感受与欣赏					5.2 演唱					5.3 音乐游戏				5.4 律动		

6. 绘画与手工（低年段）侧面图（四码）

一级	二级	三级代码	三级描述
6.1 造型·表现	6.1.1 绘画	6.1.1.1	能尝试用点、线、图形和色彩进行涂画活动，初步学会涂色
		6.1.1.2	能选择多种媒材，用绘画的方法，表现生活中常见的物品
	6.1.2 手工	6.1.2.1	能通过简单的撕、折、揉、压、粘贴等方法，进行简单造型的活动
	6.1.3 美术元素	6.1.3.1	认识常见物品的颜色
		6.1.3.2	根据身边物品的颜色进行简单的分类对比
	6.1.4 动作控制	6.1.4.1	在一定时间内，保持良好的坐姿、站姿等
		6.1.4.2	会用合适的姿势握笔涂画
		6.1.4.3	会双手取放，按压物品等基本动作，促进手眼协调
6.2 设计·应用	6.2.1 物品感知	6.2.1.1	观察、触摸身边常见的简单物品，初步了解其形状、颜色、大小与用途
	6.2.2 模仿制作	6.2.2.1	借助相应的图形模板，进行简单的模仿制作
	6.2.3 创作	6.2.3.1	用描画、涂色、拼图等方法，进行简单的组合、装饰练习
		6.2.3.2	通过描画、涂色、制作等活动，锻炼手部力量和控制能力
6.3 欣赏·评述	6.3.1 欣赏与评述	6.3.1.1	初步感受自然界与生活中美的事物
		6.3.1.2	观察绘画作品，表达自己的感受
		6.3.1.3	观赏感兴趣的卡通造型和玩具，尝试与他人交流
		6.3.1.4	认识物体的颜色、形状等基本特征，如国旗、国徽等
6.4 综合·探索	6.4.1 综合创作表现	6.4.1.1	了解绘画与手工的不同表现形式

评分标准：

- 4分 好公民：专业、变化、创新，达到就业水平。
- 3分 好帮手：达到常人日常生活标准。
- 2分 好家人：可生存，基本需求，特定（有意识）。
- 1分 好照顾：可接受，会关注，会选择（无意识）。
- 0分

7. 运动与保健（低年段）侧面图（四码）

4分 好公民：专业、变化、创新，达到就业水平。

3分 好帮手：达到常人日常生活标准。

2分 好家人：可生存、基本需求，特定（有意识）。

1分 好照顾、会关注、会选择（无意识）。

0分

四码	7.1.1.1 学习运动与保健课堂常规课并能参与各项体育运动	7.2.1.1 获得简单的体育运动知识和体验	7.2.2.1 学习基本的身体活动方法和体育游戏	7.2.2.2 学习不同的体育活动方法	7.2.3.1 初步了解安全运动及日常生活中有关运动安全避险的知识和方法	7.3.1.1 初步掌握运动的卫生保健知识和方法	7.3.2.1 注意保持良好的身体姿态	7.3.3.1 初步发展柔韧性、灵敏性和平衡能力	7.3.4.1 发展户外运动能力	7.4.1.1 努力尝试完成体育学习和锻炼任务	7.4.2.1 体验体育活动对情绪的积极影响	7.4.3.1 在体育活动中建立初步的合作意识	7.4.4.1 掌握基本的运动交往礼仪
三码	7.1.1 参与体育运动学习和锻炼	7.2.1 体育运动知识	7.2.2 运动技能和方法		7.2.3 安全运动的意识和能力	7.3.1 运动保健知识和方法	7.3.2 良好体形和身体姿态	7.3.3 全面发展体能与健身	7.3.4 适应自然环境	7.4.1 良好的意志品质	7.4.2 调控情绪的方法	7.4.3 合作意识与能力	7.4.4 良好的体育道德
二码	7.1 运动参与	7.2 运动技能				7.3 身体健康				7.4 心理健康			

二、自编培智学校教育课程四好评量表（中年段）

学生姓名：＿＿＿＿＿＿＿＿　性别：＿＿＿＿＿＿　出生日期：＿＿＿＿年＿＿月＿＿日

第一次评量日期＿＿＿＿年＿＿月＿＿日　评量者：＿＿＿＿＿＿　颜色：＿＿＿＿＿＿

第二次评量日期＿＿＿＿年＿＿月＿＿日　评量者：＿＿＿＿＿＿　颜色：＿＿＿＿＿＿

第三次评量日期＿＿＿＿年＿＿月＿＿日　评量者：＿＿＿＿＿＿　颜色：＿＿＿＿＿＿

第四次评量日期＿＿＿＿年＿＿月＿＿日　评量者：＿＿＿＿＿＿　颜色：＿＿＿＿＿＿

第五次评量日期＿＿＿＿年＿＿月＿＿日　评量者：＿＿＿＿＿＿　颜色：＿＿＿＿＿＿

第六次评量日期＿＿＿＿年＿＿月＿＿日　评量者：＿＿＿＿＿＿　颜色：＿＿＿＿＿＿

自编培智学校教育课程四好评量表（中年段）侧面图（一码）

4分 好公民：专业、变化、创新，达到就业水平。	156	108	236	100	76	48	76
3分 好帮手：达到常人日常生活标准。	117	81	177	75	57	36	57
2分 好家人：可生存、基本需求、特定（有意识）。	78	54	118	50	38	24	38
1分 好照顾：可接受、会关注、会选择（无意识）。	39	27	59	25	19	12	19
0分							
	0 1 2 3 4	0 1 2 3 4	0 1 2 3 4	0 1 2 3 4	0 1 2 3 4	0 1 2 3 4	0 1 2 3 4
	1 生活语文	2 生活数学	3 生活适应	4 劳动技能	5 唱游律动	6 绘画手工	7 运动保健

1. 生活语文（中年段）侧面图之一（四码）

评分等级说明：

- **4分** 好公民：专业、变化、创新，达到就业水平。
- **3分** 好帮手：达到常人日常生活标准。
- **2分** 好家人：可生存，特定基本需求，（有意识）。
- **1分** 好照顾：可接受，会选择（无意识）。
- **0分**

1.1 倾听与说话

1.1.1 倾听

指标	内容	4分	3分	2分	1分	0分
1.1.1.1	能认真倾听他人讲话，不随意插话（四下、四上、五下、五上）					
1.1.1.2	能倾听懂他人的问询，并做出适当的回应（四上、四下、五下、五上）					
1.1.1.3	能倾听懂简单的故事（四下、四上、五上、五下）					
1.1.1.4	能从语气、语调中理解文际对象的情绪变化（五上、五下）					

1.1.2 说话

指标	内容	4分	3分	2分	1分	0分
1.1.2.1	能用一句话或几句话表达自己的基本需求（四上、五下）					
1.1.2.2	能作自我介绍（五上）					
1.1.2.3	能简单讲述生活中发生的事情（四上、四下、五上）					
1.1.2.4	能简单转述一两句话（五下）					
1.1.2.5	能进行简单的提问（四上、五下）					
1.1.2.6	能用普通话与他人交谈（四下、四上、五上）					

1.1.3 社交礼仪

指标	内容	4分	3分	2分	1分	0分
1.1.3.1	能使用礼貌用语、文明地与人交流（四上）					

1.2 识字与写字

1.2.1 识字

指标	内容	4分	3分	2分	1分	0分
1.2.1.1	喜欢学习汉字，有主动识字的愿望（四上）					
1.2.1.2	初步认识常用的偏旁部首（四下、五上、五下）					
1.2.1.3	累计认读常用汉字50~300（四下、五上、五下）					

1.2.2 写字

指标	内容	4分	3分	2分	1分	0分
1.2.2.1	能书写（描写或抄写）生活中常用词语（四上、四下、五上、五下）					
1.2.2.2	累计会写生活中的常用汉字50~100个（四上、四下、五上、五下）					
1.2.2.3	能修改自己的错写的字					

1.2.3 书写的习惯和技巧

指标	内容	4分	3分	2分	1分	0分
1.2.3.1	知道有不同的书写工具，愿意尝试使用不同的笔写写画画（四上、四下）					
1.2.3.2	养成良好的书写习惯，有正确的写字姿势（四上、四下）					

1. 生活语文（中年段）侧面图之二（四码）

评分标准：

- 4分 好公民：专业、变化、创新，达到就业水平。
- 3分 好帮手：达到常人日常生活标准。
- 2分 好家人：可生存、基本需求、特定（有意识）。
- 1分 好照顾：可接受，会关注，会选择（无意识）。
- 0分

1.3 阅读

1.3.1 阅读习惯
- 1.3.1.1 初步养成每天阅读的习惯（四上、四下、五上）

1.3.2 阅读理解
- 1.3.2.1 能阅读环境中常用的符号信息（四上、五下、五上）
- 1.3.2.2 能阅读图画为主、文字为辅的图书的常用符号信息，了解大意（四上、五下、四下）
- 1.3.2.3 能阅读图文并茂、内容贴近生活的图书，理解意思（四上、四下、五上）
- 1.3.2.4 阅读时能注意把握事件发生、发展的顺序（四下、五上、五下）
- 1.3.2.5 能知道一本书的组成部分
- 1.3.2.6 能阅读合适的短文，了解大意（四上、四下、五上）
- 1.3.2.7 能阅读一段话，获取信息（五上）
- 1.3.2.8 能初步阅读叙事性短文，了解时间、地点、人物、事件（五上、五下）

1.3.3 朗读
- 1.3.3.1 能用普通话正确、连贯地朗读一段话（四上、四下、五上、五下）
- 1.3.3.2 累计背诵诗文10~20篇（段）（四上、五上、五下）

1.4 写话与习作

1.4.1 写作习惯
- 1.4.1.1 对写话有兴趣，愿意写话（五下）

1.4.2 写话
- 1.4.2.1 能用图文卡片或短语组成话（四上、四下、五下）
- 1.4.2.2 能仿写一句话（五下）

1.4.3 习作
- 1.4.3.1 能使用句号（四下、四上、五上、五下）
- 1.4.3.2 能尝试从左到右的顺序写句子（五下）

1.5 综合性学习

1.5.1 获取有关信息
- 1.5.1.1 对周围事物有好奇心，能就感兴趣的内容提出问题（五上）

1.5.2 参与语言活动
- 1.5.2.1 能参与语言活动（四下、五上、五下）

1.5.3 参加班级、学校、社区活动
- 1.5.3.1 熟悉社区环境，认识社区中常见的文字标识（四下、五上、五下）

1.5.4 体验社区生活
- 1.5.4.1 体验社区生活，能就感兴趣的内容与他人交谈（四下、五上、五下）

2. 生活数学（中年段）侧面图（四码）

评分等级说明：

- **4分** 好公民：专业、变化、创新，达到就业水平。
- **3分** 好帮手：达到日常生活标准。
- **2分** 好家人：可生存、基本需求（有特定意识）。
- **1分** 好照顾：可接受、爱，会选择（无意识）。
- **0分**

指标体系：

2.1 常见的量

2.1.1 基本概念
- 2.1.1.1 感知物体速度的快慢（四下）
- 2.1.1.2 会区分物体的远近（四下）

2.1.2 金钱概念
- 2.1.2.1 在现实情境中，认识角（1角、5角），了解元、角之间的关系（四上）
- 2.1.2.2 在现实情境中，认识元（20元、50元、100元以内），会进行换算（四上、五上）
- 2.1.2.3 会根据商品的价格进行100元以内的付款与找零计算（四上）

2.1.3 时间概念
- 2.1.3.1 认识钟（表）面，会读、会写几时、几时半（四下、五下）
- 2.1.3.2 通过年历、月历（表）、工具认识年、月、日，几时几分，了解它们之间的关系（五下）

2.2 数与运算

2.2.1 数的认识
- 2.2.1.1 在现实情境中，理解11～20各数的含义，能数、认、读、写11～20各数（四上、四下）
- 2.2.1.2 在现实情境中，理解100以内数的含义，认、数、读、写100以内的数（五下）
- 2.2.1.3 能说出100以内各数的位值的名称，理解各数位上的数字的含义（五下）
- 2.2.1.4 理解符号"<"">"的含义，会比较100以内数的大小（五下）
- 2.2.1.5 在生活情境中，理解基数的含义，会用数表示物体的个数和事物的顺序与位置（四下、五下）

2.2.2 数的运算
- 2.2.2.1 能进行20以内的加法、减法的计算（四上、四下、五上）
- 2.2.2.2 能进行20以内的连加、连减和加减混合运算（四下、五上）
- 2.2.2.3 能进行100以内的加法、减法的计算（五下）
- 2.2.2.4 能进行100以内的连加、连减和加减混合计算
- 2.2.2.5 掌握使用计算器进行运算，并能操作步骤进行100以内加减计算（五下）

2.3 图形与几何

2.3.1 图形的认识
- 2.3.1.1 通过触摸、初步认识半圆形和梯形的平面图形（四下、五下）
- 2.3.1.2 能直观辨认平面图形，并按照平面图形形状、大小或其他特性进行分类（四下、五上）

2.3.2 位置的认识
- 2.3.2.1 知道左、右，尝试确定自己周围物体的相对方位（四上）

2.4 统计

2.4.1 分类统计
- 2.4.1.1 根据给定的标准，能对生活中的事件或活动做初步的分类（四上、四下、五上、五下）
- 2.4.1.2 经历简单数据的收集和整理过程，会用一定的方式呈现整理结果（四上、四下、五上、五下）

2.5 综合与实践

2.5.1 金钱概念的运用
- 2.5.1.1 在实际情境中，完成购物任务（五上、五上）

2.5.2 时间概念的运用
- 2.5.2.1 结合自己的生活经验，能按时作息，记一日作息时间表（四下）

2.5.3 图形运算统计的运用
- 2.5.3.1 会用多种图形进行简单的拼图（四下、五上）
- 2.5.3.2 在生活情境中，能根据给定的标准，对活动做初步的分类与记录（四下、四上、五上）
- 2.5.3.3 会正确选择加减运算，解决简单的实际问题（四下、四上、五上、五下）

205

3. 生活适应（中年段）侧面图之一（四码）

评分标准：

- 4分　好公民：专业、变化、创新，达到就业水平。
- 3分　好帮手：达到常人日常生活标准。
- 2分　好家人：可生存、基本需求、特定（有意识）。
- 1分　好照顾：可关注、接受、会选择（无意识）。
- 0分

3.1 个人生活

3.1.1 饮食习惯
- 3.1.1.1 了解饮食安全的常识（四上）
- 3.1.1.2 养成健康的饮食习惯（四上、五上）

3.1.2 个人卫生
- 3.1.2.1 掌握梳头、洗脸、剪指甲等基本技能（四下、五上）

3.1.3 个人着装
- 3.1.3.1 能穿、脱校服和复杂的衣服鞋袜（四上）
- 3.1.3.2 保持衣服干净（五上）

3.1.4 疾病预防
- 3.1.4.1 了解常见疾病的简单知识（五上）
- 3.1.4.2 学习预防常见疾病的简单方法（四上、五下）

3.1.5 自我认识
- 3.1.5.1 了解自己的民族、籍贯等个人身份信息（四下、五下）
- 3.1.5.2 了解自己的兴趣爱好（四上）
- 3.1.5.3 了解青春期的身体变化

3.1.6 心理卫生
- 3.1.6.1 学习表达自己的情绪情感（五上）
- 3.1.6.2 学习分享合作（五上、五下）
- 3.1.6.3 懂得感恩，学会宽容和尊重他人（五上、五下）

3.2 家庭生活

3.2.1 家庭关系
- 3.2.1.1 了解家庭主要成员的职业、工作单位等信息（四上）
- 3.2.1.2 了解自己与家庭主要成员的关系（四下）
- 3.2.1.3 会与亲友进行沟通交流（四下、五下）

3.2.2 家庭责任
- 3.2.2.1 知道自己在家庭中的角色，承担家务劳动，接待客人等应尽的义务（五下）
- 3.2.2.2 保持家居环境的整洁（五下）
- 3.2.2.3 了解家庭日常的支出（五下）
- 3.2.2.4 体谅父母及长辈对家庭的付出，不攀比（四上）

3.2.3 居家安全
- 3.2.3.1 知道居家生活的安全常识（五下）
- 3.2.3.2 保管好家中财物，不随意送人

3.3 学校生活

3.3.1 人际交往
- 3.3.1.1 尊敬、信任老师，与老师建立良好关系（五下）
- 3.3.1.2 友爱同学，与同学平等相处，互相帮助（五下）
- 3.3.1.3 会欣赏他人的优点
- 3.3.1.4 尊重工作人员的劳动（四下）

3.3.2 校园安全
- 3.3.2.1 会安全使用校园的设备和设施（四下）
- 3.3.2.2 遵守学校的安全规则，遇到危险时能求救（四下）
- 3.3.2.3 发生突发事件时能够从老师指挥（五下）

3.3.3 学习活动
- 3.3.3.1 积极参与学习活动，养成良好的学习习惯（四上）
- 3.3.3.2 遵守学校作息时间（四上）
- 3.3.3.3 了解并遵守学生守则（四上）
- 3.3.3.4 关心集体，能承担一定责任

207

3. 生活适应（中年段）侧面图之二（四码）

评分标准：

- **4分** 好公民：专业、变化、创新，达到就业水平。
- **3分** 好帮手：达到常人日常生活标准。
- **2分** 好家人：可生存、基本需求、特定（有意识）。
- **1分** 好照顾：可接受、会选择（无意识）。
- **0分** 好关注、会关注（无意识）。

3.4 社区生活

3.4.1 认识社区
- 3.4.1.1 认识社区中的相关人员，了解他们的工作，尊重他们的劳动（四下）
- 3.4.1.2 知道自己家住人位置，了解所在的行政区（五上、五下）
- 3.4.1.3 认识社区中的超市、医院、车站等场所及设施（五上、五下）

3.4.2 利用社区
- 3.4.2.1 能使用社区中的休闲设施（四上）
- 3.4.2.2 爱护社区公共设施，遵守公共秩序（五上）

3.4.3 参与社区活动
- 3.4.3.1 尊重他人，懂得社让（四下）
- 3.4.3.2 能与人分享（五上、五下）
- 3.4.3.3 愿意帮助有困难的人（五上）

3.4.4 社区安全
- 3.4.4.1 认识社区中常见的安全标识（四下）
- 3.4.4.2 了解交通安全常识，遵守交通规则（四下、五下）
- 3.4.4.3 知道陌生人交往时的安全常识（四下、五下）
- 3.4.4.4 了解网络安全常识

3.5 国家与世界

3.5.1 国家与民族
- 3.5.1.1 了解一些家乡的发展情况
- 3.5.1.2 了解一些英雄模范人物、依共产党员等的事迹，并向他们学习（四上、五下）
- 3.5.1.3 知道我国由56个民族组成，知道自己以及自己相关人员的民族（四上、五下）

3.5.2 地理与历史
- 3.5.2.1 初步认识区域地图和中国地图（五上）
- 3.5.2.2 知道自己生活区域的省、市、地区名称和位置（五上）
- 3.5.2.3 参与游览光活动，了解一些风景名胜和文物古迹（五上、五下）
- 3.5.2.4 初步了解中华传统美德，激发民族自豪感（四下、五上、五下）

3.5.3 节日与文化
- 3.5.3.1 初步了解一些我国的传统民间艺术（四下）
- 3.5.3.2 喜欢参与文化生活，体验民风土人情（四上、四下、五下）

3.5.4 法律与维权
- 3.5.4.1 不做违反法纪的事情，知道违反法纪的后果
- 3.5.4.2 初步了解公民的基本权利与义务
- 3.5.4.3 初步了解一些保护残疾人权益的法律法规（五下）

3.5.5 环境与保护
- 3.5.5.1 学习垃圾分类的方法
- 3.5.5.2 知道资源的有限性，了解环境保护的重要性，具有初步的环保意识（五下）

209

4. 劳动技能（中年段）侧面图（四码）

评分标准：

- **4分** 好公民：专业、变化、创新、达到就业水平。
- **3分** 好帮手：达到常人日常生活标准。
- **2分** 好家人：可生存，基本需求、特征（有意识）。
- **1分** 好照顾：可接受、会关注、会选择（无意识）。
- **0分**

一级指标	二级指标	三级指标	4分	3分	2分	1分	0分
4.1 自我服务	4.1.1 使用物品	4.1.1.1 使用并清理雨具					
	4.1.2 整理物品	4.1.2.1 整理较大件衣物					
	4.1.3 洗涤物品	4.1.3.1 刷洗鞋、书包等物品					
		4.1.3.2 清洗、晾晒、折叠厚薄适中的衣物					
	4.1.4 移动物品	4.1.4.1 移动大件物品					
4.2 家务劳动技能	4.2.1 使用物品	4.2.1.1 使用电视、热水器等常见的家用电器					
		4.2.1.2 使用常见锁具等					
		4.2.1.3 使用餐具、茶具					
		4.2.1.4 使用常见生活器具					
	4.2.2 清洁整理	4.2.2.1 更换整理卧具					
		4.2.2.2 刷洗餐具、茶具、炊具					
		4.2.2.3 打扫卫生间					
	4.2.3 洗涤晾晒	4.2.3.1 使用洗衣机洗衣服					
	4.2.4 厨房劳动	4.2.4.1 清洗水果					
		4.2.4.2 择菜、洗菜					
		4.2.4.3 使用刀具					
		4.2.4.4 使用冰箱、微波炉等厨房电器					
		4.2.4.5 认识调料、开启食品容器					
		4.2.4.6 无明火条件下使用炊具加热饭菜、制作简单饭菜					
4.3 公益劳动技能	4.3.1 校内劳动	4.3.1.1 清扫教室、校舍、校园等					
		4.3.1.2 修补图书					
	4.3.2 社区劳动	4.3.2.1 参加社区保洁劳动					
		4.3.2.2 参加社区服务劳动					
4.4 简单生产劳动技能	4.4.1 使用工具	4.4.1.1 使用简单的办公用品、公用品					
	4.4.3 缝纫编织	4.4.3.1 熟悉手工缝纫基本针法					

5. 唱游与律动（中年段）侧面图（四码）

评分等级：

- 4分　好公民：专业、变化、创新，达到就业水平。
- 3分　好帮手：达到常人日常生活标准。
- 2分　好家人：可生存，基本需求，特定（有意识）。
- 1分　好照顾：可接受，会关注，会选择（无意识）。
- 0分

一级指标	二级指标	三级指标	4分	3分	2分	1分	0分
5.1 感受与欣赏	5.1.1 感知	5.1.1.1 能感受和听辨声音的高低					
		5.1.1.2 能听辨声音的强弱、快慢、长短					
		5.1.1.3 能感受二拍子、三拍子的节拍特点					
	5.1.2 探索与表现	5.1.2.1 认识常见的乐器					
		5.1.2.2 探索打击乐器发出的声音					
		5.1.2.3 能用肢体动作表现形象鲜明的歌曲、乐曲					
		5.1.2.4 能用声音模仿简单的自然界和生活中的声响					
	5.1.3 欣赏	5.1.3.1 欣赏本地区或本民族的儿歌、童谣、乐曲					
5.2 演唱	5.2.1 演唱技能	5.2.1.1 能参与趣味性的练声活动					
		5.2.1.2 能参与齐唱					
	5.2.2 演唱运用	5.2.2.1 能用歌声表达问候					
		5.2.2.2 每学期学唱3～4首简单的儿歌					
5.3 音乐游戏	5.3.1 参与	5.3.1.1 能主动参与音乐游戏					
	5.3.2 音乐游戏规则	5.3.2.1 能听从指令控制自己的位置、动作					
		5.3.2.2 在音乐游戏中能对节奏、速度、力度、音高做出基本准确的反应					
5.4 律动	5.4.1 节奏与韵律	5.4.1.1 能随音乐控制、协调，配合肢体动作					
	5.4.2 动作与表现	5.4.2.1 模仿自然界和日常生活中有特点的动作					
		5.4.2.2 学习儿童舞蹈基本动作及小碎步、踢跳步等基本舞步					
	5.4.3 表演	5.4.3.1 能随熟悉的音乐进行即兴表演或歌舞表演					

6. 绘画与手工（中年段）侧面图（四码）

	6.1 造型·表现				6.2 设计·应用			6.3 欣赏·评述			6.4 综合·探索	
	6.1.1 绘画	6.1.2 手工	6.1.3 美术元素	6.1.4 动作控制	6.2.1 物品感知	6.2.2 模仿制作	6.2.3 创作	6.3.1 欣赏与评述			6.4.1 综合创作表现	
	6.1.1.1 能以绘画的方式表现简单的物品造型，学习简单的添画和涂色	6.1.2.1 能选择多种媒材，用手工制作的方法，表现生活中常见的物品	6.1.3.1 能观察生活中的各种物品，感受不同的颜色和肌理效果，尝试用点、线等画出简单的图形	6.1.4.1 会安全、稳定地使用工具	6.2.1.1 观察和区别身边常见生活物品的形状、颜色、材质及用途，并简单描述	6.2.2.1 运用简单的图形和半成品材料，模仿制作	6.2.3.1 选择合适的材料，制作简单的生活用品	6.3.1.1 从内容、形象、色彩等方面欣赏儿童美术作品，尝试用表情、动作、语言进行表达	6.3.1.2 欣赏中外美术作品，尝试表达自己的感受	6.3.1.3 辨识生活中常见的标识图形，用多种方式进行简单描述	6.4.1.1 结合生活语文、生活数学、唱游与律动等学科开展有主题的活动	6.4.1.2 使用多种材料开展综合探索活动

4分 好公民：专业、变化、创新，达到就业水平。

3分 好帮手：达到常人日常生活准。

2分 好家人：可生存，基本需求，特定（有意识）。

1分 好照顾：会关注，会选择（无意识）。

0分

7. 运动与保健（中年段）侧面图（四码）

评分标准：

4分	好公民：专业、变化、创新，达到就业水平。
3分	好帮手：达到日常个人日常生活标准。
2分	好家人：可生存、基本需求、特定（有意识）。
1分	好照顾：可接受、会选择（无意识）。
0分	好照顾：可接受、会关注、会选择（无意识）。

7.1 运动参与

7.1.1 参与体育运动学习和锻炼	7.1.2 体验运动乐趣与成功
7.1.1.1 主动参与运动与保健课来学习及课外体育运动学习与锻炼	7.1.2.1 体验各种运动带来的学习乐趣与成功（有乐趣）

7.2 运动技能

7.2.1 体育运动知识

7.2.1.1	7.2.1.2	7.2.1.3	7.2.1.4
体验运动过程并了解动作名称的含义	学习特典运动的基本知识	学会体育学习和锻炼	观看体育比赛

7.2.2 运动技能和方法

7.2.2.1	7.2.2.2	7.2.2.3
掌握有一定难度的基本身体活动方法	基本掌握多种简单的体育活动方法	基本掌握一些简单的体育游戏活动方法和规则

7.2.3 安全运动的意识和能力

7.2.3.1
初步掌握一些运动安全常识，了解运动损伤及常见运动伤害的预防和简单处理方法

7.3 身体健康

7.3.1 运动保健知识和方法

7.3.1.1	7.3.1.2
初步了解身体各部位	初步了解运动、营养相关的常见疾病

7.3.2 良好的体形和身体姿态

7.3.2.1
改善体形和身体姿态

7.3.3 全面发展体能与健身

7.3.3.1
发展灵敏、协调性、力量和速度

7.3.4 适应自然环境

7.3.4.1
发展适应气候变化的能力

7.4 心理健康

7.4.1 良好的意志品质

7.4.1.1
坚持完成有一定困难的体育活动

7.4.2 调控情绪的方法

7.4.2.1
在体育活动中合理调节自己的情绪

7.4.3 合作意识与能力

7.4.3.1
在团队体育活动中能较好地履行自己的职责

7.4.4 良好的体育道德

7.4.4.1
主动规范自己的行为

三、自编培智学校教育课程四好评量表（高年段）

学生姓名：_____　　性别：_____　　出生日期：_____年____月____日

第一次评量日期_____年____月____日　评量者：_____　颜色：_____

第二次评量日期_____年____月____日　评量者：_____　颜色：_____

第三次评量日期_____年____月____日　评量者：_____　颜色：_____

第四次评量日期_____年____月____日　评量者：_____　颜色：_____

第五次评量日期_____年____月____日　评量者：_____　颜色：_____

第六次评量日期_____年____月____日　评量者：_____　颜色：_____

自编培智学校教育课程四好评量表（高年段）侧面图（一码）

分值	1 生活语文	2 生活数学	3 生活适应	4 劳动技能	5 唱游律动	6 绘画手工	7 运动保健
4分 好公民：专业、变化、创新，达到就业水平。	116	148	192	92	76	92	68
3分 好帮手：达到常人日常生活标准。	87	111	144	69	57	69	51
2分 好家人：可生存、基本需求、特定（有意识）。	58	74	96	46	38	46	34
1分 好照顾：可接受、会关注、会选择（无意识）。	29	37	48	23	19	23	17
0分							

	1 生活语文	2 生活数学	3 生活适应	4 劳动技能	5 唱游律动	6 绘画手工	7 运动保健
	0 1 2 3 4	0 1 2 3 4	0 1 2 3 4	0 1 2 3 4	0 1 2 3 4	0 1 2 3 4	0 1 2 3 4

1. 生活语文（高年段）侧面图（四码）

评分等级：

- **4分** 好公民：专业、变化、创新，达到就业水平。
- **3分** 好帮手：达到常人日常生活标准。
- **2分** 好家人：可生存、基本需求、特定（有意识）。
- **1分** 好照顾：可接受、会关注、会选择（无意识）。
- **0分**

1.1 倾听与说话

1.1.1 倾听
- 1.1.1.1 能耐心、认真地倾听，并能理解别人所表达的意思
- 1.1.1.2 能听懂与生活相关的话题，并能做出适当的反应
- 1.1.1.3 能听懂任务分工、操作步骤和要求

1.1.2 说话
- 1.1.2.1 能用语言求助
- 1.1.2.2 能向他人介绍自己
- 1.1.2.3 能简单转述别人说话的主要内容
- 1.1.2.4 会使用手机等通信工具与他人沟通

1.1.3 社交礼仪
- 1.1.3.1 能较恰当地处理所处情境使用恰当的语言
- 1.1.3.2 养成不随地就所的习惯
- 1.1.3.3 养成文明友善交流的习惯

1.2 识字与写字

1.2.1 识字
- 1.2.1.1 有主动学习汉字的兴趣
- 1.2.1.2 能够熟练用常用的偏旁部首
- 1.2.1.3 累计认读常用汉字100～500个

1.2.2 写字
- 1.2.2.2 累计会写常用汉字100～300个

1.2.3 书写的习惯和技巧
- 1.2.3.1 能用硬笔书写（圆珠笔、中性笔、钢笔）
- 1.2.3.2 养成良好的书写习惯，字迹清楚端正

1.3 阅读

1.3.1 阅读习惯
- 1.3.1.2 喜爱阅读，能和别人分享阅读写阅读心得，养成良好的阅读习惯

1.3.2 阅读理解
- 1.3.2.1 能使用目录、页码、题目寻找指定资料
- 1.3.2.2 能借助关键词句，说出课文的主要内容
- 1.3.2.3 能阅读叙事性短文，理解文章中重点句的意思
- 1.3.2.4 能阅读简单说明性短文，理解文中获取主要内容
- 1.3.2.5 能阅读连续性文本，并从中获取有价值的信息

1.3.3 朗读
- 1.3.3.1 能正确地朗读课文
- 1.3.3.2 累计背诵诗文18～50篇（段）

1.4 写话与习作

1.4.1 写作习惯
- 1.4.1.1 乐于书面表达，愿意与他人分享习作的快乐

1.4.2 写话
- 1.4.2.1 能仿写一段话
- 1.4.2.2 能根据生活情境话题片段写几句话

1.4.3 习作
- 1.4.3.1 能配合留心观察生活情境，借助观察、想象写一段话

1.5 综合性学习

1.5.1 获取有关信息
- 1.5.1.1 参与社区生活，能运用图片、文字展示或语言表达社区生活的经验

2. 生活数学（高年段）侧面图（四码）

评分等级说明：

- **4分　好公民：** 专业，变化，创新，达到就业水平。
- **3分　好帮手：** 达到日常人日常生活标准。
- **2分　好家人：** 可生存，基本需求，特定（有意识）。
- **1分　好照顾：** 可接受，会关注，会选择（无意识）。
- **0分**

编码	指标内容
2.1 常见的量	
2.1.1 基本概念	
2.1.1.1	结合实际，认识克、千克，会进行简单单位的换算
2.1.1.2	在实际跟活动中，认识长度单位千米、米、分米、厘米
2.1.1.3	结合实际，了解常用的面积单位（平方米、方米）
2.1.1.4	结合实际，了解常用的体积单位（升）和容积单位
2.1.1.5	会选择恰当的长度单位，估测一些物体的长度
2.1.2 金钱概念	
2.1.2.1	认识商品的标价
2.1.2.2	能根据商品的价格进行1 000元以内的付费与找零计算
2.1.3 时间概念	
2.1.3.1	了解24时计时法，以"时""分"读出钟面上的时刻与计算
2.1.3.2	结合自己的生活经验，体验时间的长短，了解"时与分"之间的关系
2.2 数与运算	
2.2.1 数的认识	
2.2.1.1	在现实情境中，理解1 000以内数的含义，能认、读、写1 000以内的数
2.2.1.2	能说出1 000以内各数位各数的名称，理解数位上数字表示的含义
2.2.1.3	会比较1 000以内数的大小
2.2.1.4	在现实情境中，初步认识万以内的数，会认、读、写万以内的数
2.2.1.5	结合具体情境，初步认识小数并了解小数的含义，会认、读、写小数
2.2.1.6	结合具体情境，初步认识分数并了解分数的含义，会读、会写分数
2.2.1.7	结合具体情境，初步认识百分数，了解百分数的含义，会读、写百分数
2.2.2 数的运算	
2.2.2.1	能正确计算万以内的加法、减法及混合运算，并能解决简单的实际问题
2.2.2.2	理解乘法的情境中，会进行简单的估算，体会估算在生活中的作用
2.2.2.3	理解乘法的意义，认识乘法符号"×"，会进行表内乘法计算
2.2.2.4	理解除法的意义，认识除法符号"÷"，运用乘法口诀进行除法计算
2.2.2.5	了解折扣的含义，会进行简单的计算
2.2.2.6	会正确选择运算，解决生活中的实际问题
2.3 图形与几何	
2.3.1 图形的认识	
2.3.1.1	结合实际，了解线和线段
2.3.1.2	认识生活中的长方体、正方体、圆柱体和球体
2.3.1.3	了解轴对称，生活中的长方形、正方形、菱形、圆等轴对称图形的特征
2.3.2 位置的认识	
2.3.2.1	给定东、南、西、北四个方向中的一个方向，能辨认其余三个方向
2.4 统计	
2.4.1 分类统计	
2.4.1.1	根据生活实际情境，能自主选择标准进行简单的分类
2.4.1.2	了解简单的统计表、象形统计图
2.4.1.3	经历简单的收集、整理、描述和分析数据的过程，能用简单的表现图呈现数据整理后的结果
2.5 综合与实践	
2.5.1 金钱概念的运用	
2.5.1.1	根据实际情境，进行购物预算
2.5.1.2	能看懂日常生活中的简单账单
2.5.2 时间概念的运用	
2.5.2.1	能看懂日常生活中常见的时刻表和时间单
2.5.3 图形几何运算统计的运用	
2.5.3.1	在实践活动中，会称出物体的重量，并做记录
2.5.3.2	在实践活动中，会测量物体的长度，并做记录
2.5.3.3	在实践活动中，会测量物体的容积，并做记录
2.5.3.4	能整理生活中的数据，会用简单条形图呈现，并做出简单的判断

3. 生活适应（高年段）侧面图之一（四码）

四码项目																								得分
3.1.1.1 了解进餐礼仪，做到礼貌就餐	3.1.1.2 了解常见食物的营养价值	3.1.2.1 学习处理青春期相关事宜	3.1.3.1 根据季节合理着装	3.1.4.1 了解就医的程序、能遵医嘱用药和休养	3.1.4.2 学习简单的急救常识	3.1.5.1 了解青春期保健常识	3.1.5.2 了解自己的优缺点、尝试制订个人进步和发展的计划	3.1.6.1 正确接纳他人的评价、调控自己的情绪	3.1.6.2 勇于面对困难、解决问题	3.2.1.1 乐于参加家庭活动	3.2.1.2 孝顺父母、尊重、关心家庭主要成员	3.2.1.3 学会恰当表达不同的意见	3.2.2.1 能合理安排自己的家一日生活	3.2.2.2 会合理支配自己的零用钱，初步养成积蓄财富的意识	3.2.2.3 体谅父母生活、工作的艰辛，力所能及地分担家庭责任	3.2.3.1 掌握独立生活、居家安全的安全知识	3.2.3.2 保守大部分个人和家庭隐私，不随意泄露个人和家庭信息	3.3.1.1 学会与同学分工合作	3.3.1.2 能与人恰当交往合作	3.3.2.1 了解应对突发事件的必需常识，在师长指导下学会正确处理突发事件	3.3.3.1 积极参加集体活动，具有团队意识，了解并遵守团组织的各项规则	3.3.3.2 初步了解共青团相关知识，积极争取加入团组织	3.3.3.3 学习合理计划自己的假期生活	
3.1.1 饮食习惯		3.1.2 个人卫生	3.1.3 个人着装	3.1.4 疾病预防		3.1.5 自我认识		3.1.6 心理卫生		3.2.1 家庭关系			3.2.2 家庭责任			3.2.3 居家安全		3.3.1 人际交往		3.3.2 校园安全	3.3.3 学习活动			
3.1 个人生活										3.2 家庭生活								3.3 学校生活						

评分标准：

- 4分　好公民：专业、变化、创新，达到常人日常就业水平。
- 3分　好帮手：达到常人日常生活标准。
- 2分　好家人：可生存、基本需求、特定（有意识）。
- 1分　好照顾：可接受、会关注、会选择（无意识）。
- 0分

3. 生活适应（高年段）侧面图之二（四码）

评分等级：

- **4分** 好公民：专业、变化、创新，达到就业水平。
- **3分** 好帮手：达到常人日常生活标准。
- **2分** 好家人：可生存，基本需求、特征（有意识）。
- **1分** 好照顾：可接受、会选择（无意识）。
- **0分** 好关注，会关注（无意识）。

3.4 社区生活

3.4.1 认识社区
- 3.4.1.1 了解派出所、物业、居委会（村委会）等机构、人员及设施
- 3.4.1.2 了解社区中为残疾人、提供服务的机构、人员及设施

3.4.2 利用社区
- 3.4.2.1 能利用社区中的资源，解决生活中的问题
- 3.4.2.2 遇到困难时能利用社区（村委会）、物业等相关服务机构寻求帮助

3.4.3 参与社区活动
- 3.4.3.1 学习参与社区休闲活动
- 3.4.3.2 帮助社区做力所能及的工作

3.4.4 社区安全
- 3.4.4.1 了解意外伤害常识
- 3.4.4.2 掌握一些自护自救的方法和法律常识
- 3.4.4.3 增强网络自我保护意识技能

3.5 国家与世界

3.5.1 国家与民族
- 3.5.1.1 知道社会主义制度是中华人民共和国的根本制度，中国共产党领导是中国特色社会主义最本质的特征。知道国家主要领导人
- 3.5.1.2 了解一些民族的传统的风尚、节日习俗、传统礼仪，尊重不同民族的习惯
- 3.5.1.3 学习利用书报、电视、网络等媒体获取即时事信息

3.5.2 地理与历史
- 3.5.2.1 知道我国的领土、领海和领空，维护国家统一和领土完整
- 3.5.2.2 初步了解自己生活区域及祖国的一些地理、气候特征和物产资源
- 3.5.2.3 初步了解四大发明等我国的一些重要的文化遗产
- 3.5.2.4 初步了解一些我国近现代史上发生的重大的历史事件

3.5.3 节日与文化
- 3.5.3.1 初步了解一些我国著名的文艺作品
- 3.5.3.2 了解一些重大庆活动的内容和程序，在成人指导下完成活动任务

3.5.4 法律与维权
- 3.5.4.1 初步了解一些契约和法律的基本知识
- 3.5.4.2 在成人帮助和指导下，运用法律维护自身合法权益

3.5.5 环境与保护
- 3.5.5.1 了解保护生态环境的基本知识和方法
- 3.5.5.2 了解资源减少、环境恶化的不良影响

3.5.6 共同的世界
- 3.5.6.1 初步了解世界上大洲和大洋的名称与分布
- 3.5.6.2 认识一些国家和民族，了解其生活习俗、传统节日活动

4. 劳动技能（高年段）侧面图（四码）

分值	4.1.4.1 搬运重物	4.2.1.1 使用电暖器等家用电器	4.2.2.1 按季节保养和存放衣服、鞋、被裤等物品	4.2.2.2 使用吸尘器等清洁电器	4.2.2.3 擦玻璃	4.2.2.4 打扫、整理厨房	4.2.2.5 美化、装饰房间	4.2.3.1 按季节清洗衣物、鞋、被裤、毛毯等	4.2.4.1 使用电烤箱、电饼铛等厨房电器	4.2.4.2 使用炊具	4.2.4.3 掌握将食材处理成块儿、片儿、丝儿的刀工技法	4.2.4.4 掌握蒸、煮、炒、煎、炸等烹饪技能	4.2.4.5 学会制作简单的面点	4.2.4.6 制作凉拌菜	4.2.4.7 冲泡饮料	4.2.4.8 按储存要求放食材	4.3.1.1 维修桌椅等	4.3.1.2 布置、装饰校内环境	4.3.2.1 参加社区志愿者服务活动	4.4.1.1 使用简单的五金工具进行操作	4.4.3.1 掌握手工缝纫针法	4.4.4.1 了解残疾人就业的相关法律法规、了解求职、就业等知识	4.4.4.2 体验常见职业工种的操作技能
4分 好公民：专业、变化、创新，达到就业水平。																							
3分 好帮手：达到常人日常生活标准。																							
2分 好家人：可生存、基本需求、特定（有意识）。																							
1分 好照顾：可接受、会关注、会选择（有意识）。																							
0分 好照顾：可接受、会选择（无意识）。																							

三码：4.1.4 移动物品　4.2.1 使用物品　4.2.2 清洁整理　4.2.3 洗涤晾晒　4.2.4 厨房劳动　4.3.1 校内劳动　4.3.2 社区劳动　4.4.1 使用工具　4.4.3 缝纫编织　4.4.4 职业准备

二码：4.1 自我服务　4.2 家务劳动技能　4.3 公益劳动技能　4.4 简单生产劳动技能

5. 唱游与律动（高年段）侧面图（四码）

分值	5.1.1.1	5.1.1.2	5.1.2.1	5.1.2.2	5.1.2.3	5.1.3.1	5.1.3.2	5.2.1.1	5.2.1.2	5.2.1.3	5.2.2.1	5.2.2.2	5.3.1.1	5.3.2.1	5.3.2.2	5.4.1.1	5.4.2.1	5.4.2.2	5.4.3.1
4分 好公民：专业、变化、创新，达到就业水平。																			
3分 好帮手：达到常人日常生活标准。																			
2分 好家人：可生存，基本需求，特定（有意识）。																			
1分 好照顾：可接受、会关注，会选择（无意识）。																			
0分																			

各级指标内容：

- 5.1.1.1 能对听到的音乐产生联想
- 5.1.1.2 了解与生活密切相关的音乐（如节庆、礼仪）
- 5.1.2.1 能伴随音乐演奏打击乐器
- 5.1.2.2 能用简单的语言、表情、动作表达听到的音乐的情绪（如欢快、优伤的）
- 5.1.2.3 能从多媒体中收集自己喜爱的音乐作品，并做出简单描述
- 5.1.3.1 能较长时间专注地聆听音乐
- 5.1.3.2 聆听不同国家、地区、民族的歌谣，初步感受不同的风格
- 5.2.1.1 能基本准确地歌唱，注意呼吸、咬字、吐字
- 5.2.1.2 能有表情地独唱或齐唱
- 5.2.1.3 能采用不同的力度、速度表现歌曲的情绪
- 5.2.2.1 能根据歌曲内容，边歌唱边律动表演
- 5.2.2.2 每学期能独立演唱2~3首歌曲
- 5.3.1.1 能进行合作游戏
- 5.3.2.1 能进行完整的音乐游戏活动、表现出对音乐结构、节奏、情绪等的理解
- 5.3.2.2 尝试改编音乐游戏的情境和动作，探索新的游戏规则
- 5.4.1.1 能用身体动作表达对音乐的感受
- 5.4.2.1 学习进退步、十字步、交替步等舞步
- 5.4.2.2 能模仿不同地区、不同民族的特色舞蹈动作
- 5.4.3.1 根据音乐的内容和情绪即兴表演

二级指标：
- 5.1.1 感知
- 5.1.2 探索与表现
- 5.1.3 欣赏
- 5.2.1 演唱技能
- 5.2.2 演唱运用
- 5.3.1 参与
- 5.3.2 音乐游戏规则
- 5.4.1 节奏与韵律
- 5.4.2 动作与表现
- 5.4.3 表演

一级指标：
- 5.1 感受与欣赏
- 5.2 演唱
- 5.3 音乐游戏
- 5.4 律动

233

6. 绘画与手工（高年段）侧面图（四码）

分值	6.1 造型·表现								6.2 设计·应用			6.3 欣赏·评述					6.4 综合·探索							
	6.1.1 绘画			6.1.2 手工		6.1.3 美术元素	6.1.4 动作控制		6.2.1 物品感知	6.2.3 创作		6.3.1 欣赏与评述					6.4.1 综合创作表现							
	6.1.1.1	6.1.1.2	6.1.1.3	6.1.2.1	6.1.2.2	6.1.3.1	6.1.4.1		6.2.1.1	6.2.3.1	6.2.3.2	6.3.1.1	6.3.1.2	6.3.1.3	6.3.1.4	6.3.1.5	6.4.1.1	6.4.1.2	6.4.1.3	6.4.1.4	6.4.1.5	6.4.1.6	6.4.1.7	6.4.1.8
4分 好公民：专业、变化、创新，达到就业水平。																								
3分 好帮手：达到常人日常生活标准。																								
2分 好家人：可生存，基本需求，特定（有意识）。																								
1分 好照顾：可接受，会关注，会选择（无意识）。																								
0分	能尝试使用简单的绘画材料和工具进行绘画表现	能运用简单的构图知识、色彩知识和对材料、工具的运用等进行绘画表现	能观察生活中的事物，尝试运用添加和对比、夸张、变形等表现手法进行造型活动	能使用各种工具、废旧物品，尝试用添加、组合、夸张、变形等材料工具等装饰手法进行手工制作	能观察生活中的事物，尝试运用添加、组合、夸张、变形等装饰手法进行手工制作	能运用不同的形状、大小、色彩、肌理和材质等元素，进行造型表现活动	能手眼协调、安全、灵活地使用各种工具和材料		观察、比较身边常见的生活用品、家用电器、服饰等，用自己的方式表达感受	根据生活物品的特征，从形状、色彩、用途等方面，进行简单交流	尝试根据语言描述表现生活物品	通过图片、影像等形式，运用描述、分析、比较和讨论等方法，欣赏中国画、油画、水彩画、版画、雕塑、动漫等不同形式的美术作品	通过多种方式，感受美术作品在日常生活中的应用	了解本地的民间艺术，初步感受艺术的特色	学习中华优秀传统文化，了解民族、人类文化遗产，感受艺术的魅力	参与欣赏活动，能调节情绪，享受审美的能力	关注学校、社区环境，感受绘画与手工工作、生活中的美的过程	结合学科内容、校内外活动，尝试进行绘画与手工、现或手工艺品、装饰物等	使用支架类、申编类等工具，完成造型表现	利用照相机、计算机等新媒材进行创作活动	结合中国版图和疆域等知识，开展爱国主义主题的综合活动	围绕诚信友善、勤俭节约、尊老爱幼等中华传统美德主题，进行综合造型活动并展示	尝试将审美意识应用于生活，体现美，仪表仪态之美	利用掌握的绘画与手工技能，初步适应用手生活需要和职业需求

7. 运动与保健（高年段）侧面图（四码）

等级	7.1 运动参与		7.2 运动技能							7.3 身体健康				7.4 心理健康			
	7.1.1 参与体育运动学习和锻炼	7.1.2 体验运动乐趣学习和成功	7.2.1 体育运动知识			7.2.2 运动技能和方法		7.2.3 安全运动的意识和能力		7.3.1 运动保健知识和方法	7.3.2 良好体形和身体姿态	7.3.3 全面发展体能与健身	7.3.4 适应自然环境	7.4.1 良好的意志品质	7.4.2 调控情绪的方法	7.4.3 合作意识与能力	7.4.4 良好的体育道德
	7.1.1.1 初步形成运动锻炼的习惯和终身运动的意识	7.1.2.1 初步形成积极的运动态度	7.2.1.1 了解运动项目的知识	7.2.1.2 丰富特奥运动的知识	7.2.1.3 提高运动学习和锻炼的能力	7.2.2.1 基本掌握简单的技术动作组合	7.2.2.2 掌握常见体育游戏方法和规则	7.2.3.1 提高安全运动的能力	7.2.3.2 将安全运动意识迁移到日常生活中	7.3.1.1 基本掌握青春期运动保健知识	7.3.2.1 塑造、保持良好的身体姿态	7.3.3.1 在运动项目练习中提高灵敏协调性、速度、力量、心肺耐力和健身能力	7.3.4.1 增强适应自然环境变化的能力	7.4.1.1 树立自尊、自信、自强的良好品质	7.4.2.1 积极应对挫折和失败，并能调控自己的情绪	7.4.3.1 树立集体荣誉感，形成积极合作、相互配合的意识与能力	7.4.4.1 形成团结友爱、相互帮助的良好体育道德
4分 好公民：专业、变化、创新，达到就业水平。																	
3分 好帮手：达到常人日常生活标准。																	
2分 好家人：可生存，基本需求，特定（有意识）。																	
1分 好照顾：可接受，会关注，会选择（无意识）。																	
0分																	

四、信息技术侧面图（选修）

学生姓名：_____   性别：_____   出生日期：_____年____月____日

第一次评量日期_____年____月____日，评量者：_____   颜色：_____

第二次评量日期_____年____月____日，评量者：_____   颜色：_____

第三次评量日期_____年____月____日，评量者：_____   颜色：_____

第四次评量日期_____年____月____日，评量者：_____   颜色：_____

第五次评量日期_____年____月____日，评量者：_____   颜色：_____

第六次评量日期_____年____月____日，评量者：_____   颜色：_____

第七次评量日期_____年____月____日，评量者：_____   颜色：_____

第八次评量日期_____年____月____日，评量者：_____   颜色：_____

8. 信息技术评量侧面图（二）——三码

分数	8.1.1 感受身边的信息	8.1.2 了解现代信息技术的作用	8.1.3 遵循的行为规范	8.1.4 初步掌握常用通信工具的基本用法	8.1.5 了解数码产品在生活中的应用	8.1.6 体验信息终端在生活中的应用	8.2.1 认识计算机	8.2.2 认识计算机的常用外接设备	8.2.3 认识操作系统	8.2.4 初步掌握多媒体的加工与处理	8.2.5 初步掌握图形图画的绘制	8.2.6 体验演示文稿的制作	8.3.1 初步掌握网络信息的获取与选择	8.3.3 了解网络信息安全常识
4分 好公民	4	4	4	16	8	4	12	4	12	4	8	8	8	4
3分 好帮手	3	3	3	12	6	3	9	3	9	3	6	6	6	3
2分 好家人	2	2	2	8	4	2	6	2	6	2	4	4	4	2
1分 好照顾	1	1	1	4	2	1	3	1	3	1	2	2	2	1
0分														
	8.1 身边的信息技术						8.2 计算机的应用						8.3 计算机网络的应用	

8. 信息技术评量侧面图（一）——二码

分数	8.1 身边的信息技术	8.2 计算机的应用	8.3 计算机网络的应用
4分 好公民	40	48	12
3分 好帮手	30	36	9
2分 好家人	20	24	6
1分 好照顾	10	12	3
0分			

8. 信息技术侧面图（三）之一——四码

分值	8.1.1.1 感受身边的信息	8.1.2.1 了解现代信息技术的作用	8.1.3.1 知道信息技术应用中需要遵循的行为规范	8.1.4.1 学会接听和拨打电话	8.1.4.2 学会用手机接收和发送信息	8.1.4.3 知道手机的基本操作与设置	8.1.4.4 初步养成保护个人信息安全的意识	8.1.5.1 了解智能手机的用途，并能进行学习、交流、娱乐休闲等活动	8.1.5.2 了解平板的用途，并能进行学习、交流、娱乐休闲等活动	8.1.6.1 体验信息终端在生活中的应用
4分：好公民	4	4	4	4	4	4	4	4	4	4
3分：好帮手	3	3	3	3	3	3	3	3	3	3
2分：好家人	2	2	2	2	2	2	2	2	2	2
1分：好照顾	1	1	1	1	1	1	1	1	1	1
0分	0	0	0	0	0	0	0	0	0	0
	8.1.1 感受身边的信息	8.1.2 了解现代信息技术的作用	8.1.3 遵循的行为规范	8.1.4 初步掌握常用通信工具的基本用法				8.1.5 了解数码产品在生活中的应用		8.1.6 体验信息终端在生活中的应用
				8.1 身边的信息技术						

8. 信息技术侧面图（三）之二——四码

分值	8.2.1.1 从外观上认识计算机的基本组成	8.2.1.2 学会开机、关机	8.2.1.3 掌握鼠标的基本操作	8.2.2.1 认识音箱、耳机、话筒、摄像头，体验它们的应用	8.2.3.1 认识操作系统的界面	8.2.3.2 掌握窗口的基本操作	8.2.3.3 掌握适用的中文输入法	8.2.4.1 认识常用音频、视频播放器，能够完成基本操作	8.2.5.1 能绘制简单的图形	8.2.5.2 能完成简单的图画作品	8.2.6.1 体验用演示模板制作简单相册的过程	8.2.6.2 体验制作图文并茂的演示作品的过程	8.3.1.1 体验通过网络浏览信息的过程	8.3.1.2 使用搜索引擎查询和获取天气、地图等所需信息，体验信息搜索的方法	8.3.3.1 能遵守文明上网的规定，养成健康的上网习惯
4分：好公民	4	4	4	4	4	4	4	4	4	4	4	4	4	4	4
3分：好帮手	3	3	3	3	3	3	3	3	3	3	3	3	3	3	3
2分：好家人	2	2	2	2	2	2	2	2	2	2	2	2	2	2	2
1分：好照顾	1	1	1	1	1	1	1	1	1	1	1	1	1	1	1
0分：好照顾	0	0	0	0	0	0	0	0	0	0	0	0	0	0	0

8.2.1 认识计算机			8.2.2 认识计算机的常用外接设备	8.2.3 认识操作系统			8.2.4 初步掌握多媒体的加工与处理	8.2.5 初步掌握图形图画的绘制		8.2.6 体验演示文稿的制作		8.3.1 初步掌握网络信息的获取与选择		8.3.3 了解网络信息安全常识

8.2 计算机的应用												8.3 计算机网络的应用		

五、艺术休闲侧面图（选修）

学生姓名：＿＿＿＿＿＿　　性别：＿＿＿＿＿＿　　出生日期：＿＿＿＿＿＿年＿＿月＿＿日

第一次评量日期＿＿＿＿＿＿年＿＿月＿＿日，评量者：＿＿＿＿＿＿＿＿＿　　颜色：＿＿＿＿＿＿＿＿

第二次评量日期＿＿＿＿＿＿年＿＿月＿＿日，评量者：＿＿＿＿＿＿＿＿＿　　颜色：＿＿＿＿＿＿＿＿

第三次评量日期＿＿＿＿＿＿年＿＿月＿＿日，评量者：＿＿＿＿＿＿＿＿＿　　颜色：＿＿＿＿＿＿＿＿

第四次评量日期＿＿＿＿＿＿年＿＿月＿＿日，评量者：＿＿＿＿＿＿＿＿＿　　颜色：＿＿＿＿＿＿＿＿

第五次评量日期＿＿＿＿＿＿年＿＿月＿＿日，评量者：＿＿＿＿＿＿＿＿＿　　颜色：＿＿＿＿＿＿＿＿

第六次评量日期＿＿＿＿＿＿年＿＿月＿＿日，评量者：＿＿＿＿＿＿＿＿＿　　颜色：＿＿＿＿＿＿＿＿

第七次评量日期＿＿＿＿＿＿年＿＿月＿＿日，评量者：＿＿＿＿＿＿＿＿＿　　颜色：＿＿＿＿＿＿＿＿

第八次评量日期＿＿＿＿＿＿年＿＿月＿＿日，评量者：＿＿＿＿＿＿＿＿＿　　颜色：＿＿＿＿＿＿＿＿

9. 艺术休闲侧面图（二）——三码

	9.1 休闲认知				9.2 休闲选择			9.3 休闲技能				9.4 休闲伦理	
	9.1.1 休闲活动的认知	9.1.2 休闲时间的认知	9.1.3 休闲环境的认知	9.1.4 休闲的自我认知	9.2.1 按休闲兴趣爱好选择	9.2.2 按休闲需求选择	9.2.3 按个人能力基础选择	9.3.2 参与与合作	9.3.3 情绪与行为管理	9.3.4 资源选择与管理利用	9.3.5 休闲安全	9.4.1 休闲行为准则	9.4.2 休闲价值取向
4分：好公民	12	12	8	8	8	16	8	12	8	8	12	20	8
3分：好帮手	9	9	6	6	6	12	6	9	6	6	9	15	6
2分：好家人	6	6	4	4	4	8	4	6	4	4	6	10	4
1分：好照顾	3	3	2	2	2	4	2	3	2	2	3	5	2
0分													

9. 艺术休闲侧面图（一）

	9.1 休闲认知	9.2 休闲选择	9.3 休闲技能	9.4 休闲伦理
4分：好公民	40	32	40	28
3分：好帮手	30	24	30	21
2分：好家人	20	16	20	14
1分：好照顾	10	8	10	7
0分				

9. 艺术休闲侧面图（三）之一——四码

4分：好公民	3分：好帮手	2分：好家人	1分：好照顾	0分	编码与内容
4	3	2	1	0	9.1.1.1 知道生活中常见的休闲活动
4	3	2	1	0	9.1.1.2 能区分学习、工作和休闲活动
4	3	2	1	0	9.1.1.3 能判断哪些休闲活动是健康的
					9.1.1 休闲活动的认知
4	3	2	1	0	9.1.2.1 知道生活中常见的休闲时段
4	3	2	1	0	9.1.2.2 能区分学习、工作和休闲时间
4	3	2	1	0	9.1.2.3 能判断自己的休闲时间
					9.1.2 休闲时间的认知
4	3	2	1	0	9.1.3.1 知道生活中常见的休闲场所
4	3	2	1	0	9.1.3.2 能判断适合自己进入的休闲场所
					9.1.3 休闲环境的认知
4	3	2	1	0	9.1.4.1 知道自己喜欢的休闲活动
4	3	2	1	0	9.1.4.2 愿意参与不同的休闲活动
					9.1.4 休闲的自我认知
					9.1 休闲认知
4	3	2	1	0	9.2.1.1 按兴趣爱好选择休闲活动
4	3	2	1	0	9.2.1.2 按兴趣爱好选择休闲场所
					9.2.1 按休闲兴趣爱好选择
4	3	2	1	0	9.2.2.1 按需求选择休闲活动
4	3	2	1	0	9.2.2.2 按需求选择休闲场所
4	3	2	1	0	9.2.2.3 按需求选择休闲时间
4	3	2	1	0	9.2.2.4 按需求选择休闲同伴
					9.2.2 按休闲需求选择
4	3	2	1	0	9.2.3.1 按个人能力基础选择休闲活动
4	3	2	1	0	9.2.3.2 按个人能力基础选择休闲场所
					9.2.3 按个人能力基础选择
					9.2 休闲选择

9. 艺术休闲侧面图（三）之二——四码

	9.3.2.1 学习参与休闲活动	9.3.2.2 与同伴合作开展休闲活动	9.3.2.3 学会分享自己的情感体验	9.3.3.1 能在休闲活动中管理自己的情绪	9.3.3.2 能在休闲活动中管理自己的行为	9.3.4.1 了解获取休闲资源的途径	9.3.4.2 学习选择适合的休闲资源	9.3.5.1 知道休闲活动中的安全常识	9.3.5.2 知道休闲活动中的安全隐患，形成安全意识	9.3.5.3 学会在休闲活动中避开危险	9.4.1.1 知道在休闲时不能影响他人	9.4.1.2 知道在休闲时不能损害他人的利益	9.4.1.3 遵守休闲规则，与同伴友好相处	9.4.1.4 尊重别人的休闲选择	9.4.1.5 懂得休闲时应保护生态环境	9.4.2.1 愿意积极参加有益健康的休闲活动	9.4.2.2 养成良好的休闲习惯
4分：好公民	4	4	4	4	4	4	4	4	4	4	4	4	4	4	4	4	4
3分：好帮手	3	3	3	3	3	3	3	3	3	3	3	3	3	3	3	3	3
2分：好家人	2	2	2	2	2	2	2	2	2	2	2	2	2	2	2	2	2
1分：好照顾	1	1	1	1	1	1	1	1	1	1	1	1	1	1	1	1	1
0分	0	0	0	0	0	0	0	0	0	0	0	0	0	0	0	0	0
	9.3.2 参与与合作			9.3.3 情绪与行为管理		9.3.4 资源选择与利用		9.3.5 休闲安全			9.4.1 休闲行为准则					9.4.2 休闲价值取向	
	9.3 休闲技能										9.4 休闲伦理						

六、康复训练侧面图（选修）

学生姓名：＿＿＿＿＿＿   性别：＿＿＿＿＿＿   出生日期：＿＿＿＿＿年＿＿月＿＿日

第一次评量日期＿＿＿＿＿年＿＿月＿＿日，评量者：＿＿＿＿＿＿＿＿   颜色：＿＿＿＿＿＿

第二次评量日期＿＿＿＿＿年＿＿月＿＿日，评量者：＿＿＿＿＿＿＿＿   颜色：＿＿＿＿＿＿

第三次评量日期＿＿＿＿＿年＿＿月＿＿日，评量者：＿＿＿＿＿＿＿＿   颜色：＿＿＿＿＿＿

第四次评量日期＿＿＿＿＿年＿＿月＿＿日，评量者：＿＿＿＿＿＿＿＿   颜色：＿＿＿＿＿＿

第五次评量日期＿＿＿＿＿年＿＿月＿＿日，评量者：＿＿＿＿＿＿＿＿   颜色：＿＿＿＿＿＿

第六次评量日期＿＿＿＿＿年＿＿月＿＿日，评量者：＿＿＿＿＿＿＿＿   颜色：＿＿＿＿＿＿

第七次评量日期＿＿＿＿＿年＿＿月＿＿日，评量者：＿＿＿＿＿＿＿＿   颜色：＿＿＿＿＿＿

第八次评量日期＿＿＿＿＿年＿＿月＿＿日，评量者：＿＿＿＿＿＿＿＿   颜色：＿＿＿＿＿＿

康复训练——学习特质评量分析总侧面图（一码）

	1. 感知觉	2. 粗大动作	3. 精细动作	4. 沟通与交往	5. 情绪与行为
3分 有较多能力，障碍不影响生活与学习	69	72	48	213	36
2分 有一些能力障碍，稍影响生活与学习	46	48	32	142	24
1分 有少许能力障碍，影响大部分生活与学习	23	24	16	71	12
0分 障碍严重影响生活与学习	0	0	0	0	0

康复训练——学习特质评量分析 次领域 侧面图（二码）

分数	1.1 视觉	1.2 听觉	1.3 触觉	1.4 味觉	1.5 嗅觉	1.6 前庭与本体觉	2.1 姿势控制	2.2 移动	2.3 平衡与协调	3.1 手部动作	3.2 手眼协调	3.3 握笔写画	3.4 使用工具	4.1 言语准备	4.2 前沟通技能	4.3 非语言沟通	4.4 口语表达	5.1 情绪识别	5.2 情绪表达	5.3 情绪理解	5.4 情绪调节	5.5 行为管理
3分：有较多能力，障碍不影响生活与学习	21	12	9	9	9	9	21	33	18	12	9	9	18	69	39	39	60	6	6	6	6	12
2分：有一些能力，障碍稍影响生活学习	14	8	6	6	6	6	14	22	12	8	6	6	12	46	26	26	40	4	4	4	4	8
1分：有少许能力，障碍影响大部分生活与学习	7	4	3	3	3	3	7	11	6	4	3	3	6	23	13	13	20	2	2	2	2	4
0分：障碍严重影响生活与学习																						
领域	1 感知觉						2 粗大动作			3 细动作				4 沟通与交往				5. 情绪与行为				

康复训练——学习特质评量分析　1.感知觉　侧面图（三码）

评分说明：

- **3分**：有较多能力，障碍不影响生活与学习
- **2分**：有一些能力，障碍稍影响生活与学习
- **1分**：有少许能力，障碍影响大部分生活与学习
- **0分**：障碍严重影响生活与学习

1.1.1	能对各种视觉刺激有反应
1.1.2	能追视眼前移动的人或物品
1.1.3	能辨别不同的物品
1.1.4	能利用视觉完成简单的动作模仿
1.1.5	能察觉到人或物品从原来的位置消失
1.1.6	能察觉部分被遮挡的物品
1.1.7	能感知不同方位的人或物品
1.2.1	能对各种听觉刺激有反应
1.2.2	能追踪声源
1.2.3	能辨别不同的声音
1.2.4	能对相同的声音再次出现时做出相似的反应
1.3.1	能对各种触觉刺激有反应
1.3.2	能辨别物品的形状、大小、软硬、干湿等
1.3.3	能分辨出刚刚触摸过的物品
1.4.1	能对各种味觉刺激有反应
1.4.2	能辨别酸、甜、苦、辣等味道
1.4.3	能分辨出刚刚品尝过的食物
1.5.1	能对各种嗅觉刺激有反应
1.5.2	能辨别各种气味
1.5.3	能分辨出刚刚闻过的气味
1.6.1	能在不同状态能知身体各部的位置
1.6.2	能在运动或受到外力作用时用时保持身体平稳
1.6.3	能在活动中维持身体协调

分类：1.1 视觉　1.2 听觉　1.3 触觉　1.4 味觉　1.5 嗅觉　1.6 前庭与本体觉

康复训练——学习特质评量分析 2. 粗大动作 侧面图（三码）

评分	2.1.1 坐位、立位下能维持头颈部直立	2.1.2 在地面或座椅上能维持坐位	2.1.3 俯趴、爬、跪坐或立位下能维持手部支撑	2.1.4 能维持双膝跪位（高跪位）	2.1.5 能维持单膝跪位（半跪姿）	2.1.6 能维持立位	2.1.7 能维持蹲位	2.2.1 坐位、立位、俯趴位下能完成头部活动	2.2.2 侧卧位、仰卧位或俯卧位下能翻身	2.2.3 能从侧卧位、仰卧位或俯卧位转换成坐位	2.2.4 能腹爬、四点爬	2.2.5 能通过跪位移动（跪走）	2.2.6 能进行姿势的转换，如跪坐位到跪立位、蹲位到立位	2.2.7 能行走	2.2.8 能快走，为跑步作准备	2.2.9 能上下楼梯	2.2.10 能双脚跳	2.2.11 能单脚跳	2.3.1 能在仰卧位进行活动	2.3.2 能在俯卧位、双上肢支撑下进行活动	2.3.3 能在四点跪位进行活动	2.3.4 能在坐位进行活动	2.3.5 能在跪立位进行活动	2.3.6 能在立位进行活动
3分：有较多能力，不得障碍影响生活与学习																								
2分：有一些能力，稍得障碍影响生活与学习																								
1分：有少许能力，得障碍影响大部分生活与学习																								
0分：严重得障碍影响生活与学习																								
		2.1 姿势控制								2.2 移动										2.3 平衡与协调				

康复训练——学习特质评量分析　3. 精细动作　侧面图（三码）

	3.1.1 能伸手朝向要取的物品	3.1.2 能完成腕部控制动作	3.1.3 能完成指掌部控制动作	3.1.4 能双手配合完成拍手、双手棒传递等手部动作	3.2.1 能完成叠积木等活动	3.2.2 能完成串珠、插棒等活动	3.2.3 能完成拼图类对准放置活动	3.3.1 能用前三指握笔涂鸦	3.3.2 能在一定范围内涂色	3.3.3 能模仿画线条及简单图形"—""l"	3.4.1 能使用瓢、勺类工具舀（倒）物品	3.4.2 能使用粘贴类工具粘贴物品	3.4.3 能使用夹子夹取物品	3.4.4 能使用印章等工具印画	3.4.5 能开合剪刀剪纸	3.4.6 能学习使用其他新产品
3分：有较多能力，有障碍不影响生活与学习																
2分：有一些能力，有一些障碍稍影响生活与学习																
1分：有少许能力，障碍影响大部分生活与学习																
0分：障碍严重影响生活与学习																
	3.1 手部动作				3.2 手眼协调			3.3 握笔写画			3.4 使用工具					

康复训练——学习特质评量分析 4.沟通与交往 侧面图（四码之一）

评分说明：

3分：有较多能力，障碍不影响生活与学习

2分：有一些能力，障碍稍影响生活与学习

1分：有少许能力，障碍影响大部分生活与学习

0分：障碍严重影响生活与学习

4.1 言语准备

4.1.1 正确的坐姿
1. 座位时头颈维持在中线
2. 坐位时躯干维持在中线
3. 坐姿可自由转动
4. 坐位时躯干可以自由转动以自由转动

4.1.2 健全的听觉构造
1. 耳朵结构正常

4.1.3 健全的发声构造
1. 肺语音量
2. 气息控制
3. 声带正常
4. 口腔结构
5. 鼻腔结构
6. 下颌结构
7. 唇部结构
8. 齿部结构
9. 舌部结构
10. 口腔感觉

4.1.4 健全的发音功能
1. 共鸣功能
2. 下颌动作
3. 唇部动作
4. 齿部动作
5. 舌部动作

4.1.5 健全的听功能
1. 听力正常
2. 区辨不同的语音及声音
3. 听觉记忆

4.2 前沟通技能

4.2.1 沟通动机
1. 沟通动机

4.2.2 注意力
1. 触觉注意
2. 视觉注意
3. 听觉注意

4.2.3 两人互动
1. 共同注意
2. 维持注意
3. 轮流调控

4.2.4 多人互动
1. 注意转移

4.2.5 模仿能力
1. 模仿粗动作
2. 模仿细动作
3. 模仿声音
4. 模仿语音

4.2.6 适应变化
1. 对沟通环境有安全感
2. 适应沟通环境变化

康复训练——学习特质评量分析 4.沟通与交往 侧面图（四码之二）

评分标准：

3分：有较多能力，障碍不影响生活与学习

2分：有一些能力，障碍稍影响生活与学习

1分：有少许能力，障碍影响大部分生活与学习

0分：障碍严重影响生活与学习

4.3 非语言沟通

4.3.1 引起注意
- 1 能够用正确的方式引起别人的注意

4.3.2 回应沟通
- 1 能对他人的沟通有适当响应

4.3.3 用表情动作、沟通辅具与人沟通
- 1 能用表情动作与他人有基本的沟通
- 2 能用图片、照片与人有基本的沟通
- 3 用文字、符号与他人有基本的沟通

4.3.4 用表情动作、沟通辅具表达情绪
- 1 能用表情动作表达自己的情绪
- 2 能用图片、照片表达自己的情绪
- 3 用文字、符号表达自己的情绪
- 4 能用沟通辅具表达自己的情绪

4.3.5 用表情动作、沟通辅具描述事件
- 1 能用表情动作单描述事件
- 2 能用图片、照片简单描述事件
- 3 用文字、符号简单描述事件
- 4 用沟通辅具简单描述事件

4.4 口语沟通

4.4.1 理解语音
- 1 能理解语音的含义

4.4.2 能听懂常用词语、词组
- 1 能听懂常用名词
- 2 能听懂常用动词

4.4.3 听懂简单句
- 1 能听懂日常沟通用的肯定句
- 2 能听懂日常沟通用的否定句
- 3 能听懂日常沟通用的疑问句

4.4.4 听懂两个以上指令
- 1 能听懂日常沟通中相关的两个以上的指令
- 2 能听懂日常沟通中不相关的两个以上的指令
- 3 能听懂日常沟通中不连续的指令

4.4.5 用声音、简单词语表达
- 1 能用声音、简单词词进行表达

4.4.6 能用词语、词组表达
- 1 能用名词表达需求、拒绝、情绪和描述事件
- 2 能用动词表达需求、拒绝、情绪和描述事件

4.4.7 能用常用句表达
- 1 能用肯定句表达需求、拒绝、情绪和描述事件
- 2 能用否定句表达需求、拒绝、情绪和描述事件
- 3 能用疑问句表达需求、拒绝、情绪和描述事件

4.4.8 能用两个以上句子表达
- 1 能用相关的两个以上句子表达需求、拒绝、情绪和描述事件
- 2 能用不相关两个以上句子表达需求、拒绝、情绪和描述事件
- 3 能用两个以上句子表达需求、拒绝、情绪和描述事件

4.4.9 沟通效度
- 1 语言清晰，能沟通
- 2 达到沟通的目的，能被理解

康复训练——学习特质评量分析 5. 情绪与行为 侧面图（三码）

5.1.1 能从面部表情、言语、动作等识别高兴或不高兴的情绪	5.1.2 能从面部表情、言语、动作等识别其他简单的情绪	5.2.1 能以面部表情、言语、动作等适当表达自己的情绪	5.2.2 能在不同情境下适当表达自己的情绪	5.3.1 能辨别不同情境并理解自己的情绪	5.3.2 能辨别不同情境并理解他人的情绪	5.4.1 能用安全、不干扰他人的方式调控自己的情绪	5.4.2 能用寻求帮助的方式调节自己的情绪	5.5.1 能用适当行为获取他人的注意	5.5.2 能用适当行为选择喜欢的物品或活动	5.5.3 能用适当行为逃避不喜欢的物品或活动	5.5.4 能用适当行为获取感官刺激
5.1 情绪识别		5.2 情绪表达		5.3 情绪理解		5.4 情绪调节		5.5 行为管理			

3分：有较多能力，障碍不影响生活与学习

2分：有一些能力，障碍稍影响生活与学习

1分：有少许能力，障碍影响大部分生活与学习

0分：障碍严重影响生活与学习